NOTAS

AO

CÓDIGO DE PROCESSO CIVIL

Obras do autor:

Manual Elementar do Ministério Público (1947) — Esg.
Jurisprudência Penal do Supremo Tribunal de Justiça (1959) — Esg.
Jurisprudência Processual Civil do Supremo Tribunal de Justiça (1960) — Esg.
Jurisprudência Civil do Supremo Tribunal de Justiça (1962-1966) — Esg.
Verbetes de Legislação de Angola (1952 a 1974) — Publicação finda.
Escritos Forenses (1960) — Esg.
Das Leis, sua Interpretação e Aplicação (2.ª ed., 1978) — Esg.
Das Relações Jurídicas (1967 a 1969) — Esg.
Das Obrigações em Geral (1971 a 1973) — Esg.
Dos Contratos em Especial (1974) — Esg.
Direito das Coisas (1975) — Esg.
Direito da Família (1976 a 1980) — Esg.
Direito das Sucessões (1981 a 1983)
Notas ao Código do Processo Civil (III vol., 1972) — Esg.
Notas ao Código do Processo Civil (IV vol., 1984)
Notas ao Código Civil (I vol., 1987) — Arts. 1.º a 257.º
Notas ao Código Civil (II vol., 1988) — Arts. 258.º a 533.º
Notas ao Código Civil (III vol., 1993) — Arts. 534.º a 826.º
Notas ao Código Civil (IV vol., 1995) — Arts. 827.º a 1250.º
Código Civil anotado e actualizado (13.ª ed., 2000)
Notas ao Código Civil (V vol., 1996) — Arts. 1251.º a 1575.º
Notas ao Código Civil (VI vol., 1998) — Arts. 1576.º a 1795.º-D
Notas ao Código de Processo Civil (I vol., 3.ª ed., 1999)
Notas ao Código do Processo Civil (II vol., 3.ª ed., 2000).

JACINTO FERNANDES RODRIGUES BASTOS
Juiz-Conselheiro Jubilado do Supremo Tribunal de Justiça

NOTAS

AO

CÓDIGO DE PROCESSO CIVIL

VOLUME III

(Arts. 467.º a 800.º)

3.ª EDIÇÃO

Revista e Actualizada

LISBOA

2001

TÍTULO II

DO PROCESSO DE DECLARAÇÃO

SUBTÍTULO I

Do processo ordinário

CAPÍTULO I

DOS ARTICULADOS

SECÇÃO I

Petição inicial

ARTIGO 467.º

(Requisitos da petição inicial)

1 — Na petição, com que se propõe a acção, deve o autor:

a) Designar o tribunal onde a acção é proposta, identificar as partes, indicando os seus nomes, domicílios ou sedes e, sempre que possível, profissões e locais de trabalho;

b) Indicar o domicílio profissional do mandatário judicial;

c) Indicar a forma do processo;

d) Expor os factos e as razões de direito que servem de fundamento à acção;

e) Formular o pedido;

f) Declarar o valor da causa.

ART. 467.º *Livro III, Título II — Do processo de declaração*

2 — No final da petição, o autor pode, desde logo, apresentar o rol de testemunhas e requerer outras provas.

3 — O autor deve juntar à petição inicial o documento comprovativo do prévio pagamento da taxa de justiça inicial ou da concessão do benefício de apoio judiciário, na modalidade de dispensa total ou parcial do mesmo.

4 — Nos casos em que o procedimento tenha carácter urgente ou for requerida a citação nos termos do artigo 478.º ou se no dia da apresentação da petição em juízo faltarem menos de cinco dias para o termo do prazo de caducidade do direito de acção, e o autor estiver a aguardar decisão sobre a concessão do benefício de apoio judiciário que tenha requerido, deve juntar documento comprovativo da apresentação do pedido.

5 — No caso previsto no número anterior, o autor deve efectuar o pagamento da taxa de justiça inicial no prazo de 10 dias a contar da data da notificação da decisão que indefira o pedido de apoio judiciário, sob pena de desentranhamento da petição inicial apresentada, salvo se o indeferimento do pedido de apoio judiciário só for notificado ao autor depois de efectuada a citação do réu.

(Redacção do Dec.-Lei n.º 183/2000, de 10/8).

1. A petição inicial serve para propor a acção, isto é, para descrever a lide substancial, apresentar as razões de facto e de direito em que se alicerça a pretensão, e formular o pedido. É pelo seu recebimento, na secretaria judicial respectiva, que a acção se considera proposta, embora os efeitos dessa proposição relativamente ao réu só comecem a produzir-se, em regra, depois da citação deste (art. 267.º). É um articulado, no sentido próprio que a esse termo é atribuído pelo art. 151.º.

É desnecessário encarecer a sua importância: em primeiro lugar porque, em aplicação do princípio da iniciativa das partes, o tribunal não pode resolver o conflito de interesses que a acção pressupõe sem que a resolução dele lhe seja pedida (art. 3.º); depois, porque, devendo, em regra, considerar-se estabilizada a instância após a citação do réu (art. 268.º), vão conservar-se as

Capítulo I — Dos articulados **ART. 467.º**

mesmas, até ao final da causa — exceptuados os casos especialmente previstos na lei —, as pessoas, o pedido e a causa de pedir referidas na petição.

2. O preceito em anotação refere-se ao conteúdo da petição inicial, sem aludir à sua forma externa. Esta, portanto, é, em princípio, livre. Todavia os nossos processualistas, seguindo a tradição antiga do foro, costumam distinguir nesta peça jurídica quatro partes: o *endereço*, consistente na indicação da entidade a quem é dirigida; o *introito, preâmbulo* ou *cabeçalho*, onde se identificam as partes e se aponta a forma do processo; a *narração*, onde se referem os fundamentos de facto e de direito; e a *conclusão*, onde se formula o pedido. Apesar de a citação incumbir, em regra, oficiosamente à secretaria (arts. 234.º e 479.º), será de boa prática terminar a petição pedindo a citação do réu, indicando-se a cominação correspondente à revelia, se for caso disso. Complementarmente deve indicar-se, ainda, o valor da acção, o que usa fazer-se numericamente e por extenso, o número de duplicados que acompanham o original (art. 152.º), e a localização do escritório do advogado signatário, em vista ao regime estabelecido para a sua notificação (arts. 253.º e 254.º). Sendo ré uma pessoa colectiva devem identificar-se os seus representantes para efeito do disposto no art. 231.º, n.º 1.

3. Põe-se, a este propósito, o problema de saber se se manterá em vigor a fórmula contida no art. 11.º do Decreto-Lei n.º 22 470, de 11 de Abril de 1933, após a publicação e entrada em vigor do Dec.-Lei n.º 29637, de 28 de Maio de 1939, que revogou toda a legislação anterior sobre processo civil e comercial. Uma interpretação rigorosa daquele preceito parece que devia conduzir à conclusão negativa [1], mas a maioria dos sufrágios é no sentido oposto [2]. Também nos parece, dada a natureza meramente *formulária*, e não instrumental, do preceito do art. 11.º do Decreto-Lei n.º 22470, que ele terá sobrevivido à revogação da legislação sobre

---

[1] Neste sentido: Barbosa de Magalhães, *Estudos sobre o novo Código de Processo Civil*, vol. I, pág. 253; Sá Carneiro, *Formalismo excessivo*, na *Rev. Trib.*, ano 86.º, pág. 22.

[2] Paulo Cunha, *Processo Comum de Declaração*, tomo I, pág. 133, nota 1; Palma Carlos, *Direito Processual Civil*, vol. II, pág. 16; Castro Mendes, *Manual de Processo Civil*, pág. 133.

ART. 467.º *Livro III, Título II — Do processo de declaração*

processo civil e comercial, anterior ao Código de 1939, a que se refere a aludida lei preambular desse diploma. A petição inicial deve, por isso, ser endereçada: «Ex.ᵐᵒ Sr. Juiz...» ou «Ex.ᵐᵒ Sr. Presidente do Tribunal...».

4. A designação do tribunal onde a acção é proposta destina-se a definir a posição do autor quanto à questão da competência.

A esse respeito suscitava Paulo Cunha a seguinte dúvida: «Como se fará o endereço de uma petição inicial que vai ser entregue numa comarca com mais de um tribunal de 1.ª instância? Como cumprir o Código de Processo se não se sabe perante que tribunal a acção vai correr»? E tomando como exemplo a comarca de Lisboa, terminava por sugerir, como preferível, a seguinte fórmula: «Ex.mo Sr. Juiz de Direito (comarca judicial de Lisboa)» (³).

O problema ainda se pode pôr actualmente visto que os tribunais de comarca podem desdobrar-se tanto em juízos como em varas (Lei n.º 3/99, de 13/1, art. 65.º).

Tendo, portanto, que propôr uma acção, por exemplo, na comarca de Lisboa, que em razão da sua natureza ou valor pertença ao juizo cível, a petição inicial deverá ser endereçada: «Ex.ᵐᵒ Senhor Juiz de Direito da Comarca de Lisboa que a distribuição designar». É uma fórmula um tanto extensa mas que se nos afigura correcta.

5. A lei manda identificar as partes indicando os seus nomes, residências e, sempre que possível, profissões e locais de trabalho, elementos a que devem acrescer os que se mostrarem necessários a uma completa identificação. A identificação das pessoas colectivas e sociedades far-se-á pela indicação da respectiva firma, ou designação social e do local onde funciona a sua sede.

6. A indicação da forma do processo há-de fazer-se por aplicação das regras dos arts. 460.º e segs.

7. O pedido é a conclusão de um silogismo que tem como premissas, maior e menor, a ocorrência de certa situação de facto e o seu enquadramento no sistema legal. É à descrição desses factos e a esse tratamento jurídico que alude a alínea *c)* do n.º 1.

(³) *Ob. cit.,* t.1.º, págs. 134 e 135.

Capítulo I — Dos articulados ART. 467.º

Não se contém já, neste preceito, a exigência, que o art. 480.º do Código de 39 fazia, e ainda se lê no art. 158.º do Código brasileiro, de que essa exposição se faça «com a maior clareza e precisão». É manifesto que o autor tem toda a conveniência em expor, precisa e claramente, a situação, de facto e de direito, de que faz emergir o pedido, mas tais atributos dizem respeito já à *qualidade* da petição, não podendo considerar-se requisitos legais dela. O que é necessário é que essa exposição seja, pelo menos, inteligível, sem o que não poderá vir a ser julgada procedente a acção.

8. O pedido é a concretização do efeito jurídico que, com a acção, o autor pretende obter, conforme se prevê nas várias alíneas do n.º 2 do art. 4.º. Tem de ser consequência lógica da constatação dos factos e da procedência das razões de direito invocadas [4]. Sobre as modalidades que o pedido pode revestir regulam os arts. 468.º a 472.º.

Não se pode perder de vista, ao tratar esta matéria, que é pelo pedido que se fixam os limites da condenação, uma vez que a sentença não pode condenar em quantidade superior ou em objecto diverso do que se pedir (art. 661.º, n.º 1).

9. Desejando o autor que a citação preceda a distribuição, deve requerê-lo na petição, invocando os motivos que justificam essa precedência, como dispõe o n.º 1 do art. 478.º.

10. O preceito continha ainda um n.º 3 que determinava que a petição não fosse recebida se não satisfizesse às exigências das leis fiscais. Desde que a reforma de 95/96 veio afirmar que o incumprimento das obrigações tributárias não obstava ao recebimento e prosseguimento das acções (art. 280.º), aquele preceito do n.º 3 foi — como necessariamente tinha de ser — revogado.

---

[4] O pedido de interdição por anomalia psíquica de um estrangeiro em Portugal, em que se não teve em conta uma convenção internacional que era aplicável ao caso, não é idêntico ao pedido de interdição por anomalia psíquica da mesma pessoa, mas formulado agora com observância do disposto na referida convenção (Ac. S.T.J., de 5/2/98, na *Col. Jur. / S.T.J.*, ano VI, pág. 51).

ART. 468.º   Livro III, Título II — Do processo de declaração

ARTIGO 468.º

(Pedidos alternativos)

1 — É permitido fazer pedidos alternativos, com relação a direitos que por sua natureza ou origem sejam alternativos, ou que possam resolver-se em alternativa.

2 — Quando a escolha da prestação pertença ao devedor, a circunstância de não ser alternativo o pedido não obsta a que se profira uma condenação em alternativa.

1. O artigo refere-se a direitos que sejam alternativos por sua *natureza* ou *origem*.

Na primeira categoria compreendem-se os direitos correspondentes às obrigações designadas por *alternativas*, ou seja, aquelas obrigações de conteúdo disjuntivo, que compreendem duas ou mais prestações, nas quais o devedor se exonera efectuando aquela que, por escolha, vier a ser designada. O Código Civil regula-as nos arts. 543.º a 549.º. Na segunda categoria entram as chamadas obrigações com faculdade alternativa (*facultas alternativa*). Enquanto nas primeiras o direito do credor recai sobre dois ou mais objectos, determinando-se, por meio da escolha, qual deles deve ser entregue, nestas, embora só uma prestação seja devida, autoriza-se o devedor ou o credor a entregar, ou a reclamar, em lugar dela, uma outra. É situação que tanto pode resultar da lei como derivar da estipulação das partes.

2. Quando nas obrigações alternativas a escolha pertença ao credor, está indicado que este enuncie um pedido fixo, que só por si traduz a opção que lhe cabe fazer. Se, nesse caso, formular um pedido alternativo, essa atitude só pode significar que renuncia ao direito de escolha, que fica, então, competindo ao devedor. Pertencendo a escolha ao devedor, e não tendo este exercido ainda tal faculdade, tem necessariamente o credor de redigir o pedido em alternativa.

3. *Quid juris* se o autor, sendo a obrigação alternativa e pertencendo a escolha ao devedor, em lugar de fazer um pedido alternativo, formula um pedido fixo? A resposta está no preceito em anotação: o juiz, assegurando-se que a situação jurídica é essa, proferirá uma condenação em alternativa.

— 12 —

Capítulo I — Dos articulados　　　**ART. 469.º**

O Prof. Alberto dos Reis, encarando esta hipótese, pronunciava-se no sentido de que tal regra [5] só seria directamente aplicável quando o réu tivesse reivindicado para si o direito de escolher; quando contestasse, sem levantar a questão da escolha, deveria entender-se que prescindia de exercer esse direito [6].

Não parece de seguir este ensinamento. Não há aqui nada que se assemelhe a renúncia tácita. Contestando a obrigação de cumprir, o réu coloca-se num plano anterior ao da escolha, e não parece razoável que esse facto prejudique o direito de a fazer, se a procedência da acção o vier a colocar perante a necessidade de cumprir a obrigação tal como foi estipulada e prevista por lei. Aliás tal distinção não encontra, na letra do preceito, o necessário apoio.

4. A escolha da prestação, nas obrigações alternativas, encontra-se regulada, para a fase executiva, no art. 803.º.

5. Quanto ao valor da acção atender-se-á unicamente ao pedido de maior valor (art. 306.º, n.º 3).

ARTIGO 469.º

(Pedidos subsidiários)

1 — Podem formular-se pedidos subsidiários. Diz-se subsidiário o pedido que é apresentado ao tribunal para ser tomado em consideração somente no caso de não proceder um pedido anterior.

2 — A oposição entre os pedidos não impede que sejam deduzidos nos termos do número anterior; mas obstam a isso as circunstâncias que impedem a coligação de autores e réus.

1. A maior vantagem da admissão do pedido subsidiário é o de não deixar precludir o direito a propor determinada acção sujeita a prazo. O autor pede, por exemplo, a declaração de nulidade de um contrato por simulação, mas tem fundamento, também, para deduzir impugnação pauliana. Se formula apenas aquele pedido,

---

[5] Contida, ao tempo, no § ún. do art. 279.º do Código de 1939.
[6] *Comentário ao Código de Processo Civil*, vol. 3.º, pág. 129.

ART. 470.º *Livro III, Título II — Do processo de declaração*

arrisca-se a que, vindo a decair nele, já não esteja em tempo de impugnar o acto, por, entretanto, haver decorrido o prazo de caducidade previsto no art. 618.º do Código Civil. Pode, neste caso, propor a acção anulatória, e deduzir subsidiariamente a impugnação. Se o pedido de anulação procede, não chega a conhecer-se da impugnação; se improcede, ou dele se não conhece, entra-se na apreciação do pedido subsidiário.

2. A lei marca, todavia, limites ao exercício desta faculdade. Esses limites dizem respeito à forma do processo e à competência do tribunal (art. 31.º, n.º 1).

Relativamente à forma de processo é necessário que tanto ao pedido principal como ao pedido subsidiário corresponda processo do mesmo tipo: ou o processo comum para ambos, ou o *mesmo* processo especial para qualquer deles.

Quanto à competência, é necessário que o tribunal tenha competência internacional, em razão da hierarquia e em razão da matéria para se pronunciar sobre qualquer dos pedidos.

Para a fixação do valor atender-se-á ao pedido apresentado em primeiro lugar (principal), sendo também em razão deste que se determina a forma do processo e o tribunal territorialmente competente.

Se se formular pedido subsidiário em contrário das regras que se deixam expostas, *v. g.* correspondendo ao pedido principal acção com processo comum e ao pedido subsidiário qualquer forma de processo especial, a consequência será a da inadmissibilidade de tal pedido. A acção prosseguirá para conhecimento do pedido formulado em primeiro lugar e que passa, então, a ser único.

ARTIGO 470.º

(Cumulação de pedidos)

1 — Pode o autor deduzir cumulativamente contra o mesmo réu, num só processo, vários pedidos que sejam compatíveis, se não se verificarem as circunstâncias que impedem a coligação.

2 — No processo de divórcio ou separação litigiosos é admissível a dedução de pedido tendente à fixação do direito a alimentos.

Capítulo I — Dos articulados **ART. 470.º**

1. Dá-se a cumulação de pedidos quando o mesmo autor pretende, em relação ao mesmo réu, o reconhecimento *simultâneo* de duas ou mais pretensões.

A distinção dos pedidos cumulados, em relação aos pedidos alternativos e subsidiários, é fácil de estabelecer, uma vez que o traço de ligação entre essas espécies é apenas formal. Na verdade, em qualquer dessas três situações o autor formula mais do que um pedido, e nisso elas se assemelham; mas enquanto que nos casos de alternativa ou de pedidos subsidiários o autor visa a procedência de *um* só dos vários pedidos apresentados, na cumulação pretende obter o reconhecimento de *todos eles*.

Quando se fala em multiplicidade de pedidos, têm-se em vista os pedidos que se referem à relação jurídica material; os requerimentos meramente processuais, como o da citação do réu ou o da condenação deste nas custas do processo, não são *pedidos* em sentido técnico. Do mesmo modo há um pedido único quando se pede a declaração do reconhecimento de determinado direito e a consequente condenação do réu a ver produzir-se o efeito jurídico desse reconhecimento.

Há, no entanto, nesta matéria, uma situação que não é clara. Referimo-nos a pedidos entre os quais exista uma relação de acessório para principal. O autor pede, por exemplo, que o réu seja condenado a restituir-lhe certa quantia que lhe emprestou, acrescentando o pedido de que seja também condenado a pagar-lhe juros de mora. Estar-se-á perante uma cumulação *real* de pedidos ou a cumulação será, nesse caso, apenas *aparente*?

Paulo Cunha entendia que há verdadeira cumulação sempre que exista pluralidade real de pedidos, quer sejam, principais, quer acessórios. Em abono desta solução invocava o disposto no § ún. do art. 312.º do Código de 39 ([7]) segundo o qual a pluralidade de pedidos acessórios teria sido considerada como mera especialidade dentro da cumulação de pedidos ([8]).

Alberto dos Reis defendia o ponto de vista oposto, no entendimento de que só há verdadeira cumulação de pedidos quando o autor propõe contra o réu, usando o mesmo processo, mais do que uma acção. E argumentava, neste sentido, invocando o preceituado no art. 278.º daquele Código ([9]) que permitia ao autor ampliar o

---

([7]) Correspondente ao n.º 2 do art. 306.º do código actual.
([8]) *Processo Comum de Declaração,* tomo I, pág. 212 (2.ª ed.).
([9]) Art. 273.º, n.º 2 do código actual.

— 15 —

ART. 470.º *Livro III, Título II — Do processo de declaração*

pedido até ao encerramento da discussão, quando a ampliação fosse o desenvolvimento ou a consequência do pedido primitico, para concluir que também quando o pedido acessório fosse logo enunciado na petição não devia ser considerado com pedido novo mas sim como ampliação do pedido primitivo [10].

O Supremo fez aplicação desta última tese no seu acórdão de 30 de Novembro de 1956 [11].

Temos a posição de Paulo Cunha como a mais conforme com a letra e o espírito da lei.

Parece claro que nos casos em que o autor pretende, com a procedência da acção, obter efeitos jurídicos diferentes, e formula, em relação a cada um deles, pedidos distintos, a procedência dos quais poderia ser pedida em acções diferentes, estamos em face de cumulação de acções e não de uma acção única, não importando a eventual acessoriedade que possa existir entre as pretensões apresentadas. Na hipótese do aresto acima citado, o autor, alegando esbulho, pedia para ser restituído à posse de determinados objectos, sendo o réu condenado a pagar-lhe a quantia de 83 777$00, como indemnização pela consequente perda de alguns dos objectos esbulhados e retenção de outros. Julgou-se não haver, no caso, cumulação dos pedidos, mas um só pedido, embora complexo. Mesmo sem ter em conta que o pedido de indemnização, pelo menos na parte em que se fundava no extravio, não se apresentava como uma consequência directa do facto do esbulho, a verdade é que as pretensões eram inegavelmente duas, referidas, até, a prestações muito diferentes. Afigura-se-nos, por isso, que em tal caso havia multiplicidade de pedidos.

O exposto não significa que não haja situações em que a pluralidade de pedidos seja apenas aparente. Será o caso, por exemplo, do autor que para obter a indemnização por danos causados num prédio que lhe pertence, pede, não só aquela indemnização, como o reconhecimento da sua qualidade de proprietário do imóvel [12]; ou o de numa acção de despejo se pedir, além da caducidade do contrato, a condenação dos réus a fazerem entrega do locado [13], ou ainda o de o autor pedir que lhe seja reconhecida a qualidade de arrendatário e a condenação do réu--senhorio a realizar certas certas obras no imóvel arrendado [14].

---

[10] *Comentário*, vol. 3.º, pág. 150.
[11] *Bol. Min. Just.*, n.º 61, págs. 480 e 481.
[12] Ac. Rel. Coimbra, de 17/7/84, no *B.M.J.*, n.º 339, pág. 423.
[13] Ac. Rel. Coimbra, de 19/01/85, no *B.M.J.*, n.º 343, pág. 385.
[14] Ac. Rel. Coimbra, de 10/12/92, no *B.M.J.*, n.º 423, pág. 438.

Capítulo I — Dos articulados　　　**ART. 470.º**

2. A admissibilidade da cumulação está dependente da verificação dos seguintes elementos: *a)* serem os pedidos compatíveis; *b)* não se verificar as circunstâncias que, nos termos do art. 31.º, n.ᵒˢ 1, 2 e 3, servem de obstáculo legal à coligação.

O primeiro desses requisitos é da ordem susbtancial; os restantes são de natureza processual ou adjectiva.

3. Que deve entender-se por «pedidos compatíveis»?

Como se viu, na cumulação o autor formula diversos pedidos, visando à procedência de todos eles. Ora, se os efeitos jurídicos derivados da procedência de tais pedidos forem opostos entre si, ou o reconhecimento de um deles excluir a verificação dos restantes, é claro que nunca essas pretensões poderão triunfar simultaneamente, e daí a sua incompatibilidade substancial.

Se o autor, por exemplo, pede a anulação de certo testamento, e pretende cumular com este pedido o da entrega de um legado com que tenha sido contemplado nele, a cumulação é inadmissível. Porquê? Porque, mesmo só em tese, nunca estas duas pretensões poderiam ser reconhecidas ao mesmo tempo: ou procedia o primeiro pedido, e dada a anulação do testamento improcedia o segundo, ou improcedia aquele para ser procedente este. Tais pedidos, por inconciliáveis, seriam intrínseca ou substancialmente incompatíveis.

São normalmente incompatíveis os pedidos de resolução do contrato e de indemnização pelo incumprimento culposo; se o credor opta pela resolução, o que pode, em regra, pedir, além da destruição da relação contratual, é a devolução do que tiver prestado; seria pelo menos contraditório que pudesse pedir, ao mesmo tempo, o reconhecimento da ineficácia do contrato e uma indemnização pelo incumprimento deste. Apenas no caso previsto no n.º 2 do art. 801.º do Código Civil, se a obrigação tiver por fonte um contrato bilateral e se verificar a impossibilidade culposa do devedor cumprir, pode o credor, além de pedir indemnização, exigir a restituição do que prestou, mas nessa situação entende a melhor doutrina ([14a]) que a indemnização não visa a reparar os danos do não cumprimento, mas sim a compensar o prejuízo que o credor demonstre que sofreu *com a realização do contrato resolvido* — o chamado interesse contratual negativo ou de confiança.

4. Outro requisito — esse de natureza processual — de que depende a admissibilidade da cumulação é, como dissemos, o de a todos os pedidos corresponder o mesmo tipo de processo.

([14a]) Por todos: Antunes Varela, *Das Obrigações em geral*, vol. II, 5.ª ed., pág. 106.

ART. 470.º *Livro III, Título II — Do processo de declaração*

Por *tipo* de processo entende-se aqui o processo comum (sem distinguir as formas a que alude o art. 461.º) e cada um dos processos especiais. A razão de se não terem em conta, para este efeito, as diversas formas do processo comum deriva do comando ínsito na parte final do n.º 1 do art. 31.º, segundo o qual não impede a cumulação a diversidade da forma de processo que derive unicamente do valor.

Segundo esta regra, portanto, e excluídas, como é evidente, as hipóteses excepcionais a que alude o n.º 2, só podem cumular-se pedidos a que corresponda qualquer forma de processo comum, ou quando a todos eles corresponder o mesmo processo especial ([15]).

O valor da causa é a quantia correspondente à soma do valor dos vários pedidos (art. 306.º, n.º 2), sendo por esse valor global que se fixará a forma do processo comum quando for esse o tipo processual a adoptar.

Este obstáculo, da diferente forma de processo, era, na redacção primitiva do Código, um obstáculo irremovível. Hoje, já não o é. De harmonia com a actual redacção do n.º 2 do art. 31.º o juiz pode, usando da faculdade que lhe é atribuída pelo art. 265.º-A, autorizar a cumulação de acções a que correspondam formas de processo diversas — mas não incompatíveis —, quando haja interesse relevante na sua apreciação conjunta, ou esta se afigure indispensável à justa composição do litígio. Ao juiz competirá, neste caso, fazer as adaptações necessárias à aplicação de um só rito processual, o que nos leva a concluir que na hipótese não haverá uma verdadeira excepção à regra da uniformidade processual.

5. O último requisito da cumulação é a de ela não ofender regras de competência internacional (arts. 65.º e 65.º-A) ou em razão da matéria (art. 67.º) ou da hierarquia (arts. 70.º a 72.º). Não é, pois, obstáculo à cumulação a incompetência do tribunal em razão do valor (art. 68.º) ou do território (arts. 73.º a 89.º) para conhecer de algum deles.

Quanto à competência em razão do valor, como este é calculado pela soma dos valores correspondentes aos diversos pedidos, será

([15]) Acontece, por vezes, que o legislador, tendo estruturado um processo especial, cria, dentro dele, algumas modalidades específicas, como acontece com a prestação de contas, onde, depois de se considerar a prestação de contas em geral (arts. 1014.º a 1019.º), se estabelecem certas regras próprias para a prestação de contas do tutor, do curador e do depositário judicial. Cremos que seria rigor demasiado considerar, em tais casos, como processos de tipo diferente aquele processo especial e estes processos especialíssimos, que, afinal, essencialmente o reproduzem.

Capítulo I — Dos articulados   **ART. 471.º**

sempre fácil determinar o tribunal competente, bastando, para tal, atender ao valor global.

Sendo diferentes os tribunais competentes, em razão do território, para conhecer de cada um dos pedidos, parece que a acção poderá ser intentada em qualquer deles, aplicando-se, no entanto, por analogia, o disposto do n.º 2 do art. 87.º quando os pedidos estejam entre si numa relação de dependência ([16]).

6. A cumulação de pedidos substancialmente incompatíveis determina a ineptidão da petição inicial (art. 193.º, n.º 2, alínea *c)*). A falta de qualquer dos outros requisitos faz com que fique sem efeito o pedido que não corresponda à forma de processo empregada, ou para conhecimento do qual o tribunal careça de competência internacional, ou em razão da matéria ou da hierarquia.

7. À separação judicial e ao divórcio litigiosos corresponde o processo especial dos arts. 1407.º e 1408.º; ao processo de alimentos corresponde processo comum. Haveria, assim, em princípio, obstáculo à cumulação desses pedidos. O legislador, porém, atendendo à manifesta conveniência em permiti-la, e não seguindo eles, como não seguem, tramitações incompatíveis, decidiu, nesse caso, autorizá-la, no n.º 2 do artigo anotando.

ARTIGO 471.º

(Pedidos genéricos)

1 — É permitido formular pedidos genéricos nos casos seguintes:

a) **Quando o objecto mediato da acção seja uma universalidade, de facto ou de direito;**

b) **Quando não seja ainda possível determinar, de modo definitivo, as consequências do facto ilícito, ou o lesado pretenda usar da faculdade que lhe confere o artigo 569.º do Código Civil;**

c) **Quando a fixação do quantitativo esteja dependente de prestação de contas ou de outro acto que deva ser praticado pelo réu.**

2 — Nos casos das alíneas *a)* e *b)* do número anterior o pedido pode concretizar-se em prestação determinada por meio do incidente de liquidação, quando para o

---

([16]) Alberto dos Reis, *Comentário,* vol. 3.º, pág. 166.

ART. 471.º *Livro III, Título II — Do processo de declaração*

efeito não caiba o processo de inventário. Não sendo liquidado na acção declarativa, observar-se-á o disposto no n.º 2 do artigo 661.º.

1. Há situações em que o autor, dispondo já dos elementos necessários para se fazer reconhecer judicialmente como titular de certo direito, não está todavia habilitado a indicar aquilo que o réu deve ser obrigado, em concreto, a prestar-lhe. Reivindica um rebanho, ou pede a entrega de parte de uma herança indivisa, fundado em certa causa de pedir, mas não sabe quais as coisas que compõem aquela universalidade de facto, nem os bens e direitos que virão a integrar a sua quota hereditária; vítima de um facto ilícito, pode demonstar a responsabilidade do réu em indemnizá-lo, mas não conhece ainda todos os efeitos do facto danoso, ou toda a medida do prejuízo; estando em condições de exigir a entrega do resultado líquido de certa administração, não pode indicar o montante exacto do saldo a que tem direito, por este depender de prestação das contas respectivas pelo réu.

Se o autor fosse obrigado, em todos os casos, a formular um pedido específico, estaria, nas hipóteses acima referidas, impedido de exercer o direito de acção enquanto não se tornassem líquidas as respectivas prestações. Foi para obviar a este inconveniente que o legislador de 39, dominado, aliás, pelo propósito de reagir contra o abuso da dedução de pedidos genéricos, não pôde deixar de os permitir quando aquelas circunstâncias se verificassem (art. 275.º do referido diploma).

Em 61 o Código repetiu, neste preceito, aquelas regras.

A evolução posterior foi no sentido de alargar a permissão do uso dos pedidos genéricos. Por via da interpretação começou por se entender que na alínea *a)* do n.º 1 deviam considerar-se incluídos os pedidos de indemnização por quaisquer factos geradores de responsabilidade civil [17], ilícitos ou não, visto que o uso dessa faculdade seria igualmente justificado nos casos de responsabilidade sem culpa. O Código Civil de 66, no seu art. 569.º, não só veio confirmar essa interpretação como alargou a faculdade contida nessa alínea a todos os casos em que se pretenda reconhecer ou efectivar uma obrigação de indemnização (arts. 562.º a 572.º do Código Civil), alteração que o legislador da reforma processual de

---

[17] Galvão Telles, *Direito das Obrigações,* 6.ª ed., pág. 392, nota 1.

Capítulo I — Dos articulados   **ART. 471.º**

95/96 pretendeu respeitar, incluindo, naquela alínea, referência ao aludido preceito da lei substantiva, o que deu origem a uma norma que não prima pela clareza. Realmente depois de aceite a regra do art. 569.º (referente a todos os pedidos de indemnização) não é compreensível a alusão, que ali se continua a fazer, às consequências do facto ilícito.

Assim hoje o autor pode formular pedido genérico: *a)* quando o objecto imediato da acção seja uma universalidade de facto ou de direito; *b)* quando se pretende exigir indemnização por danos; *c)* quando a fixação do quantitativo que se pretenda exigir esteja dependente de prestação de contas ou de outro acto que deva ser praticado pelo réu.

Se formular pedido genérico o autor pode, na pendência da causa, e até ao começo da discussão desta, liquidar o pedido por meio do respectivo incidente processual (arts. 378.º e segs.); se o não fizer, o tribunal, caso julgue procedente a acção, mas não tiver elementos para fixar o objecto ou a quantidade de condenação, pode deixar para liquidação em execução de sentença a parte que ainda não for líquida (art. 661.º).

2. Será o sistema adoptado demasiado lato, sendo de recear que se caia outra vez na prática abusiva de formular pedidos genéricos quando o autor já dispõe de elementos para pedir quantia certa? Estamos convencidos de que não. É inegável que o maior interessado em que a indemnização seja fixada com celeridade é o lesado, que na acção figura como autor. Se este tem, portanto, ao intentar a acção, os elementos necessários para pedir quantia certa, é evidente que o fará. Não apresentará um pedido genérico quando pode formular um pedido específico. A questão só se apresenta quando o autor, tendo recolhido já todos os elementos de que carece para convencer o réu da sua responsabilidade pelo acidente, não dispõe ainda dos necessários para calcular a medida da indemnização, designadamente quando não conhece ainda todas as consequências do facto danoso. É nesta situação que se pergunta: será mais conveniente para o lesado (mesmo só no puro conceito da celeridade) aguardar, inerte, os meses ou os anos necessários à verificação da extensão do dano, para depois formular um pedido específico, sujeito, ainda, à controvérsia judicial que lhe oporá o réu, ou será para ele preferível (por mais rápido) aproveitar esse longo período de espera para convencer o réu da sua responsabilidade, por meio de pedido genérico, obtendo uma sentença

ART. 472.º *Livro III, Título II — Do processo de declaração*

que executará, mediante liquidação prévia, logo que obtenha os dados necessários para tal? Parece incontroverso que o pensamento legislativo de protecção ao lesado é nesta última forma que encontra a sua adequada expressão.

3. Para a conversão do pedido genérico formulado ao abrigo das alíneas a) e b) do n.º 1, em pedido específico, o autor dispõe de dois momentos: ou até o começo da discussão da causa, por meio do incidente da liquidação (arts. 378.º a 380.º), ou mediante inventário, ou já no processo de execução (arts. 805.º a 810.º). Para a conversão do pedido genérico a que alude a alínea c) tem o autor de suscitar e obter que o réu preste as contas, ou pratique o acto de que depende a liquidez do pedido.

4. Qual a sanção aplicável quando o autor formule pedido genérico fora dos casos em que a lei o admite? A lei nada dispõe a esse respeito. Parece que o caso será de nulidade (art. 201.º), por traduzir a prática de um acto que a lei não admite. Não nos parece de aceitar a tese de que o facto constitui uma excepção dilatória atípica, que conduziria, quando não corrigida até à decisão final, a prolação de uma pronúnica negativa, com a consequente absolvição da instância. A excepção dilatória é um facto que obsta à apreciação do mérito da causa. Ora na situação em apreço o autor formulou um pedido genérico e nada obsta a que o juiz aprecie se estão ou não reunidas as condições legais para julgar procedente a acção. Se estiverem, em nome de que princípio o tribunal absolverá o réu da instância, em aplicação de um diploma legal que, como se sabe, empregou todas as formas possíveis quer de evitar as demoras dos litígios, quer usando de todos os meios para afastar as pronúncias negativas, como se vê designdamente do disposto no art. 508.º? Se for sanada a nulidade por falta de arguição atempada, a sanção para o autor será a de vir a ser-lhe imputada a responsabilidade pelas custas da liquidação em execução de sentença a que deu lugar desnecessariamente, com o seu procedimento em desconformidade com a lei.

ARTIGO 472.º

(Pedido de prestações vincendas)

1 — Tratando-se de prestações periódicas, se o devedor deixar de pagar, podem compreender-se no pedido e

Capítulo I — Dos articulados **ART. 472.º**

na condenação tanto as prestações já vencidas como as que se vencerem enquanto subsistir a obrigação.

2 — Pode ainda pedir-se a condenação em prestações futuras quando se pretenda obter o despejo dum prédio no momento em que findar o arrendamento e nos casos semelhantes em que a falta de título executivo na data do vencimento da prestação possa causar grave prejuízo ao credor.

1. É uma razão de economia processual que justifica a disposição do n.º 1. Na verdade, respeitando o pedido a prestações periódicas (juros, rendas, etc.), não se compreendia que o autor, que já tivesse convencido o réu da obrigação de satisfazer uma delas, tivesse de propor sucessivas acções declarativas para obter o reconhecimento judicial à percepção de outras prestações que este viesse a deixar de pagar em tempo oportuno.

O preceito deve relacionar-se com o n.º 1 do art. 920.º, segundo o qual a extinção da execução não impede, neste caso, que a acção executiva se renove, no mesmo processo, para pagamento das prestações que se vençam posteriormente. O credor de obrigações de trato sucessivo que tenha, portanto, pedido a condenação do réu no pagamento não só das obrigações vencidas como das vincendas, está, assim, liberto, quanto a estas, da necessidade de propor novas acções declarativas, e pode renovar a execução primeiramente intentada tantas vezes quantas as necessárias para obter integral satisfação do seu crédito.

2. No caso figurado no n.º 1 a obrigação está vencida, pelo menos no que respeita a uma das prestações temporárias; no caso do n.º 2 a obrigação não está ainda vencida, mas faculta-se ao autor discutir antecipadamente se o réu deve satisfazer certa prestação, de modo a que aquele esteja habilitado com título exequível quando chegar o tempo do cumprimento. A própria lei enuncia directamente uma aplicação da regra: a interpelação para desocupação do local arrendado quando o senhorio pretenda fazer cessar o arrendamento nos casos em que a lei o permita (arts. 53.º e 54.º do R.A.U.); pode ver-se outra aplicação do preceito na acção intentada por alguém que queira assegurar-se da entrega de certa coisa, que, por sua vez, está obrigado a prestar a outrem [18].

---

[18] Exemplo figurado por Alberto dos Reis, no seu *Comentário,* vol. 3.º, págs. 196 e 197.

ART. 474.º   *Livro III, Título II — Do processo de declaração*

3. Quem ler o art. 662.º, e o comparar com a última parte do n.º 2 do preceito em anotação, pode ser levado a pensar que o legislador repetiu, neste, desnecessariamente, o conteúdo daquele. Mas não é assim. Repare-se que os comandos são diferentes. Aqui prevê-se que o *pedido* foi logo formulado para condenação em prestação futura, permitindo a lei que se enuncie pretensão desse teor; enquanto que na hipótese do art. 662.º é suposto que se pediu a condenação como se a obrigação estivesse já vencida e que no decurso da causa se averiguou que só mais tarde o vencimento tinha lugar. Quer dizer: no caso do n.º 2 deste art. 472.º estabelece-se a faculdade de o autor, em certas condições, *pedir* a condenação do réu em prestação futura; no caso do art. 662.º concede-se o aproveitamento do processo em relação a um pedido que pode estar certo quanto ao direito invocado, mas estava *errado* quanto ao tempo da prestação. A distinção tem principalmente relevância quanto a custas e outros encargos (art. 662.º, n.º 3).

ARTIGO 473.º

Revogado.

Este artigo permitia ao autor, numa acção que tivesse por base um título de obrigação assinado pelo réu, requerer que este fosse citado para confessar ou negar a firma, para o efeito da sua eventual condenação provisória, nos termos do então vigente art. 491.º. Como, porém, pela reforma de 95 os documentos assinados pelo devedor passaram, verificadas certas condições, a títulos executivos (alínea c) do art. 46.º), o art. 3.º do Dec.-Lei n.º 329-A/95 revogou este preceito, visto estar dispensado, para o caso, o uso do processo declarativo.

ARTIGO 474.º

(Recusa da petição pela secretaria)

A secretaria recusa o recebimento da petição inicial indicando por escrito o fundamento da rejeição quando ocorrer algum dos seguintes factos:

a) Não tenha endereço ou esteja endereçada a outro tribunal ou autoridade;

— 24 —

Capítulo I — Dos articulados **ART. 474.º**

b) Omita a identificação das partes e dos elementos a que alude a alínea *a)* do n.º 1 do artigo 467.º que dela devam obrigatoriamente constar;

c) Não indique o domicílio profissional do mandatário judicial;

d) Não indique a forma de processo;

e) Omita a indicação do valor da causa;

f) Não tenha sido junto o documento comprovativo do prévio pagamento da taxa de justiça inicial ou o documento que ateste a concessão de apoio judiciário, excepto no caso previsto no n.º 4 do artigo 467.º;

g) Não esteja assinada;

h) Não esteja redigida em língua portuguesa;

i) O papel utilizado não obedeça aos requsitos regulamentares.

(Redacção da Lei n.º 30-/2000, de 20/12).

1. Este preceito constitui uma inovação introduzida pela reforma processual de 95/96. Trata de incumbir à secretaria o exame da re*gularidade formal* das petições iniciais, e sua eventual recusa, norma que não é aplicável a qualquer dos outros articulados.

2. Entregue ou enviada à secretaria judicial do tribunal competente, a petição é aí examinada quanto aos requisitos formais a que deve obedecer, e que estão indicados nas diversas alíneas deste artigo. Essa relacionação é taxativa. Faltando a observância de qualquer desses requisitos, a secretaria recusará o recebimento da petição, indicando, *por escrito*, o fundamento da recusa, isto é, a violação formal que lhe deu causa.

3. A alínea *a)* deste artigo está relacionada com a alínea *a)* do art. 467.º, e destina-se a controlar a escolha que o autor fez do tribunal que considera competente.

A alínea *b)* está também em relação com aquela alínea *a)* do art. 467.º, e pretende assegurar principalmente que são fornecidos os elementos necessários à comunicação do tribunal com as partes, no processo.

A alínea *d)* refere-se ao elemento a que alude a alínea *b)* do art. 467.º, e é indispensável a todo o desenvolvimento da lide em juizo.

ART. 475.º *Livro III, Título II — Do processo de declaração*

A alínea *e)* está de acordo com o disposto na alínea *f)* do art. 467.º, e é tão necessária essa tomada de posição que, se essa omissão passar neste exame da secretaria, a lei manda cumprir o disposto no n.º 3 do art. 314.º.

A petição deve ser assinada, o que parece óbvio, embora a assinatura não figure entre os requisitos formais da petição inicial. Pode duvidar-se da necessidade de dizê-lo aqui, mas a verdade é que sendo considerada causa de nulidade da sentença a falta de assinatura do juiz [(art. 668.º, n.º 1, alínea *a)*] parece justificado o preceito da alínea *g)*.

A alínea *h)* está de acordo com o disposto no art. 139.º quanto à língua a empregar nos actos.

Quanto à alínea *i)* ter-se-á em vista o disposto no Dec.-Lei n.º 2/88, de 14 de Janeiro.

ARTIGO 475.º

(Reclamação e recurso do não recebimento)

1 — Do acto de recusa de recebimento cabe reclamação para o juiz.

2 — Do despacho que confirme o não recebimento cabe agravo, até à Relação, ainda que o valor da causa não ultrapasse a alçada dos tribunais de 1.ª instância, aplicando-se, com as adaptações necessárias, o disposto no artigo 234.º-A.

Para assegurar o direito das partes, face ao alargamento da função das secretarias judiciais, afirma a lei que dos actos dos seus funcionários é sempre admissível reclamação para o juiz de que aqueles dependam (art. 161.º, n.º 5). O artigo em anotação aplica esse princípio ao acto de recusa do recebimento da petição de que trata o artigo anterior. Do despacho que confirme a recusa (e não do que a revogue) cabe sempre recurso de agravo até à Relação, ainda que o valor da causa não ultrapasse a alçada dos tribunais de 1.ª instância; o despacho que admitir o recurso ordenará a citação do réu ou requerido, tanto para os termos do recurso como para os da causa (art. 234.º-A, n.º 3).

ARTIGO 476.º
(Benefício concedido ao autor)

O autor pode apresentar outra petição ou juntar o documento a que se refere a primeira parte do disposto na alínea *f)* do artigo 474.º, dentro dos 10 dias subsequentes à recusa de recebimento ou de distribuição da petição, ou à notificação da decisão judicial que a haja confirmado, considerando-se a acção proposta na data em que a primeira petição foi apresentada em juízo.

(Redacção do Dec.-Lei n.º 183/200, de 10/8).

Embora a lei o não diga, é intuitivo que na nova petição tem de mostrar-se totalmente corrigido o erro ou a omissão que determinaram a recusa. Daí que o benefício só é utilizável nos casos em que a falta notada seja remediável, e é admissível tanto para a recusa pela secretaria, como para a sua confirmação pelo juiz e ainda nos casos de recusa da distribuição (art. 213.º, n.º 2) e de indeferimento liminar (art. 234.º-A), como se vê do termo inicial da contagem do prazo. A secretaria, ou o juiz, exercerão, em relação à nova petição, os poderes que a lei lhes atribui relativamente à admissão desse articulado.

ARTIGO 477.º

Revogado.

Este artigo foi revogado pelo art. 3.º do Dec.-Lei n.º 329-A/95. Ele permitia ao juiz convidar o autor a completar ou a corrigir as petições irregulares ou deficientes. Hoje está previsto que esse convite se faça findos os articulados, na fase do saneamento do processo (art. 508.º).

ARTIGO 478.º
(Citação urgente)

1 — A citação precede a distribuição quando, não devendo efectuar-se editalmente, o autor o requeira e o juiz considere justificada a precedência, atentos os motivos indicados.

ART. 480.º   *Livro III, Título II — Do processo de declaração*

2 — No caso previsto no número anterior, a petição é logo apresentada a despacho e, se a citação prévia for ordenada, depois dela se fará a distribuição.

Trata da citação urgente, isto é, da citação que é feita antes da distribuição (arts. 209.º e segs.). Essa inversão da ordem normal dos actos judiciais só pode ser requerida quando a citação não deva ser edital, alegando o autor motivo que justifique aquela alteração. As razões que devem servir a fundamentar o pedido serão, normalmente, razões de urgência, quer referidas à possibilidade de efectuar a citação na pessoa do réu, quer em relação a qualquer dos efeitos indicados no art. 481.º. O despacho deve ser proferido em dez dias (art. 160.º, n.º 1) e só tem por objecto a apreciação da precedência requerida, não sendo passível de recurso, por ser proferido no uso de um poder que se nos afigura discricionário.

ARTIGO 479.º

(Diligências destinadas à realização da citação)

Incumbe à secretaria proceder às diligências necessárias à citação do réu, nos termos previstos nos n.ᵒˢ 1 a 3 do artigo 234.º.

Repete a regra da oficiosidade das diligências destinadas à citação pessoal do réu, tratada com pormenor no art. 234.º.

ARTIGO 480.º

(Citação do réu)

O réu é citado para contestar, sendo advertido no acto da citação de que a falta de contestação importa confissão dos factos articulados pelo autor.

O preceito é aplicável tanto no processo ordinário como no sumário e sumaríssimo. A cominação é semi-plena, isto é, importa apenas a confissão dos factos articulados pelo autor.

Capítulo I — Dos articulados   **ART. 482.º**

ARTIGO 481.º

(Efeitos da citação)

Além de outros, especialmente prescritos na lei, a citação produz os seguintes efeitos:

a) Faz cessar a boa fé do possuidor;

b) Torna estáveis os elementos essenciais da causa, nos termos do artigo 268.º;

c) Inibe o réu de propor contra o autor acção destinada à apreciação da mesma questão jurídica.

1. A presunção de boa fé de que goza o possuidor quando a posse é titulada (Cód. Civ. art. 1260.º), cessa com a citação para a acção, nos termos da alínea *a)* deste preceito.

2. Quanto ao princípio da estabilidade da instância, veja-se o que escrevemos em anotação ao art. 268.º.

3. O disposto na alínea *c)* deve aproximar-se das regras dos arts. 497.º a 499.º, na parte que se refere à litispendência.

4. A citação para a acção em que o respectivo titular pretenda exercer um direito sujeito a prescrição, interrompe esta, ainda que o tribunal seja incompetente. Se a citação se não fizer dentro de cinco dias depois de ter sido requerida, por causa não imputável ao requerente, tem-se a prescrição por interrompida logo que decorram os cinco dias (Cód. Civ., art. 323.º, n.os 1 e 2).

5. A citação constitui em mora o devedor de obrigação que não tiver prazo certo (Cód. Civ., art. 805.º).

ARTIGO 482.º

(Regime no caso de anulação da citação)

Sem prejuízo do disposto no n.º 3 do artigo 323.º do Código Civil, os efeitos da citação anulada só subsistem se o réu for novamente citado em termos regulares dentro de 30 dias, a contar do trânsito em julgado do despacho de anulação.

1. Tem-se em vista apenas a nulidade da citação prevista no art. 198.º.

ART. 483.º   *Livro III, Título II — Do processo de declaração*

2. A interrupção da prescrição, operada pela citação do réu, subsiste, sem qualquer condicionalismo, mesmo que tal citação venha a ser anulada.

3. Não se prevê o caso de a nova citação ser demorada por facto não imputável ao autor. Alberto dos Reis entendia aplicável à hipótese, por analogia, o disposto no art. 259.º do Código de 1939, preceito correspondente ao actual n.º 2 do art. 323.º do Código Civil e segundo o qual se a citação se não fizer dentro de 5 dias depois de ter sido requerida, por causa não imputável ao requerente, tem-se a prescrição por interrompida logo que decorram os cinco dias.

SECÇÃO II

Revelia do réu

ARTIGO 483.º

(Revelia absoluta do réu)

Se o réu, além de não deduzir qualquer oposição, não constituir mandatário nem intervier de qualquer forma no processo, verificará o tribunal se a citação foi feita com as formalidades legais e mandá-la-á repetir quando encontre irregularidades.

1. Os arts. 483.º, 484.º e 485.º, regulam a *revelia do réu*. Não deve confundir-se esta situação com a prevista no n.º 2 do art. 255.º, em que se contempla a revelia de qualquer das partes, independentemente da sua actividade processual, e apenas com projecção quanto à comunicação dos actos.

A revelia do réu é produzida pela falta de contestação sua, no prazo legal. Se o réu, tendo sido regularmente citado na sua própria pessoa, deixar passar aquele prazo sem contestar, fica na situação de revelia.

Pode, porém, acontecer que o réu, não tendo, embora, contestado, tenha feito juntar ao processo procuração a constituir mandatário, tenha requerido a junção de outros documentos, ou, por qualquer forma, designadamente escolhendo domicílio na sede da comarca, tenha intervindo no processo; ou pode suceder que o réu, no prazo que a lei lhe faculta, não conteste nem execute qualquer intervenção processual.

— 30 —

Capítulo I — *Dos articulados*   **ART. 484.º**

No primeiro caso a situação de revelia do réu é manifesta, cabendo ao juiz retirar dela os efeitos a que aludem os arts. 484.º e 485.º.

No segundo caso, o facto de o réu, além de não contestar, não comparecer em juízo para qualquer efeito, faz recear que não tenha tido perfeito conhecimento da pendência da acção contra ele intentada; nessa hipótese a lei manda ao juiz verificar se a citação foi feita com observância das formalidades legais. O seu exame deve recair sobre o acto na sua totalidade, desde a falta de citação (art. 195.º) até a constatação de qualquer irregularidade que ela apresente (art. 198.º). Havendo falta da citação ou omissão de qualquer formalidade legal prescrita para esta, o juiz mandará citar de novo o réu; se verificar que a citação foi feita em perfeita harmonia com a lei, o juiz aplicará, então, o regime dos arts. 484.º e 485.º.

2. Esta apreciação da regularidade da citação do réu não impede que este venha, posteriormente, a arguir qualquer vício da citação efectuada, que a invalide, por razões que a simples leitura do processo não revelasse, ou que tenham escapado ao exame oficioso do julgador.

ARTIGO 484.º

(Efeitos da revelia)

1 — Se o réu não contestar, tendo sido ou devendo considerar-se citado regularmente na sua própria pessoa ou tendo juntado procuração a mandatário judicial no prazo da contestação, consideram-se confessados os factos articulados pelo autor.

2 — O processo é facultado para exame pelo prazo de 10 dias, primeiro ao advogado do autor e depois ao advogado do réu, para alegarem por escrito, e em seguida é proferida sentença, julgando a causa conforme for de direito.

3 — Se a resolução da causa revestir manifesta simplicidade, a sentença pode limitar-se à parte decisória, precedida da necessária identificação das partes e da fundamentação sumária do julgado.

1. Refere os efeitos da revelia em processo ordinário. Em processo sumário se os factos provados em consequência da falta

— 31 —

ART. 485.º   *Livro III, Título II — Do processo de declaração*

de contestação, forem suficientes para a procedência da acção, o juiz limitar-se-á a condenar o réu no pedido, mediante simples adesão aos fundamentos do autor (art. 784.º); no processo sumaríssimo, aplicar-se-á o art. 795.º.
À regra deste preceito abre o artigo imediato algumas excepções.

2. O art. 233.º, n.os 2 a 5, indica de que modo é feita a citação pessoal, e quais as citações que lhe são equiparadas.

3. Para ser aplicável o n.º 2 é preciso que não seja caso de o juiz ter de proferir o despacho a que se refere o art. 508.º.

ARTIGO 485.º

(Excepções)

Não se aplica o disposto no artigo anterior:

a) **Quando, havendo vários réus, algum deles contestar, relativamente aos factos que o contestante impugnar;**

b) **Quando o réu ou algum dos réus for incapaz, situando-se a causa no âmbito da incapacidade, ou houver sido citado editalmente e permaneça na situação de revelia absoluta;**

c) **Quando a vontade das partes for ineficaz para produzir o efeito jurídico que pela acção se pretende obter;**

d) **Quando se trate de factos para cuja prova se exija documento escrito.**

1. A alínea *a)* abrange tanto o litisconsórcio necessário como o voluntário.

2. Na sua redacção primitiva isentava-se também na alínea *b)* as «pessoas colectivas», entendendo a doutrina, pela história do preceito, que a norma dizia respeito apenas às pessoas colectivas de utilidade pública, às associações que não tenham por fim o lucro económico dos associados e às fundações de interesse social. A reforma processual de 95/96, para cortar quaisquer dúvidas, e porque se lhe afigurou «não haver qualquer razão socialmente válida para a não operância desse mesmo efeito apenas em relação

— 32 —

Capítulo I — Dos articulados **ART. 485.º**

a algumas entidades dentro deste tipo» [19], eliminou a referência que a lei fazia a pessoas colectivas. A mim, pessoalmente, não me parecia estranho que a lei concedesse às pessoas colectivas de utilidade pública ou de utilidade pública e particular — Cruz Vermelha, Misericórdias, Fundações — um regime que as protegesse dos desleixos ou desatenções dos seus representantes, e isto exactamente em nome do *interesse público* que lhes é reconhecido. Há, porém, quem não entenda diferenciações desta espécie. São critérios.

3. Ainda quanto à alínea *b)* é de notar que podendo a incapacidade dizer respeito à prática de certos actos, a excepção só é aplicável no âmbito da incapacidade decretada.

Também se julgou inoperante a revelia «em caso de haver alguns réus citados editalmente, que se mantenham em situação de revelia absoluta, o que, representando, em certa medida, a ultrapassagem de dúvidas que, a esse respeito, se têm verificado na vigência do actual regime, traduz a preocupação de evitar julgamentos de mérito em sentido discrepante em relação à mesma situação factual e jurídica» [20].

4. A alínea *c)* tem em vista as acções que tenham por objecto direitos indisponíveis (*v.g.*, acções de divórcio; de separação de pessoas e bens; impugnação de paternidade legítima; investigação de paternidade ou maternidade). O pensamento da lei é o de evitar que se consiga indirectamente um efeito que as partes não poderiam obter por via do negócio jurídico. O preceito está em perfeita correspondência com o que dispõe a alínea *b)* do art. 354.º do Código Civil.

Sempre entendi que sendo o reconhecimento do filho nascido ou concebido fora do matrimónio efectuado por *perfilhação* ou *decisão judicial* (Cód. Civ., art. 1847.º), e sendo a perfilhação um acto pessoal e livre (Cit. Cód., art. 1849.º), tanto podia o pai perfilhar o filho no registo civil, como reconhecê-lo como tal na acção de investigação de paternidade contra ele intentada. Claro que não pode haver confissão dos factos quando a acção for dirigida contra os herdeiros do pretenso pai, dado que estes não podiam perfilhar

---

[19] Do relatório do Dec.-Lei n.º 329-A/95.
[20] Relatório do Dec.-Lei n.º 329-A/95.

ART. 486.º   *Livro III, Título II — Do processo de declaração*

o investigante. Era a doutrina defendida pela Revista e Legislação e de Jurisprudência [21], a opinião manifestada por Alberto dos Reis [22]. Esta orientação foi rejeitada pelo Assento do S.T.J., de 16 de Outubro de 1984 [23] que fixou doutrina no sentido de que «por respeitarem a direitos indisponíveis, os factos confessados pelo pretenso pai em acção de investigação de paternidade contra ele proposta devem ser levados ao questionário e não à especificação.

Está, pois, fixada jurisprudência nesse sentido; como porém, actualmente é possível ao Supremo alterar a posição tomada, ficamos a aguardar que isso aconteça.

5. A alínea d) está agora redigida de harmonia com o disposto no art. 364.º do Código Civil.

SECÇÃO III

Contestação

SUBSECÇÃO I

Disposições gerais

ARTIGO 486.º

(Prazo para a contestação)

1 — O réu pode contestar no prazo de 30 dias a contar da citação, começando o prazo a correr desde o termo da dilação, quando a esta houver lugar.

2 — Quando termine em dias diferentes o prazo para a defesa por parte dos vários réus, a contestação de todos ou de cada um deles pode ser oferecida até ao termo do prazo que começou a correr em último lugar.

3 — Se o autor desistir da instância ou do pedido relativamente a algum dos réus não citados, serão os réus que ainda não contestaram notificados da desistência, contando-se a partir da data da notificação o prazo para a sua contestação.

---

[21] Ano 63.º, pág. 408.

[22] *Comentário*, vol. 3.º, pág. 522.

[23] *B.M.J.*, n.º 340; pág. 157.

Capítulo I — Dos articulados   **ART. 486.º**

4 — Ao Ministério Público é concedida prorrogação do prazo quando careça de informações que não possa obter dentro dele ou quando tenha de aguardar resposta a consulta feita a instância superior, o pedido deve ser fundamentado e a prorrogação não pode, em caso algum, ir além de 30 dias.

5 — Quando o tribunal considere que ocorre motivo ponderoso que impeça ou dificulte anormalmente ao réu ou ao seu mandatário judicial a organização da defesa, poderá, a requerimento deste e sem prévia audição da parte contrária, prorrogar o prazo da contestação, até ao limite máximo de 30 dias.

6 — A apresentação do requerimento de prorrogação não suspende o prazo em curso; o juiz decidirá, sem possibilidade de recurso, no prazo máximo de vinte e quatro horas e a secretaria notificará imediatamente ao requerente o despacho proferido, nos termos dos n.ᵒˢ 5, segunda parte, e 6 do artigo 176.º.

1. Contestação é, formalmente, o articulado no qual o réu responde à pretensão do autor formulada na petição inicial.

O preceito fixa o prazo para oferecimento da contestação, que é o de 30 dias a contar da citação, ou do termo da dilação (art. 252.º-A, n.ᵒˢ 2 e 3), quando esta tiver lugar. A contagem faz-se tendo em vista o disposto no art. 148.º, segundo o qual quando um prazo peremptório se seguir a um prazo dilatório os dois prazos contam-se como um só (art. 148.º).

2. Havendo pluralidade de réus, é muito possível que o termo final do prazo para cada um deles ocorra em dias diferentes, ou porque foram citados em dias diversos, ou com prazos desiguais de dilação. Nesse caso entende-se que todos os réus podem oferecer a contestação até ao termo do prazo que findar mais tarde.

O propósito que ditou a primeira parte do n.º 2 foi o de possibilitar aos vários réus a apresentação de uma defesa conjunta, sem todavia impor essa solução; com a segunda parte do preceito evitou-se que, nos casos de litisconsórcio voluntário, o autor pudesse privar o réu, citado em último lugar, de contestar, desistindo quanto ao que primeiramente fora citado.

— 35 —

ART. 487.º *Livro III, Título II — Do processo de declaração*

A regra aplica-se tanto em relação a réus certos como a incertos, e ainda quando uns sejam certos e outros incertos.

3. Se o autor desistir da instância ou do pedido, para fazer precludir o prazo de algum dos réus, ainda não citados (art. 293.º, n.º 1), estes serão notificados dessa desistência, começando a correr dessa notificação o prazo para a contestação.

4. O prazo para o Ministério Público contestar pode ser prorrogado a seu requerimento quando se provar a ocorrência de qualquer das situações prevista no n.º 4, mas nunca além de 30 dias. A apresentação do requerimento não suspende o decurso do prazo; o pedido será apreciado em vinte e quatro horas e a decisão é irrecorrível.

5. A prorrogação a requerimento do réu ou do seu mandatário judicial pode ser concedida dentro do mesmo limite de tempo, verificado o condicionalismo a que alude o n.º 5.

6. A prorrogação do prazo é tornada extensível aos outros articulados pelo disposto no art. 504.º.

ARTIGO 487.º

(Defesa por impugnação e defesa por excepção)

1 — Na contestação cabe tanto a defesa por impugnação como por excepção.

2 — O réu defende-se por impugnação quando contradiz os factos articulados na petição ou quando afirma que esses factos não podem produzir o efeito jurídico pretendido pelo autor; defende-se por excepção quando alega factos que obstam à apreciação do mérito da acção ou que, servindo de causa impeditiva, modificativa ou extintiva do direito invocado pelo autor, determinam a improcedência total ou parcial do pedido.

1. O preceito refere-se à defesa directa (por impugnação) e à defesa indirecta (por excepção).

O termo excepção está aqui empregado em sentido geral, abrangendo tanto as excepções dilatórias ou processuais, como as

Capítulo I — Dos articulados   **ART. 488.º**

excepções peremptórias ou materiais, e, dentre elas, não só as que dependem de invocação da parte como as que podem ser oficiosamente conhecidas pelo tribunal.

2. Segundo Manuel de Andrade [24] são *impeditivos* os factos susceptíveis de obstar a que o direito do autor se tenha validamente constituído (*v.g.,* incapacidade, simulação, erro, dolo, coacção, etc.), e ainda, ao menos parcialmente, os que, operando *ab initio,* apenas retardem o surgir desse direito ou a sua exercibilidade. São *modificativos* os que podem ter alterado o direito do autor tal como ele validamente se constituiu (*v.g.,* a mudança de local de uma servidão). São *extintivos* os que tenham produzido a cessação do direito do autor, depois de este já validamente formado (*v.g.,* condição resolutiva, termo peremptório, pagamento, prescrição, renúncia, etc.).

ARTIGO 488.º

(Elementos da contestação)

Na contestação deve o réu individualizar a acção e expor as razões de facto e de direito por que se opõe à pretensão do autor, especificando separadamente as excepções que deduza.

1. Trata do aspecto formal da contestação. Neste articulado, à semelhança do que dissemos relativamente à petição inicial, podem distinguir-se três partes: o *introito,* no qual se identifica o processo, já pendente, a que a contestação se refere; a *narração,* em que o réu expõe os factos e as razões de direito em que repousa a tese por ele defendida, especificando, em separado, as excepções que deduz; e a conclusão, onde indica o efeito jurídico, de direito processual ou material, que resulta da defesa, tal como é apresentada.

2. O Código só regula a contestação como articulado. O velho Código de 1876 previa, ainda, as formas de contestação por negação e pela junção de documentos. A contestação por negação foi abolida, mas a contestação por simples junção de documentos, quando feita no prazo concedido ao réu para contestar, parece inteiramente de

---

[24] *Ob. cit.,* pág. 126.

— 37 —

ART. 489.º *Livro III, Título II — Do processo de declaração*

admitir para todos os efeitos, designadamente para evitar a situação de revelia do réu (25).

3. Quanto à dedução da reconvenção, veja-se o art. 501.º.

ARTIGO 489.º

(Oportunidade de dedução da defesa)

1 — Toda a defesa deve ser deduzida na contestação, exceptuados os incidentes que a lei mande deduzir em separado.

2 — Depois da contestação só podem ser deduzidas as excepções, incidentes e meios de defesa que sejam supervenientes, ou que a lei expressamente admita passado esse momento, ou de que se deva conhecer oficiosamente.

1. Há meios de defesa — como a arguição de nulidades — que podem usar-se *antes* de apresentada a contestação.

2. O n.º 2 do art. 506.º fornece o conceito de superveniência a ter em conta para aplicação do n.º 2 deste preceito. São, pois, meios de defesa supervenientes, para esse efeito, os que derivarem de factos ocorridos depois de findo o prazo da contestação (superveniência objectiva), ou de factos ocorridos anteriormente, mas que só tenham chegado ao conhecimento do réu após o decurso daquele prazo (superveniência subjectiva).

3. A lei abre, por vezes, excepções à regra da concentração da defesa do réu na contestação, enunciada no n.º 1 do preceito em análise. É o caso, por exemplo, da excepção da incompetência absoluta, que pode ser arguida pelas partes em qualquer estado do processo, enquanto não houver sentença com trânsito em julgado proferida sobre o fundo da causa (art. 102.º, n.º 1). O que é necessário é que essa admissão seja expressa.

---

(25) Neste sentido: Ac. S.T.J., de 22/11/90, na *Act. Jur.,* 13/14; pág. 26, e na doutrina Alberto dos Reis, *Cód. Proc. Civ. An.,* vol. III, págs. 8 e 43; Manuel de Andrade, *ob. cit.,* pág. 139, e, ainda que dubitativamente, Anselmo de Castro, *Lições III,* pág. 388.

Capítulo I — Dos articulados   **ART. 490.º**

ARTIGO 490.º

(Ónus de impugnação)

1 — Ao contestar, deve o réu tomar posição definida perante os factos articulados na petição.

2 — Consideram-se admitidos por acordo os factos que não forem impugnados, salvo se estiverem em oposição com a defesa considerada no seu conjunto, se não for admissível confissão sobre eles ou se só puderem ser provados por documento escrito.

3 — Se o réu declarar que não sabe se determinado facto é real, a declaração equivale a confissão quando se trate de facto pessoal ou de que o réu deva ter conhecimento e equivale a impugnação no caso contrário.

4 — Não é aplicável aos incapazes, ausentes e incertos, quando representados pelo Ministério Público ou por advogado oficioso, o ónus de impugnação, nem o preceituado no número anterior.

1. Consigna o princípio geral do ónus da impugnação, aplicável em relação a qualquer dos articulados, e em referência ao anteriormente produzido pela parte contrária.

A sanção prevista por lei para a falta de impugnação é a *admissão* da veracidade desses factos, situação equivalente à da confissão, embora distinta desta. A posição dubitativa do impugnante só acarretará a aplicação da sanção se o facto for pessoal, ou se dele, a ter ocorrido, o mesmo impugnante não puder razoavelmente alegar ignorância.

2. Este preceito depois de afirmar a regra do n.º 1, abre-lhe, no n.º 2, três excepções, a que deverá acrescentar-se a contida no n.º 4.

A primeira dessas excepções — a da oposição do facto não impugnado com a defesa considerada no seu conjunto — explica-se, naturalmente, por a parte poder legitimamente supor que há-de ter-se como inconciliável a afirmação feita com a posição por ela assumida no processo. A admissão da veracidade dos factos não impugnados assenta num presumido acordo das partes acerca da sua realidade. Ora, se do conjunto da posição assumida por ela,

—39—

ART. 490.º *Livro III, Título II — Do processo de declaração*

resulta que esse acordo não existe, falta a base da presunção que levaria a concluir daquele modo.

3. A declaração não faz prova contra o confitente se for declarada insuficiente por lei ou recair sobre facto cujo reconhecimento a lei proíba (Cód. Civ., art. 354.º), como acontece, por exemplo, quando a lei prescreve, para a prova do acto, só um certo meio de prova, ou quando proibe que se intente o reconhecimento de determinado facto. Também é inadmissível a confissão que recaia sobre factos relativos a direitos indisponíveis (*v.g.*, o direito a alimentos, o direito à capacidade civil, os direitos referentes ao estado civil das pessoas); pretende evitar-se, assim, que as partes venham a obter, por essa forma indirecta, um efeito que não poderiam alcançar por via do negócio jurídico. Finalmente também se não admite confissão sobre factos impossíveis ou notoriamente inexistentes.

4. Parece de salientar a diversidade de tratamento que o n.º 3 deste artigo dá a hipótese muito semelhante da que trata o n.º 2 do art. 357.º do Código Civil. De harmonia com este último preceito, se for ordenado o depoimento de parte ou o comparecimento desta para prestar informações ou esclarecimentos, mas ela não comparecer ou se recusar a depor ou a prestar as informações ou esclarecimentos, sem provar justo impedimento, ou *responder que não se recorda ou nada sabe,* o tribunal apreciará livrement o valor da conduta da parte para efeitos probatórios. Como se vê, o legislador modificou totalmente a regra que se continha no n.º 3 do art. 573.º (redacção primitiva) do Código de Processo de 1961, segundo a qual quando o depoente (em depoimento de parte) respondesse que *não se recordava ou que nada sabia,* se considerava confessado o facto, depois de ser advertido das consequências da sua resposta evasiva. Parece que tendo-se adoptado esta nova solução para o caso do depoimento de parte, se deveria ter revisto, nesse ponto, a sanção a aplicar por idêntica conduta na violação do ónus de contestar. É que, tal como ficou o preceito, se reconhece força probatória plena à admissão resultante da impugnação evasiva, não se retirando essa consequência quando a própria parte, em depoimento prestado perante o tribunal, assume idêntica posição. Não parece muito razoável.

5. O advogado *oficioso* a que se refere o n.º 4 é o que tiver sido nomeado, ao incapaz ou ao ausente, nos termos do n.º 1 do art. 15.º;

— 40 —

Capítulo I — Dos articulados **ART. 492.º**

não está abrangida naquela excepção a nomeação oficiosa de advogado prevista no art. 43.º. Os incapazes, quando em juízo por intermédio dos seus representantes legais, estão sujeitos ao ónus da impugnação especificada.

ARTIGO 491.º

Revogado.

O art. 473.º, como se disse no lugar próprio, previa a condenação provisória do réu em acções que tivessem por base títulos de obrigação assinados pelo réu quando este, accionado, negasse a obrigação mas confessasse a firma. Esse preceito foi revogado pela reforma de 95, e daí que também devesse ser revogado, como foi, este artigo 491.º, que regulava os termos processuais dessa condenação provisória.

ARTIGO 492.º

(Notificação do oferecimento da contestação)

1 — A apresentação da contestação é notificada ao autor.

2 — Havendo lugar a várias contestações, a notificação só se faz depois de apresentada a última ou de haver decorrido o prazo do seu oferecimento.

1. Não existia preceito correspondente a este no Código anterior. A Comissão manda fazer esta notificação por considerar que, especialmente nos tribunais de muito movimento, o autor tinha grande dificuldade em saber quando o réu fora citado, e até se já contestara [26].

2. O prazo para entrega da réplica é o indicado no n.º 3 do art. 502.º, e para a resposta à contestação em processo sumário, o do art. 785.º.

---

[26] Cfr. *Projectos de Revisão*, III, 131 e n.º 8 do Relatório da Lei Preambular.

ART. 494.º *Livro III, Título II — Do processo de declaração*

SUBSECÇÃO II

Excepções

ARTIGO 493.º

(Excepções dilatórias e peremptórias — Noção)

1 — As excepções são dilatórias ou peremptórias.

2 — As excepções dilatórias obstam a que o tribunal conheça do mérito da causa e dão lugar à absolvição da instância ou à remessa do processo para outro tribunal.

3 — As peremptórias importam a absolvição total ou parcial do pedido e consistem na invocação de factos que impedem, modificam ou extinguem o efeito jurídico dos factos articulados pelo autor.

A classificação das excepções adoptada por este preceito baseia--se no efeito produzido pela procedência da arguição: a absolvição da instância ou a remessa do processo para outro tribunal (arts. 288.º e 111.º, n.º 3), ou a absolvição total ou parcial do pedido.

ARTIGO 494.º

(Excepções dilatórias)

São dilatórias, entre outras, as excepções seguintes:

a) **A incompetência, quer absoluta, quer relativa, do tribunal;**

b) **A nulidade de todo o processo;**

c) **A falta de personalidade ou de capacidade judiciária de alguma das partes;**

d) **A falta de autorização ou deliberação que o autor devesse obter;**

e) **A ilegitimidade de alguma das partes;**

f) **A coligação de autores ou réus, quando entre os pedidos não exista a conexão exigida no artigo 30.º;**

g) **A pluralidade subjectiva subsidiária, fora dos casos previstos no artigo 31.º-B;**

h) **A falta de constituição de advogado por parte do autor, nos processos a que se refere o n.º 1 do artigo 32.º,**

— 42 —

Capítulo I — Dos articulados ART. 494.º

e a falta, insuficiência ou irregularidade de mandato judicial por parte do mandatário que propôs a acção;
   i) **A litispendência ou o caso julgado;**
   j) **A preterição do tribunal arbitral necessário ou a violação de convenção de arbitragem.**

Enumera, a título exemplificativo, algumas excepções dilatórias.

Relativamente ao texto primitivo, a reforma processual de 95/96 introduziu-lhe duas modificações mais salientes: eliminou da exemplificação feita a excepção da falta de pagamento de custas na acção anterior, e acrescentou ao rol das excepções dilatórias o caso julgado, até aí considerado e apontado como exemplo de excepção peremptória.

Que pensar destas alterações?

A eliminação resultou de ter o legislador entendido que as regras, até aí vigentes, sobre a projecção, no exercício do direito de acção, do incumprimento de obrigações tributárias, eram atentatórias do princípio do livre acesso aos tribunais (arts. 280.º a 282.º). Já tivemos ocasião de aplaudir a medida e a nova regulamentação da matéria.

Quanto à qualificação do caso julgado como excepção dilatória, matéria puramente teórica, pois todos concordamos em que a autoridade do caso julgado é impeditiva de nova pronúncia sobre o mérito da causa, preferíamos a orientação anterior.

As excepções dilatórias, como o seu próprio nome parece indicar, obstam a que se entre na apreciação da relação jurídica material, por faltar alguma coisa necessária a essa pronúncia final; elas não afectam o direito de acção: elas *dilatam*, protelam, adiam a decisão do litígio. Por isso, uma vez reconhecida a sua existência o autor pode remediar o contratempo emendando ou corrigindo o seu erro. Se escolhem erradamente o tribunal podem propor a mesma acção no tribunal competente; se deram causa à anulação de todo o processado, podem vir repeti-lo, até atingir a decisão final, e assim por diante.

Ora a excepção do caso julgado tem uma natureza muito especial. Ela não adia o conhecimento da pretensão do autor em razão de qualquer deficiência formal; ela *extingue* o direito de acção relativo aquela demanda, e daí que desempenhe não só a chamada função *negativa* atribuída ao caso julgado, como também uma

ART. 497.º *Livro III, Título II — Do processo de declaração*

função *positiva* que consiste na obrigação para o juiz em reconhecer a inexistência do litígio, resolvido pela decisão transitada.

Sem ilusões quanto à contestabilidade da opinião exposta, em matéria tão controvertida, afigura-se-nos que a decisão de fundo (correspondente à excepção peremptória) serviria melhor a eficácia do caso julgado do que a mera absolvição da instância, que é a consequência actualmente a tirar dessa excepção.

ARTIGO 495.º

(Conhecimento das excepções dilatórias)

O tribunal deve conhecer oficiosamente de todas as excepções dilatórias, salvo da incompetência relativa nos casos não abrangidos pelo disposto no artigo 110.º, bem como da preterição do tribunal arbitral voluntário.

A regra é o conhecimento oficioso. Exceptuam-se apenas os casos de incompetência relativa não referidos no art. 110.º, bem como a excepção da preterição do tribunal arbitral voluntário.

ARTIGO 496.º

(Conhecimento de excepções peremptórias)

O tribunal conhece oficiosamente das excepções peremptórias cuja invocação a lei não torne dependente da vontade do interessado.

A regra é o conhecimento oficioso, mas essa regra cede nos casos em que a lei torne dependente da vontade do interessado a invocação da excepção. É o que sucede, por exemplo, com a excepção da prescrição, que necessita, para ser eficaz, de ser invocada, judicial ou extrajudicialmente, por aquele a quem aproveita (Cód. Civ., art. 303.º).

ARTIGO 497.º

(Conceitos de litispendência e caso julgado)

1 — As excepções da litispendência e do caso julgado pressupõem a repetição de uma causa; se a causa se repete estando a anterior ainda em curso, há lugar à

Capítulo I — Dos articulados   **ART. 497.º**

litispendência; se a repetição se verifica depois de a primeira causa ter sido decidida por sentença que já não admite recurso ordinário, há lugar à excepção do caso julgado.

2 — Tanto a excepção da litispendência como a do caso julgado têm por fim evitar que o tribunal seja colocado na alternativa de contradizer ou de reproduzir uma decisão anterior.

3 — É irrelevante a pendência da causa perante jurisdição estrangeira, salvo se outra for a solução estabelecida em convenções internacionais.

1. O art. 2502.º do Código Civil de 1867 definia caso julgado o facto ou direito tornado certo por sentença de que já não há recurso. Na reforma da nossa lei civil desapareceu esta definição, mas o conceito é o mesmo, como se vê da redacção deste preceito.

Distingue-se a «força e autoridade do caso julgado» da «excepção do caso julgado». Como ensinava Manuel de Andrade [27], a primeira destas noções refere-se à qualidade ou valor jurídico especial que compete às decisões judiciais a que diz respeito; a segunda constitui um meio de defesa do réu, baseado na força e autoridade do caso julgado (material) que compete a uma precedente decisão judicial. Enquanto que a autoridade do caso julgado tem por finalidade evitar que a relação jurídica material, já definida por uma decisão com trânsito, possa vir a ser apreciada diferentemente por outra decisão, com ofensa da segurança jurídica, a excepção destina-se a impedir uma nova decisão inútil, com ofensa do princípio da economia processual.

2. Se a decisão transitada versar a relação jurídica material controvertida, o caso julgado assim constituído fica tendo força obrigatória dentro e fora do processo, e impede nova apreciação jurisdicional da *mesma* questão (arts. 671.º e 675.º); diz-se então que o caso julgado é *material*.

Se a decisão recair unicamente sobre a relação processual, o caso julgado assim constituído diz-se *formal*, e só obriga no processo em que tal decisão foi proferida (art. 672.º), após o respectivo trânsito [28].

---

[27] *Noções Elementares,* vol. I, pág. 133.
[28] Trata-se mais desenvolvidamente desta matéria em anotação aos arts. 671.º a 675.º.

ART. 498.º *Livro III, Título II — Do processo de declaração*

3. A simples pendência de uma causa em jurisdição estrangeira é, em princípio, irrelevante para qualquer efeito, designadamente para a litispendência, a menos que haja convenção internacional a regular a matéria.

4. Para invocação das sentenças estrangeiras vejam-se os arts. 1094.º a 1102.º (revisão e confirmação).

ARTIGO 498.º
(Requisitos da litispendência e do caso julgado)

1 — Repete-se a causa quando se propõe uma acção idêntica a outra quanto aos sujeitos, ao pedido e à causa de pedir.

2 — Há identidade de sujeitos quando as partes são as mesmas sob o ponto de vista da sua qualidade jurídica.

3 — Há identidade de pedido quando numa e noutra causa se pretende obter o mesmo efeito jurídico.

4 — Há identidade de causa de pedir quando a pretensão deduzida nas duas acções procede do mesmo facto jurídico. Nas acções reais, a causa de pedir é o facto jurídico de que deriva o direito real; nas acções constitutivas e de anulação é o facto concreto ou a nulidade específica que se invoca para obter o efeito pretendido.

1. A repetição da *mesma* causa, é facto anormal comum às figuras da *excepção do caso julgado* e da *litispendência*. Na primeira delas, a causa que se invoca já foi decidida com trânsito, isto é, a respectiva decisão já não é susceptível de recurso ordinário (arts. 677.º e 676.º, n.º 2); na segunda, ambas as causas estão ainda pendentes.

A *identidade* das acções é, portanto, requisito ou pressuposto tanto da excepção do caso julgado como da litispendência, e o artigo em anotação propõe-se, exactamente, definir em que consiste essa identidade, referida aos sujeitos, ao pedido e à causa de pedir.

2. Já aludimos ao conceito de *partes* na ligeira anotação que fizemos ao art. 5.º. Resta observar que, neste lugar, o termo é empregado em sentido estrito, significando, na terminologia de

Capítulo I — Dos articulados   **ART. 498.º**

Chiovenda, aquele em cujo nome se pede uma actuação e aquele contra ou em face de quem esse pedido se faz.

A identidade jurídica não tem necessariamente que coincidir com a identidade física dos sujeitos; o que interessa é que estes actuem como titulares da mesma relação substancial; são, assim, por exemplo, idênticos, sob o ponto de vista da sua qualidade jurídica, o primitivo titular de certo direito e o seu sucessor nele; também não afecta a identidade dos sujeitos a diversidade da sua posição processual ou a das formas de processo usadas.

3. Sobre a noção de *pedido*, vejam-se as notas 7 e 8 ao art. 467.º.

Quanto ao valor do caso julgado constituído pela decisão de questões incidentais, tenha-se em atenção o disposto no n.º 2 do art. 96.º.

4. O n.º 4 deste preceito fornece o conceito de *causa de pedir:* o facto jurídico de que emerge o direito que se pretende fazer actuar, ou seja, o facto jurídico concreto em que o autor funda o pedido que formula [29].

O conceito assim formulado parece simples, mas na prática tem apresentado algumas dificuldades.

Vejamos, por exemplo, o caso das acções reais, ou seja das acções que tenham por finalidade fazer valer um direito real. Nestas, entende-se comummente que a causa de pedir é o título invocado como adquisitivo do direito real de que se trata [30].

Nas acções anulatórias a causa de pedir é a nulidade *específica* que se invoca para obter o efeito jurídico respectivo, revelada nos factos concretos em que se traduz.

Nas acções de investigação de paternidade a causa de pedir é o facto jurídico da procriação, traduzido num conjunto de factos que a revelam.

Nas acções de divórcio litigioso (ou separação judicial de pessoas e bens) a causa de pedir é constituída pela violação culposa, em concreto, de algum dos deveres conjugais (Cód. Civ., art. 1779.º), ou pela verificação de alguma das situações de facto (Cód. Civ., art. 1781.º) que, naquele caso, é justificação, perante a lei, da extinção do vínculo matrimonial.

Nas acções emergentes de acidentes de viação, a causa de pedir é constituída pelo facto ou factos jurídicos, que, no caso concreto,

---

[29] Ac. S.T.J., de 27/11/90, no *B.M.J.,* n.º 401, pág. 581.
[30] Ac. S.T.J., de 17/5/74, no *B.M.J.,* n.º 237, pág. 156.

ART. 501.º   *Livro III, Título II — Do processo de declaração*

geram a responsabilidade pela culpa (Cód. Civ., arts. 483.º e segs.) ou pelo risco (Cit. Cód., arts. 499.º e segs.).

ARTIGO 499.º
(Em que acção deve ser deduzida a litispendência)

1 — A litispendência deve ser deduzida na acção proposta em segundo lugar. Considera-se proposta em segundo lugar a acção para a qual o réu foi citado posteriormente.

2 — Se em ambas as acções a citação tiver sido feita no mesmo dia, a ordem das acções é determinada pela ordem de entrada das respectivas petições iniciais.

ARTIGO 500.º

Revogado.

Na redacção anterior à reforma processual o caso julgado era considerado excepção peremptória, mas como actualmente é considerado excepção dilatória (art. 494.º), está sujeito à regra geral do conhecimento oficioso constante do art. 495.º. Por isso este preceito do artigo 500.º foi revogado pelo art. 3.º do Dec.-Lei n.º 329--A/95.

SUBSECÇÃO III
Reconvenção

ARTIGO 501.º
(Dedução da reconvenção)

1 — A reconvenção deve ser expressamente identificada e deduzida separadamente na contestação, expondo-se os fundamentos e concluindo-se pelo pedido, nos termos das alíneas c) e d) do n.º 1 do artigo 467.º.

2 — O reconvinte deve ainda declarar o valor da reconvenção; se o não fizer, a contestação não deixa de ser recebida, mas o reconvinte é convidado a indicar o valor, sob pena de a reconvenção não ser atendida.

3 — Quando o prosseguimento de reconvenção esteja dependente da efectivação de registo ou de qualquer

Capítulo I — Dos articulados **ART. 501.º**

acto a praticar pelo reconvinte, será o reconvindo absolvido da instância se, no prazo fixado, tal acto não se mostrar realizado.

1. Já nos ocupámos, com algum desenvolvimento, da matéria da reconvenção, em anotação ao art. 274.º, a propósito da admissibilidade desta [31]. Aqui, apenas se trata do aspecto formal da sua dedução. Embora encorporada na contestação, a reconvenção não deixa de ser o articulado em que o réu formula um pedido contra o autor, e, como tal, uma petição inicial, que há-de satisfazer aos requisitos formais dessa peça jurídica, com natural exclusão dos elementos que já constam dos autos, como a designação do tribunal e a identificação do tribunal e a identificação das partes. O termo «separadamente», empregado pelo n.º 1 deste preceito, serve para impor a obrigação, ao reconvinte, de distinguir, na exposição, a matéria reconvencional da matéria da defesa directa e indirecta. A infracção desta regra constitui nulidade reclamável [32], mas como é uma exigência formal não deve ser aplicada com demasiado rigor [33].

2. O n.º 2 deste artigo não existia no correspondente preceito do Código de 1939. Pensou-se, porém, que não podia aplicar-se à hipótese o tratamento dado à petição inicial a que faltava esse requisito formal, que era o não recebimento do articulado, visto que a contestação propriamente dita não deveria ser prejudicada por um vício que só à reconvenção dizia respeito [34]. Daí a solução adoptada.

3. O facto de a lei mandar deduzir a reconvenção na contestação não significa que o réu tenha de impugnar o pedido do autor para ser admitido a reconvir. Assim entendeu, e bem, a Relação de Lisboa, no seu acórdão de 15 de Abril de 1964 [35].

---

[31] Vol. II, págs. 24 a 35.
[32] Acs. do S.T.J., de 14-10-1947 (*Rev. Leg. Jur.*, ano 81.º, pág. 251) e de 21-7-1964 (*Bol. Min. Just.*, n.º 139.º, pág. 289).
[33] Ac. Rel. Porto, de 11/4/89, no *B.M.J.*, n.º 386, pág. 512.
[34] *Projectos de Revisão*, III, pág. 132.
[35] *Jur. Rel.*, ano X, pág. 337.

ART. 502.º *Livro III, Título II — Do processo de declaração*

4. A reforma de 95/96 acrescentou a este preceito o seu n.º 4. Prevê-se aí que dependendo o prosseguimento da reconvenção da realização, pelo reconvinte de certo registo (Cód. Reg. Pred., art. 3.º; Reg. Aut.; Dec.-Lei n.º 54/75, de 24/2, art. 29.º; Cód. Reg. Com., art. 9.º e 15.º), ou pela prática de outro acto, cuja falta determine a suspensão da instância, será ela ordenada por despacho que fixará o prazo para ser suprida a falta, sob pena de absolvição da instância do reconvindo.

5. Actualmente, face à nova redacção dada ao art. 467.º pelo Dec.-Lei n.º 183/2000, deve entender-se que a remissão contida no n.º 1 do artigo em apreço é feita para as alíneas *d)* e *e)* do n.º 1 daquele art. 467.º.

SECÇÃO IV

Réplica e tréplica

ARTIGO 502.º

(Função e prazo da réplica)

1 — À contestação pode o autor responder na réplica, se for deduzida alguma excepção e somente quanto à matéria desta; a réplica serve também para o autor deduzir toda a defesa quanto à matéria da reconvenção, mas a esta não pode ele opor nova reconvenção.

2 — Nas acções de simples apreciação negativa, a réplica serve para o autor impugnar os factos constitutivos que o réu tenha alegado e para alegar os factos impeditivos ou extintivos do direito invocado pelo réu.

3 — A réplica será apresentada dentro de 15 dias, a contar daquele em que for ou se considerar notificada a apresentação da contestação; o prazo será, porém, de 30 dias, se tiver havido reconvenção ou se a acção for de simples apreciação negativa.

1. A resposta à contestação é uma necessidade para o autor sempre que o réu se tenha defendido por excepção, isto é, tenha invocado factos que obstem à apreciação do mérito da causa, ou sejam impeditivos, modificativos ou extintivos do direito invocado

Capítulo I — Dos articulados **ART. 503.º**

pelo autor (art. 487.º, n.º 2), só podendo, porém, responder à matéria da excepção e não à da impugnação. Outra função é assinalada a este articulado quando admitido: a de, por meio dele, se alterar, na falta de acordo, o pedido e a causa de pedir, conforme dispõe o art. 273.º. No caso de reconvenção, a réplica funcionará ainda como contestação do pedido reconvencional, sendo-lhe aplicável, nessa parte, com as devidas adaptações, as regras que os arts. 486.º a 500.º dispõem quanto a este último articulado, e o princípio da separação de matérias a que alude o art. 501.º, n.º 1.

2. Nas acções de simples apreciação negativa, isto é, naquelas em que se pretende obter unicamente a declaração de inexistência de um direito ou de um facto, compete ao réu, nos termos do disposto no n.º 1 do art. 343.º do Código Civil, a prova dos factos constitutivos do direito que se arroga. Esta solução do Código Civil, que veio ao arrepio do que geralmente se entendia quanto ao ónus da prova em tais acções, obrigou o legislador a introduzir algumas modificações na lei de processo, duas das quais se encontram no artigo em anotação: o n.º 2 do preceito e as palavras finais do n.º 3. Realmente, desde que em tais acções a petição inicial se limita a provocar a alegação, por parte do réu, dos factos constitutivos do direito que invoca, o que terá de ser feito na contestação, a função da réplica será, normalmente, a de contradizer esses factos (n.º 2) que serão, quase sempre, novos ou desconhecidos para ele, o que justifica o alargamento para 30 dias do prazo de apresentação do articulado. A situação é equiparada à da dedução de pedido reconvencional; em ambas, a réplica assume a função de primeiro articulado de defesa por parte do autor.

3. Quanto à possibilidade da prorrogação do prazo, veja-se o disposto no art. 504.º.

ARTIGO 503.º

(Função e prazo da tréplica)

1 — Se houver réplica e nesta for modificado o pedido ou a causa de pedir, nos termos do artigo 273.º, ou se, no caso de reconvenção, o autor tiver deduzido alguma excepção, poderá o réu responder, por meio de tréplica, à matéria da modificação ou defender-se contra a excepção oposta à reconvenção.

ART. 505.º   *Livro III, Título II — Do processo de declaração*

2 — A tréplica será apresentada dentro de 15 dias a contar daquele em que for ou se considerar notificada a apresentação da réplica.

1. Só há tréplica quando o autor na réplica modificou o pedido ou a causa de pedir, ou nela deduziu defesa por excepção ao pedido reconvencional que o réu tenha formulado. Nesses casos poderá o réu pronunciar-se sobre aquela modificação, ou responder à excepção. É aplicável o art. 505.º.

2. O prazo do n.º 2 é prorrogável (art. 504.º).

3. Se houver necessidade legal de assegurar resposta à matéria alegada na tréplica ter-se-à em vista o disposto no n.º 4 do art. 3.º.

ARTIGO 504.º

(Prorrogação do prazo para apresentação de articulados)

É aplicável a todos os articulados subsequentes à contestação a possibilidade de prorrogação prevista nos n.ᵒˢ 4, 5 e 6 do artigo 486.º, não podendo a prorrogação ir além do prazo previsto para a apresentação do respectivo articulado.

Torna extensível ao Ministério Público e aos demais litigantes, com os fundamentos constantes dos n.ᵒˢ 4 e 5 do art. 486.º, a possibilidade de obterem prorrogação para apresentação da réplica e da tréplica. O processamento do incidente consta do n.º 6 do mesmo artigo. A prorrogação tem a extensão que o juiz lhe assinalar, conforme a situação que a justifique, sem exceder, porém, o prazo de apresentação do articulado a que disser respeito.

ARTIGO 505.º

**(Posição da parte quanto aos factos articulados
pela parte contrária)**

A falta de algum dos articulados de que trata a presente secção ou a falta de impugnação, em qualquer deles, dos novos factos alegados pela parte contrária no articulado anterior tem o efeito previsto no artigo 490.º.

Capítulo I — *Dos articulados*　　**ART. 506.º**

O ónus de impugnação estabelecido no art. 490.º para a contestação é igualmente aplicável aos articulados que se lhe seguirem, pelo que também ficam sujeitos à cominação respectiva.

SECÇÃO V

Articulados supervenientes

ARTIGO 506.º

(Termos em que são admitidos)

1 — Os factos constitutivos, modificativos ou extintivos do direito que forem supervenientes podem ser deduzidos em articulado posterior ou em novo articulado, pela parte a quem aproveitem, até ao encerramento da discussão.

2 — Dizem-se supervenientes tanto os factos ocorridos posteriormente ao termo dos prazos marcados nos artigos precedentes como os factos anteriores de que a parte só tenha conhecimento depois de findarem esses prazos, devendo neste caso produzir-se prova da superveniência.

3 — O novo articulado em que se aleguem factos supervenientes será oferecido:

a) **Na audiência preliminar, se houver lugar a esta, quando os factos que dele são objecto hajam ocorrido ou sido conhecidos até ao respectivo encerramento;**

b) **Nos 10 dias posteriores à notificação da data designada para a realização da audiência de discussão e julgamento, quando sejam posteriores ao termo da audiência preliminar ou esta se não tenha realizado;**

c) **Na audiência de discussão e julgamento, se os factos ocorreram ou a parte deles teve conhecimento em data posterior à referida na alínea anterior.**

4 — O juiz profere despacho liminar sobre a admissão do articulado superveniente, rejeitando-o quando, por culpa da parte, for apresentado fora de tempo, ou quando for manifesto que os factos não interessam à boa decisão da causa; ou ordenando a notificação da parte

— 53 —

ART. 506.º *Livro III, Título II — Do processo de declaração*

contrária para responder em 10 dias, observando-se, quanto à resposta, o disposto no artigo anterior.

5 — As provas são oferecidas com o articulado e com a resposta.

6 — Os factos articulados que interessem à decisão da causa são incluídos na base instrutória; se esta já estiver elaborada, ser-lhe-ão aditados, sem possibilidade de reclamação contra o aditamento, cabendo agravo do despacho que o ordenar, que subirá com o recurso da decisão final.

1. O Código de 1939 ocupava-se já da *defesa superveniente* no art. 493.º e seu § ún., sem, todavia, regular os termos consequentes à sua apresentação. O legislador de 61 alargou ao autor aquela faculdade, e regulamentou devidamente o seu exercício.

Escreveu-se no relatório que acompanhou o respectivo ante-projecto: «Não se viu perigo de que este alargamento pudesse dar lugar a obstruções ao andamento dos processos. Não consta que tenha dado lugar a elas a disposição actual, embora apenas relativa ao réu, que normalmente é o único interessado na demora do pleito. Todavia, na regulamentação proposta, cerca-se o uso deste meio das cautelas possíveis, para que ele não possa servir como arma de chicana e para que não perturbe e atrase muito o andamento da causa. (...) Sujeita-se (...) a admissão do novo articulado a despacho liminar, que o rejeitará quando seja manifesto ter sido deduzido indevidamente. Marca-se um prazo curto para a resposta — o geral de cinco dias. Exige-se que as provas sejam logo oferecidas. Finalmente, para o caso de a dedução ser feita depois de designado dia para audiência de discussão e julgamento, estabelece-se um regime que dispensa o respectivo adiamento. Além disso, sempre que a dedução seja feita depois de elaborado o questionário, o aditamento a este dos factos supervenientes não será passível de reclamação, mas apenas de agravo, que subirá com o recurso da sentença final» [36].

A reforma processual manteve, nas suas linhas gerais a matéria tratada neste preceito, alterando o prazo da resposta para dez dias e dando uma melhor distribuição à matéria, substituindo a

---

[36] *Projectos de Revisão*, III, pág. 136.

Capítulo I — Dos articulados　　　　**ART. 506.º**

referência ao questionário pela menção da «base instrutória» que lhe sucedeu.

No relatório que precedeu o Dec.-Lei n.º 329-A/95 observa-se a este respeito: «Reformulou-se, clarificando-a e conferindo-lhe maiores virtualidades a matéria dos articulados supervenientes, referenciando a extemporaneidade da superveniência subjectiva restritivamente à atitude culposa da parte que dos novos factos pretenda socorrer-se e adequando-se a introdução dos novos factos aos diversos momentos do devir processual e à nova filosofia de prazos. Neste sentido, estabeleceu-se como balizas relevantes para trazer ao processo factos supervenientes o termo da audiência preliminar e o momento temporal anterior à data designada para o julgamento que se supõe suficiente para possibilitar o pleno exercício do contraditório, sem o risco de tal poder determinar o adiamento de audiência».

2. *Articulado posterior* é um dos articulados normalmente previstos na lei de processo e que se segue àquele em que a parte teria feito dedução dos factos, se eles já fossem do seu conhecimento; *articulado novo*, é aquele que a parte apresentará quando a superveniência dos factos se der quando já não tenha articulado, dos normalmente previstos por lei, para produzir.

3. A rejeição faz-se com fundamento: *a)* em não terem a averiguação dos factos agora apresentados interesse para a boa decisão da causa, ou *b)* ter havido culpa do requerente na sua não apresentação dentro dos prazos legais.

A culpa a que o preceito alude pode dizer respeito à apresentação extemporânea ou à falta de diligência requerida para o conhecimento dos factos.

4. A lei fixa três momentos para apresentação do novo articulado: *a)* na audiência preliminar, referente a factos ocorridos, ou conhecidos até ao encerramento dessa audiência (art. 508.º-A); *b)* nos 10 dias posteriores à notificação da data designada para a audiência de discussão e julgamento, referente a factos como os na anterior alínea, quando se não tenha realizado audiência preliminar, e a factos que tenham ocorrido, ou chegado ao conhecimento do articulante, depois de efectuado a audiência preliminar; *c)* na audiência de discussão e julgamento, quando os factos que justificam o novo articulado tenham ocorrido ou chegado ao conhe-

— 55 —

ART. 507.º *Livro III, Título II — Do processo de declaração*

cimento da parte depois de notificação do despacho que designa a audiência de julgamento.

ARTIGO 507.º
**(Apresentação do novo articulado depois da marcação
da audiência de discussão e julgamento)**

1 — A apresentação do novo articulado depois de designado dia para a audiência de discussão e julgamento não suspende as diligências para ela nem determina o seu adiamento, ainda que o despacho respectivo tenha de ser proferido ou a notificação da parte contrária haja de ser feita ou a resposta desta tenha de ser formulada no decurso da audiência. Se não houver tempo para notificar as testemunhas oferecidas, ficam as partes obrigadas a apresentá-las.

2 — São orais e ficam consignados na acta a dedução de factos supervenientes, o despacho de admissão ou rejeição, a resposta da parte contrária e o despacho que ordene ou recuse o aditamento à base instrutória, quando qualquer dos actos tenha lugar depois de aberta a audiência de discussão e julgamento. A audiência só se interrompe se a parte contrária não prescindir do prazo de 10 dias para a resposta e apresentação das provas e houver inconveniente na imediata produção das provas relativas à outra matéria em discussão.

Regula o procedimento da apresentação do novo articulado já na fase de audiência de discussão e julgamento. O propósito da celeridade é bom, mas será prejudicado em quasi todos os casos, pela não dispensa do prazo concedido à parte contrária. É claro que não podia sacrificar-se o princípio do contraditório, coisa que muitos dos críticos das demoras processuais naturalmente nem sabem o que é.

CAPÍTULO II

Da audiência preliminar

ARTIGO 508.º

(Suprimento de excepções dilatórias e convite
ao aperfeiçoamento dos articulados)

1 — Findos os articulados, o juiz profere, sendo caso disso, despacho destinado a:

a) **Providenciar pelo suprimento de excepções dilatórias, nos termos do n.º 2 do artigo 265.º;**

b) **Convidar as partes ao aperfeiçoamento dos articulados, nos termos dos números seguintes.**

2 — O juiz convidará as partes a suprir as irregularidades dos articulados, fixando prazo para o suprimento ou correcção do vício, designadamente quando careçam de requisitos legais ou a parte não haja apresentado documento essencial ou de que a lei faça depender o prosseguimento da causa.

3 — Pode ainda o juiz convidar qualquer das partes a suprir as insuficiências ou imprecisões na exposição ou concretização da matéria de facto alegada, fixando prazo para a apresentação de articulado em que se complete ou corrija o inicialmente produzido.

4 — Se a parte corresponder ao convite a que se refere o número anterior, os factos objecto de esclarecimento, aditamento ou correcção ficam sujeitos às regras gerais sobre contraditoriedade e prova.

5 — As alterações à matéria de facto alegada, previstas nos n.ºs 3 e 4, devem conformar-se com os limites estabelecidos no artigo 273.º, se forem introduzidas pelo autor, e nos artigos 489.º e 490.º, quando o sejam pelo réu.

6 — Não cabe recurso do despacho que convide a suprir irregularidades ou insuficiências dos articulados.

1. Terminou a fase dos articulados. As partes expuseram as razões de facto e de direito em que fundam a sua posição na causa. Está apresentado o litígio. É agora que o juiz toma, normalmente,

ART. 508.º *Livro III, Título II — Do processo de declaração*

o primeiro contacto com o processo, o que faz no despacho a que se refere o preceito anotando, que abre a *fase do saneamento* processual — o despacho pré-saneador.

O propósito é: *a)* suprir as excepções que admitam suprimento e cuja existência seja revelada pelo exame do processo; *b)* convidar as partes a aperfeiçoarem os articulados, suprindo as suas irregularidades e corrigindo as suas deficiências.

Vamos ver como se atingem estes objectivos.

2. A reforma processual de 95/96, ao regular o poder de direcção do processo, mitigando o princípio dispositivo, em ordem a obter o desembaraço da instância de obstáculos que se lhe imponham, veio dispor, no n.º 2 do art. 265.º, que o juiz providenciará, mesmo oficiosamente, pelo suprimento da falta de pressupostos processuais susceptíveis de sanação, determinando a realização dos actos necessários à regularização da instância ou, quando estiver em causa alguma modificação subjectiva da instância, convidando as partes a praticá-los. É o exercício desse poder correctivo que se impõe ao juiz quando a falta de algum desses pressupostos se manifeste e não tenha sido ainda corrigido oficiosamente. Supunhamos que se verifica a incapacidade judiciária de uma das partes ou a irregularidade da sua representação: — o juiz ordenará a citação do representante ou do curador do incapaz (art. 23.º, n.º 1). Se num caso de litisconsórcio necessário activo (art. 28.º, n.º 1) o autor tiver vindo a juízo desacompanhado dos seus litisconsortes: — o juiz convidará a parte, em prazo que lhe fixará, a vir requerer a intervenção principal provocada (art. 325.º) daqueles, a fim de evitar a ilegitimidade plural.

3. A lei, após facultar a *sanação* por falta de pressupostos processuais, encara a possibilidade do *aperfeiçoamento* dos articulados irregulares ou deficientes.

A reforma de 95/96 deslocou para este momento o despacho de aperfeiçoamento da *petição*, de que se ocupava o antigo artigo 477.º do diploma original, aplicando-o agora, dada a ocasião em que é proferido, a *todos os articulados* apresentados.

Prevêem-se, neste preceito, duas situações diferentes: haver obstáculo legal ao recebimento do articulado por *falta dos requisitos* exigidos por lei, ou por *falta de apresentação* de certos documentos (n.º 2), o que torna o articulado *irregular;* não haver obstáculo legal ao recebimento, mas conter o articulado insufi-

—58—

Capítulo II — Da audiência preliminar **ART. 508.º**

ciências ou imprecisões na exposição ou na concretização da matéria de facto, que revelam *deficiência*.

Exemplos da irregularidade: o autor apresentou uma petição que não está assinada, ou propõe uma acção de reivindicação sem mostrar feita a respectiva inscrição no registo; o réu apresentou uma contestação redigida em língua estrangeira.

No caso de irregularidade o juiz *deve* convidar as partes a suprimir ou corrigir o vício. Mas desse dever não resulta que a omissão do convite constitua nulidade processual ([37]). Não se trata de um acto formal cuja omissão produza o efeito do artigo 201.º. Convidar ou não convidar a parte a emendar uma irregularidade cometida é *decisão* que depende da apreciação da existência do condicionalismo legal que a prevê. A haver impugnação seria ela o recurso ordinário que, porém, não cabe na hipótese dado a disposição do n.º 6 deste artigo. A irregularidade, a existir, será apreciada no despacho saneador.

Se a parte, convidada a corrigir o seu erro, o não fizer no prazo que lhe for assinado, o juiz extrairá do referido erro o efeito jurídico que a lei determinar.

Nos exemplos que figuramos o tribunal deve rejeitar a petição que não está assinada ou a contestação redigida em língua estrangeira, e deve suspender a instância na acção real até que se faça a prova do registo.

4. Vejamos agora o caso previsto no n.º 3, que dá lugar ao simples aperfeiçoamento.

Nessa situação o juiz *pode* convidar qualquer das partes a corrigir *insuficiências* ou *imprecisões* na exposição e concretização da matéria de facto constante dos seus articulados.

Nesta hipótese não se trata de irregularidade ou de vício que ponha em causa a subsistência da relação jurídica processual; o que acontece é que os factos em que se alicerça o pedido não foram expostos em toda a sua extensão (insuficiência), ou foram-no de modo vago e impreciso (inconcretização). Prevê-se, assim, que houve um erro técnico na exposição da matéria de facto, e só nesta. Os elementos de facto alegados são os estritamente necessários a saber qual é a causa de pedir e qual é o pedido, ou para conhecer

---

([37]) No sentido da nulidade: Abrantes Geraldes, *Temas da Reforma de Processo Civil*, vol. II, pág. 78.

ART. 508.º-A *Livro III, Título II — Do processo de declaração*

a impugnação ou excepção deduzida e o seu fundamento, mas persistem nebulosos alguns factos que interessam à procedência do pedido ou ao êxito da oposição que lhe foi feita; estar-se-á então em face do condicionalismo que este preceito prevê.

Se a parte, convidada a esclarecer a matéria de facto que alegou, vier satisfazer ao convite, tem de manter-se dentro da causa de pedir, se é o autor, ou dentro da oposição que deduziu, se é o réu. Trata-se de um esclarecimento, não de um novo articulado. Mas, a parte contrária terá oportunidade de se manifestar quanto ao esclarecimento prestado.

Se não corresponder ao convite, a acção prosseguirá seus termos, considerando-se esgotada a tentativa de aperfeiçoamento.

ARTIGO 508.º-A

(Audiência preliminar)

1 — Concluídas as diligências resultantes do preceituado no n.º 1 do artigo anterior, se a elas houver lugar, é convocada audiência preliminar, a realizar num dos 30 dias subsequentes, destinada a algum ou alguns dos fins seguintes:

a) **Realizar tentativa de conciliação, nos termos do artigo 509.º;**

b) **Facultar às partes a discussão de facto e de direito, nos casos em que ao juiz cumpra apreciar excepções dilatórias ou quando tencione conhecer imediatamente, no todo ou em parte, do mérito da causa;**

c) **Discutir as posições das partes, com vista à delimitação dos termos do litígio, e suprir as insuficiências ou imprecisões na exposição da matéria de facto que ainda subsistam ou se tornem patentes na sequência do debate;**

d) **Proferir despacho saneador, nos termos do artigo 510.º;**

e) **Quando a acção tenha sido contestada, seleccionar, após debate, a matéria de facto relevante que se considera assente e a que constitui a base instrutória da causa, nos termos do artigo 511.º, decidindo as reclamações deduzidas pelas partes.**

Capítulo II — Da audiência preliminar **ART. 508.º-A**

2 — Quando haja lugar à realização de audiência preliminar, ela destinar-se-á complementarmente a:

a) Indicar os meios de prova e decidir sobre a admissão e a preparação das diligências probatórias, requeridas pelas partes ou oficiosamente determinadas, salvo se alguma das partes, com fundadas razões, requerer a sua indicação ulterior, fixando-se logo o prazo;

b) Estando o processo em condições de prosseguir, designar, sempre que possível, a data para a realização da audiência final, tendo em conta a duração provável das diligências probatórias a realizar antes do julgamento;

c) Requerer a gravação da audiência final ou a intervenção do colectivo.

3 — O despacho que marque a audiência preliminar indica o seu objecto e finalidade, mas não constitui caso julgado sobre a possibilidade de apreciação imediata do mérito da causa.

4 — Não constitui motivo de adiamento a falta das partes ou dos seus mandatários; se algum destes não houver comparecido, pode ainda apresentar o respectivo requerimento probatório nos cinco dias subsequentes àquele em que se realizou a audiência preliminar, bem como, no mesmo prazo, requerer a gravação da audiência final ou a intervenção do colectivo.

(Redacção do Dec.-Lei n.º 375-A/99, de 20/9).

1. A audiência preliminar foi criada pelo Dec.-Lei n.º 329-A/95, em substituição da antiga audiência preparatória, mas com fins bastante diferentes.

Deve ser convocada para um dos trinta dias subsequentes à conclusão das diligências a que se refere o n.º 1 do art. 508.º; na convocatória indicar-se-á obrigatoriamente o seu objecto e finalidade.

A audiência terá como finalidades principais as indicadas nas alíneas *a)* a *e)* do n.º 1, e como finalidades complementares as referidas no n.º 2.

— 61 —

ART. 508.º-A *Livro III, Título II — Do processo de declaração*

Nos dez dias seguintes à notificação para a audiência preliminar as partes pagarão a taxa de justiça subsequente: arts. 25.º a 27.º do Cód. Custas Judiciais.

2. A tentativa de conciliação realizar-se-á nos termos do art. 509.º, apenas quando as partes conjuntamente a requeiram, ou o juiz a considere oportuna. Na redacção primitiva do Código a tentativa de conciliação na audiência preparatória era feita obrigatoriamente. Melhorou-se nesta matéria, até porque a tentativa feita nessa ocasião tem muito pouca probabilidade de resultar.

Não há, pode dizer-se, nenhuma acção que seja proposta em juízo sem que tenha sido precedida de diligências conciliatórias, em geral orientadas pelos respectivos mandatários judiciais. Cremos que não haverá quem se disponha às incertezas e ao elevado custo de um pleito, sem ter tentado primeiro a via mais cómoda, mais rápida e menos onerosa de uma composição de interesses. Se esta se frustra, recorre-se então ao tribunal, e o momento psicológico menos adequado para o acordo é precisamente o da audiência em que acaba de fazer-se a exposição das teses adversas e ainda não há, em regra, produção de prova ou outro elemento que indicie a solução da demanda. Na verdade, a grande maioria das transacções que homologámos tiveram lugar imediatamente antes ou até no decurso das audiências de julgamento; aí, as partes, avaliando os elementos probatórios até então produzidos, — expurgada a lide de certos elementos circunstanciais em que porventura confiaram, — e examinando os factos a uma luz mais remota, podem ser mais objectivos, e não raro surpreendem o tribunal com a iniciativa de um acordo que no decurso do processo sempre intransigentemente repeliram.

3. É a audiência preliminar o lugar próprio para facultar às partes a discussão de facto e de direito sobre excepções dilatórias de que o juiz deva conhecer. Todavia, quando a excepção já foi debatida nos autos, a audiência preliminar pode ser dispensada [art. 508.º-B, n.º 1, b)].

Se o juiz entender que tem já todos os elementos necessários ao conhecimento (total ou parcial) do mérito da causa, assim o declarará, devendo essa circunstância ser mencionada na notificação convocatória, o que não obriga o juiz a emitir essa pronúncia quando o decorrer da audiência o convencer de que há ainda elementos de prova a recolher, ou outro motivo atendível.

Capítulo II — Da audiência preliminar   **ART. 508.º-A**

4. Segundo a alínea *c)* do n.º 1 a audiência preliminar há-de servir para discutir a posição das partes e suprir as insuficiências ou imprecisões em matéria de facto que ainda subsistam. Trata-se de, em conjunto, fazer a delimitação da matéria fáctica em causa e de estabelecer qual o regime jurídico que lhe é aplicável. É uma espécie de balanço geral das questões a decidir, tal como resultam de um debate aberto e não preconceituoso entre as partes, seus mandatários e o tribunal.

5. É também na audiência preliminar que o juiz deve, em regra, proferir o despacho saneador, com o conteúdo mencionado no art. 510.º; o despacho será ditado para a acta, mas quando a complexidade das questões a decidir o exigir, poderá ser proferido por escrito no prazo de 20 dias, suspendendo-se, para tal, a audiência.

6. Se a acção tiver sido contestada — e só nesse caso — o juiz seleccionará, após debate, a matéria de facto relevante que se considera assente e a que constituir a base instrutória da causa, de harmonia com os critérios expostos no art. 511.º, sendo decididas logo as reclamações que dessa selecção fizerem as partes. É, afinal, uma especificação e um questionário com outro nome, menos solenes mas não menos trabalhoso do que a fórmula antiga, uma vez que até a substância dessa peça se mantém. Um juiz minimamente cuidadoso tem de ir para a audiência munido de um projecto de selecção da matéria de facto (provada e a provar), que corrigirá de harmonia com as discussões da matéria fáctica que a lei prevê para esse momento. Eu não sei se o legislador se terá colocado na posição do juiz instrutor e pensado como é que este terá a possibilidade, no decurso da audiência, de consultar todos os documentos apresentados, por vezes em grossos apensos, e, principalmente, de confrontar centenas de artigos, para decidir quais os factos neles invocados que são necessários, os que foram impugnados e os que foram admitidos por acordo. Há-de convir-se que esse trabalho é para fazer na solidão e quietude de um gabinete, e normalmente fora das horas do expediente, como sabem todos aqueles que tiveram alguma vez que elaborar peças jurídicas dessa natureza. Dir-me-ão que eu próprio já torneei essa dificuldade ao aconselhar que o juiz leve para a audiência um projecto da selecção da matéria de facto. Mas se assim é persiste a minha dúvida: porque é que se não deu à selecção da matéria de facto os

ART. 508.º-B *Livro III, Título II — Do processo de declaração*

vinte dias que se concedeu à elaboração do despacho saneador quando a complexidade das questões a resolver o exija (art. 510.º, n.º 2)? Parece que não haveria inconveniente nisso, e assim se ressalvavam as situações mais difíceis.

7. A indicação dos meios de prova faz-se, em regra na audiência preliminar, mas pode ser feita no prazo que o juiz fixar quando houver fundadas razões para esse protelamento, ou nos cinco dias subsequentes à realização da audiência quando as partes ou os seus mandatários, devidamente convocados, não comparecerem a ela [n.º 2, a) e n.º 4]. O rol de testemunhas pode ser alterado ou aditado (art. 512.º-A).

Para o caso de não haver lugar à audiência preliminar, regula o art. 512.º.

8. A falta de convocação para a audiência preliminar, nos casos em que a lei a manda realizar, constitui nulidade simples (art. 201.º, n.º 1), devendo considerar-se que essa omissão pode influir no exame e na decisão da causa. Era o entendimento que se fazia anteriormente em relação à audiência preparatória [38] e que não vemos razão para abandonar.

9. O n.º 3 deste preceito consagrou legislativamente, na sua parte final, a solução que já era a adoptada pela jurisprudência. Quanto à obrigatoriedade, para o juiz, de indicar o fim a que se destina a audiência, compreende-se facilmente que teve por objectivo permitir aos mandatários judiciais habilitar-se convenientemente para o estudo das questões a debater.

ARTIGO 508.º-B

(Dispensa da audiência preliminar)

1 — O juiz pode dispensar a audiência preliminar, quando:

a) **Destinando-se à fixação da base instrutória, a simplicidade da causa o justifique;**

b) **A sua realização tivesse como fim facultar a discussão de excepções dilatórias já debatidas nos arti-**

---

[38] Ac. Rel. Lxa., de 29/6/66 (*Jur. Rel.,* ano 12.º, pág. 501).

Capítulo II — Da audiência preliminar **ART. 509.º**

culados ou do mérito da causa, nos casos em que a sua apreciação revista manifesta simplicidade.

2 — Não havendo lugar à realização de audiência preliminar, se a acção tiver sido contestada e houver de prosseguir, o juiz, no despacho saneador, seleccionará a matéria de facto, mesmo por remissão para os articulados, podendo as partes apresentar as respectivas reclamações no início da audiência final.

Indica as condições que permitem dispensar a realização da audiência preliminar.

A alínea *a)* prevê a situação de não serem de aplicar qualquer das alíneas *a)*, *b)* e *c)* do n.º 1 do art. 508.º-A, e a simplicidade da causa justificar que se não convoque a audiência preliminar apenas para fixação da base instrutória; nesse caso dispensa-se essa audiência, e a indicação da matéria de facto a provar, se a acção tiver sido contestada, será feita a quando da prolação do despacho saneador (art. 510.º); é curioso que nesta hipótese, e só nela, esse apuramento pode fazer-se por simples remissão para os artigos onde constem os factos respectivos. A reclamação quanto à seleccionação da base instrutória é também protelada então para o início da audiência final (art. 652.º).

A alínea *b)* admite a dispensa quando a convocação tiver por fim a discussão de excepções dilatórias já debatidas nos articulados, ou do mérito da causa, quando for de manifesta simplicidade a apreciação daquelas ou desta. Neste caso, aquela apreciação será feita no despacho saneador (art. 510.º).

Não deve confundir-se simplicidade com pouca importância. Há acções de resultado muito importante, cuja solução se apresente como óbvia, quer em si mesmo, quer pelos elementos que já se recolheram para a decisão.

ARTIGO 509.º

(Tentativa de conciliação)

1 — Quando a causa couber no âmbito dos poderes de disposição das partes, pode ter lugar, em qualquer estado do processo, tentativa de conciliação, desde que as partes conjuntamente o requeiram ou o juiz a con-

ART. 510.º *Livro III, Título II — Do processo de declaração*

sidere oportuna, mas as partes não podem ser convocadas exclusivamente para esse fim mais que uma vez.

2 — As partes são notificadas para comparecer pessoalmente ou se fazerem representar por mandatário judicial com poderes especiais, quando residam na área do círculo judicial, ou na respectiva ilha, tratando-se das Regiões Autónomas, ou quando, aí não residindo, a comparência não represente sacrifício considerável, atenta a natureza e o valor da causa e a distância da deslocação.

3 — A tentativa de conciliação é presidida pelo juiz e terá em vista a solução de equidade mais adequada aos termos do litígio.

4 — Frustrando-se, total ou parcialmente, a conciliação, ficam consignados em acta os fundamentos que, no entendimento das partes, justificam a persistência do litígio.

1. Se a causa não couber no âmbito dos poderes de disposição das partes, isto é, disser respeito a relações jurídicas que as partes não puderem modificar ou extinguir só por acto da sua vontade, ou por negócio jurídico destinado a obter esse efeito, a tentativa de conciliação não pode obviamente ter lugar.

2. A representação por mandatário judicial para este efeito implica a passagem de procuração com os poderes a que se refere o art. 37.º, n.º 2.

3. A solução de *equidade*, a que se refere o n.º 3, será aquela que pareça mais justa para pôr termo *àquele litígio*, embora com algum sacrifício do resultado que se obteria com aplicação da estricta legalidade.

ARTIGO 510.º

(Despacho saneador)

1 — Findos os articulados, se não houver que proceder à convocação da audiência preliminar, o juiz

Capítulo II — Da audiência preliminar   **ART. 510.º**

profere, no prazo de 20 dias, despacho saneador destinado a:

a) Conhecer das excepções dilatórias e nulidades processuais que hajam sido suscitadas pelas partes, ou que, face aos elementos constantes dos autos, deva apreciar oficiosamente;

b) Conhecer imediatamente do mérito da causa, sempre que o estado do processo permitir, sem necessidade de mais provas, a apreciação, total ou parcial, do ou dos pedidos deduzidos ou de alguma excepção peremptória.

2 — Se houver lugar a audiência preliminar, o despacho saneador é logo ditado para a acta; quando, porém, a complexidade das questões a resolver o exija, o juiz poderá excepcionalmente proferi-lo por escrito, no prazo de 20 dias, suspendendo-se a audiência e fixando--se logo data para a sua continuação, se for caso disso.

3 — No caso previsto na alínea *a)* do n.º 1, o despacho constitui, logo que transite, caso julgado formal quanto às questões concretamente apreciadas; na hipótese prevista na alínea *b)*, fica tendo, para todos os efeitos, o valor de sentença.

4 — Não cabe recurso da decisão do juiz que, por falta de elementos, relegue para final a decisão de matéria que lhe cumpra conhecer.

5 — Nas acções destinadas à defesa da posse, se o réu apenas tiver invocado a titularidade do direito de propriedade, sem impugnar a posse do autor, e não puder apreciar-se logo aquela questão, o juiz ordena a imediata manutenção ou restituição da posse, sem prejuízo do que venha a decidir-se a final quanto à questão da titularidade do direito.

1. O momento de proferir o despacho saneador depende de se dever ou não convocar a audiência preliminar. Havendo lugar a essa convocação é na audiência preliminar que esse despacho é ditado para a acta, mas, quando a complexidade das questões a resolver o exigir, pode o juiz suspender a audiência, para o proferir por escrito, no prazo de vinte dias; se não houver lugar à audiência

— 67 —

ART. 510.º *Livro III, Título II — Do processo de declaração*

preliminar o saneador será proferido no processo, também em vinte dias, a contar do termo dos articulados.

2. A função atribuída ao despacho saneador é, em regra, a de resolver todas as questões formais que possam impedir o conhecimento do mérito. Excepcionalmente, quando o estado do processo o permitir, servirá para apreciar, total ou parcialmente, o pedido ou algum dos pedidos deduzidos, ou alguma excepção peremptória. Cabe-lhe, pois, conhecer: das excepções dilatórias, tendo sempre em vista o disposto no n.º 3 do art. 288.º; das nulidades processuais suscitadas pelas partes, ou de que possa conhecer oficiosamente (art. 202.º); das excepções peremptórias deduzidas, desde que existam já no processo os elementos necessários à sua decisão; e a apreciação total ou parcial, do pedido ou dos pedidos formulados, quando o estado do processo o permitir.

3. Relativamente às questões formais, o seu conhecimento far-se-á pela ordem lógica, que é a da maior para a menor gravidade dos seus efeitos.

4. A alínea *b)* do n.º 1, na sua actual redacção torna claro que o conhecimento do mérito comporta a apreciação *total* ou *parcial* do pedido ou pedidos formulados. Continua, porém, a pôr-se o problema de saber se esse conhecimento pode dizer respeito a apenas alguma ou a algumas das causas de pedir em que se funda o pedido ou pedidos.

Na doutrina [39] e na jurisprudência [40] tem predominado a resposta afirmativa a esta pergunta, mas o problema é árduo, e não faltam vozes autorizadas em contrário [41]. No entanto, afigura-se-

---

[39] A. dos Reis, na *Rev. Leg. Jur.*, ano 81.º, pág. 329 e no *Cód. Proc. Civ. Anot.*, vol. III, pág. 193; Manuel de Andrade, *Noções Elementares de Processo Civil*, pág. 163; Sá Carneiro, na *Rev. Trib.*, ano 76.º, pág. 145 e ano 80.º, pág. 28.

[40] Acs. do Sup. Trib. Just., de 23-4-1946 (*Rev. Trib.*, 64.º-310), de 16-12-1947 (*Rev. Trib.*, 66.º-41), de 23-1-1953 (*B.M.J.*, 35.º-208), de 16-7-1954 (*B.M.J.*, 44.º-273), de 6-7-1956 (*B.M.J.*, 59.º-471), de 7-3-1958 (*Rev. Trib.*, 76.º-144), de 24-10-1961 (*Rev. Trib.*, 80.º-27; *B.M.J.*, 110.º-395), de 6-10-1964 (*B.M.J.*, 140.º-372; *Rev. Trib.*, 83.º-187); da Rel. Lxa., de 12/1/73, no *B.M.J.*, n.º 223, pág. 273; da Rel. Porto, de 2/6/81, na *Col. Jur.*, ano 6.º, pág. 134.

[41] Anselmo de Andrade, *Lições de Processo Civil* (lic. pub. por Abílio Neto), vol. III, pág. 411; Acs. Sup. Trib. Just., de 26-1-1945 (*Bol. Of.*, 5.º-38) e de 30-1-1945 (*Bol. Of.*, 5.º-48), e da Rel. Coimbra, de 14-11-1950 (*B.M.J.*, 26.º-203).

Capítulo II — Da audiência preliminar　**ART. 510.º**

-me que, se atentarmos na função específica que este despa-cho parece dever desempenhar, somos levados a adoptar a pri-meira daquelas teses. Com efeito, se puder decidir-se no sanea-dor, com perfeita segurança, que determinada causa de pedir não é de considerar, como se justifica que o juiz deixe de conhe-cer dessa questão e vá questionar factos que antecipadamente sabe serem indiferentes à solução jurídica do litígio? Parece que, nesse caso, deve desembaraçar o processo desse problema, resol-vendo-o.

A questão obviamente não se põe no caso de haver um só pedido e uma só causa de pedir.

5. Discutiu-se muito, anteriormente à reforma processual, em que condições o despacho saneador constituia caso julgado formal para as excepções dilatórias e as nulidades processuais, que ali deviam ser apreciadas, de modo a impedir o seu conhecimento, mais tarde, no mesmo processo.

A questão nascia do facto de o juiz não se apercebendo de qualquer dessas situações, proferir (como certamente agora acon-tece) um despacho designado «de tabela» em que se limitava a consignar que não se verificavam excepções, nulidades ou outras questões que impedissem o conhecimento do mérito da causa.

O problema foi tão sério que justificou nessa matéria um Assento ([42]), mas aquela reforma resolveu as dúvidas dispondo, no n.º 3 do artigo anotando, que o saneador só constitui caso julgado formal quanto às questões *concretamente* apreciadas no saneador.

Concretamente quer dizer, neste caso, que se tenha apreciado alguma dúvida que dessas questões suscitasse, resolvendo-a num sentido ou noutro.

6. O n.º 5 do preceito em anotação adjectiva o disposto no n.º 1 do art. 1278.º do Código Civil, segundo o qual, no caso de o possuidor perturbado ou esbulhado da sua posse recorrer ao tribu-nal, será mantido nela enquanto não for convencido na questão da titularidade do direito.

([42]) O de 1/02/62.

ART. 511.º *Livro III, Título II — Do processo de declaração*

ARTIGO 511.º

(Selecção da matéria de facto)

1 — O juiz, ao fixar a base instrutória, selecciona a matéria de facto relevante para a decisão da causa, segundo as várias soluções plausíveis da questão de direito, que deva considerar-se controvertida.

2 — As partes podem reclamar contra a selecção da matéria de facto, incluída na base instrutória ou considerada como assente, com fundamento em deficiência, excesso ou obscuridade.

3 — O despacho proferido sobre as reclamações apenas pode ser impugnado no recurso interposto da decisão final.

1. A especificação e o questionário constituiam, no Código de 39, e constituíram depois no Código de 61, uma peça essencial do nosso processo civil, cuja correcta elaboração suscitava diversos problemas de técnica jurídica, o mais árduo dos quais era, talvez, o da distinção entre matéria de facto e matéria de direito.

Era na elaboração da especificação e do questionário que se concentravam, na doutrina, as maiores críticas ao sistema, e na prática as maiores dificuldades de execução, que, não raras vezes, produziam a paralização do curso normal do processo. Esperava-se, por isso, uma reacção radical contra essa exigência por parte da Comissão que dirigiu a reforma, reacção que, felizmente, se não verificou. A grande conveniência de conservar, nesta fase do processo, um momento de reflexão — que obrigue o juiz a estudar as várias soluções plausíveis que as questões de direito suscitadas comportem; a examinar todos os factos controvertidos que, directa ou indirectamente, interessem à decisão da causa, e a fazer uma separação entre os que se encontrem já provados (por admissão, por documento ou por confissão) e aqueles que carecem de prova — levou o legislador a manter praticamente o sistema (a especificação dos factos até aí provados e a enumeração dos factos a apurar), embora sob a designação de «selecção de matéria de facto», que serviu, ao que parece, para espantar o fantasma. É certo que se fizeram, também, algumas alterações, que podem ajudar à execução desta peça jurídica. Na verdade, desmitificou-se o acto, ao impor que a selecção se faça no decurso da audiência preliminar

— 70 —

Capítulo II — Da audiência preliminar   **ART. 511.º**

e com a colaboração critica e ajuda efectiva dos mandatários das partes, modificação muito razoável, que facilitará o trabalho do juiz.

2. Ainda que a lei o não imponha, é aconselhável que a matéria considerada assente seja exposta ordenadamente e subordinada a alíneas. Os factos a apurar serão, naturalmente, numerados.

3. Consideram-se relevantes para a decisão da causa todos os factos que possam ter influência, directa ou indirecta, na decisão desta, no ponto de vista de uma ou da outra das teses em presença ([43]).

4. Confissão é, na noção que nos fornece o art. 352.º do Código Civil, o reconhecimento que a parte faz da realidade de um facto que lhe é desfavorável e favorece a parte contrária. Em anotação ao art. 552.º desenvolvemos este conceito. Queremos, porém, assinalar aqui a diferenciação a fazer entre a *confissão* de factos e a sua *admissibilidade*. Na primeira, o reconhecimento é expresso; na segunda, manda a lei que ele se infira de determinada conduta da parte, como acontece com a falta de impugnação a que alude o art. 490.º.

É de ter em conta a este respeito, os arts. 38.º (confissão feita pelo mandatário), 293.º (confissão de todo ou de parte do pedido), 297.º (confissão das pessoas colectivas, sociedades, incapazes e ausentes), 298.º (confissão no caso de litisconsórcio); 552.º (depoimento de parte) e 567.º (irretratibilidade da confissão).

5. Só se consideram assentes os factos provados por documentos quando estes fazem prova plena, quer sejam autênticos (art. 371.º, n.º 1 do Cód. Civ.), quer sejam particulares (Cit. Cód. art. 376.º, n.os 1 e 2). Nos outros casos, o documento é um elemento a considerar no conjunto das provas produzidas.

([43]) Acs. Rel. Lxa., 12/1/54 (*Acs. Rel. Lxa.,* V, 876; da Rel. Porto, de 11/11/55, (*Jur. Rel.,* 1.º, 1025.º) e de 27/6/58 (*Jur. Rel.,* 4.º-707); da Rel. Coimbra, de 14/4/59 (*Jur. Rel.,* 5.º-438); da Rel. Lxa., 10/2/61 (*Jur. Rel.,* 7.º-71); da Rel. Porto, de 14/12/73 (*B.M.J.,* 232-172); da Rel. Évora, de 3/4/81 (*Col. Jur.,* VII, 2, 250); Rel. Porto, de 6/10/81 (*B.M.J.,* 312, 309); da Rel. Évora, de 14/4/83 (*B.M.J.,* 328, 657); e de 21/11/85 (*B.M.J.,* 353, 530).

ART. 511.º   *Livro III, Título II — Do processo de declaração*

6. A selecção da matéria de facto destina-se a ser respondida pelo tribunal. E porque se consideram não escritas as respostas do tribunal sobre questões de direito, a selecção só deve conter questões de facto, isto é, questões atinentes à averiguação de factos materiais. São factos materiais as ocorrências da vida real, os eventos materiais e concretos, as mudanças operadas, sem referência a qualquer critério fixado pela ordem jurídica [44].

A distinção entre matéria de direito e matéria de facto é muito difícil de fazer na prática [45].

A nossa jurisprudência é, nesta matéria, um tanto oscilante.

Há, no entanto, alguma prática já fixada.

Assim, são comummente consideradas matéria de direito as expressões cujo significado verdadeiro depende da aplicação de um conceito jurídico, como «economia comum» [46], «actividade comer-

---

[44] Ac. S.T.J., de 17/4/91 (*Act. Jur.,* 18.º/92).

[45] Sobre esta matéria cfr., entre outros: Alberto dos Reis, *Breve Estudo,* págs. 578 e segs. e *Cód. Proc. Civ. Anot.,* vol. 3.º, págs. 201 e segs.; Manuel de Andrade, *Noções Elementares,* págs. 172 e segs.; Paulo Cunha, *Processo Comum de Declaração* (Lições), vol. 2.º, págs. 31 e segs.; Castro Mendes, *Do Conceito de Prova em Processo Civil* e *Manual de Processo Civil,* págs. 404 e segs.; Temudo Machado, «Questões de facto e questões de direito», na *Rev. Just.,* ano 29.º, pág. 177; Caetano Gonçalves, «A distinção entre o direito e o facto», na *Rev. Ordem dos Advogados,* ano 3.º, pág. 52; Pinto de Mesquita, «Distinção da matéria de facto e o julgamento dos tribunais de 1.ª instância», na *Rev. Ordem dos Advs.,* ano 4.º, pág. 95; José Osório, «Julgamento de facto», na *Rev. Dir. Est. Soc.,* ano VII, pág. 196; Vasconcelos de Carvalho, «A especificação e o questionário», na *Rev. Trib.,* ano 75.º, pág. 34; Fernando Olavo, na *Rev. Ord. Advs.,* ano 5.º, págs. 348 e segs.; Pinto de Mesquita «A distinção entre 'facto' e 'direito' nos recursos de revista», na *Rev. Trib.,* ano 194.º, 210 e segs.; Temudo Machado, «Questões de facto e questões de direito. Os articulados», na *Rev. Just.,* ano 30.º, pág. 17; Id. «Questões de facto e questões de direito. Julgamento. A sentença», na *Rev. Just.,* ano 30.º, pág. 65; Id. «Ainda sobre a matéria de facto e de direito na 1.ª instância», na *Rev. Trib.,* ano 72.º; pág. 322; M. Pinheiro da Costa, «Matéria de facto e de direito», na *Sc. Iur.,* 1955, t. IV, pág. 434; Barbosa de Magalhães, «Distinção entre matéria de facto e de direito em processo civil, a interpretação dos negócios jurídicos e a competência do Supremo Tribunal de Justiça, no *Jornal do Foro,* ano 19.º, págs. 5 e segs.; Jaime Azancot, «Se a existência de imitação ou contrafacção de marca é questão de facto ou de direito?», na *Rev. Ord. Advs.,* ano 8.º, pág. 289; Manuel Casanova, «Sobre se a interpretação dos negócios é questão de facto ou de direito», na *Rev. Ord. Advs.,* ano 8.º, pág. 340; Américo Campos Costa, «Duas regras formais atinentes ao modo de se aludir à matéria de facto provada através da especificação e questionário», na *Col. Jur.,* ano 2.º, 753; Castro Mendes, *Do conceito da prova em processo civil;* Miguel Teixeira de Sousa, *Estudos sobre o novo processo civil,* 2.ª ed.; A. Abrantes Geraldes, *Temas da reforma do processo civil,* vol. II, págs. 132 e segs.

[46] Ac. Rel. Lxa., de 15/12/81, na *Col. Jur.,* ano VII, t. 5, pág. 177.

Capítulo II — Da audiência preliminar　　**ART. 511.º**

cial», «proveito comum do casal» [47], «legítima», «quota disponível» [48], «transporte gratuito» [49] e «separação de facto» [50]. A intenção das partes no negócio jurídico é unanimemente considerada matéria de facto a questionar [51].

7. O juiz pode fundar a sua decisão final nos factos alegados pelas partes e ainda nos factos *instrumentais* que resultem da discussão e instrução da causa, e dos factos complementares que, resultem também da discussão e julgamento da causa, quando a parte a quem aproveitem manifeste vontade de se servir deles, e à parte contrária tenha sido facultado o exercício do contraditório (art. 264.º, n.º 2 e 3). Estes factos podem constar da base instrutória quando careçam de averiguação.

8. A selecção da matéria de facto, tenham ou não sido deduzidas, contra ela, reclamações, não constitui caso julgado quanto às questões que podia suscitar a sua organização.

A base de facto é única. O mesmo facto não tem de ser considerado tal como o invoca uma das partes e como resulta da contradição oposta pela contrária. É aplicação do princípio da contraprova. Desde que à prova (não plena), que for produzida pela parte sobre quem recai o ónus probatório, pode a parte contrária opor contraprova destinada a torná-los duvidosos (Cód. Civ., art. 346.º), é claro que qualquer dos litigantes é admitido a produzir prova sobre todos os factos seleccionados, ou porque os afirmou e lhe incumbe prová-los, ou porque os negou e lhe interessa destruir ou abalar a prova produzida pela parte contrária. É isso o que é explicitamente afirmado na nova redacção que foi dada ao n.º 1 do art. 638.º.

9. No caso de não ter lugar a audiência preliminar, a selecção da matéria de facto é feita no despacho saneador (n.º 2 do art. 508.º-B). Se for feita na audiência preliminar, aí serão apre-

---

[47] Ac. Rel. Lxa., de 30/10/86, no *B.M.J.,* n.º 364, pág. 931.

[48] Ac. Rel. Coimbra, de 12/1/88, no *B.M.J.,* n.º 373, pág. 613.

[49] Ac. Rel. Évora, de 1/10/92, no *B.M.J.,* n.º 420, pág. 666. Em contrário o ac. da Rel. Coimbra, de 30/7/84, no *B.M.J.,* n.º 359, pág. 471.

[50] Ac. Rel. Évora, de 3/2/94, no *B.M.J.,* n.º 434, pág. 708.

[51] Ac. Rel. Lxa., de 28/10/80, na *Col. Jur.,* ano V, pág. 6; ac. Rel. Porto, de 6/11/90, no *B.M.J.,* n.º 401, pág. 642.

ART. 512.º-A *Livro III, Título II — Do processo de declaração*

sentadas as reclamações, que terão por fundamento a deficiência, o excesso ou a obscuridade tanto da matéria assente como da que constitui a base instrutória da causa. Se for feita no despacho saneador, no caso previsto no n.º 2 do art. 508.º, as reclamações poderão ser apresentadas no início da audiência final, com o mesmo objecto.

As reclamações sobre a selecção da matéria de facto, destinando-se a aperfeiçoar aquele acto, fazem parte do desenvolvimento normal da lide não determinando nunca a condenação por custas dos seus autores.

ARTIGO 512.º

(Indicação das provas)

1 — Quando o processo houver de prosseguir e se não tiver realizado a audiência preliminar, a secretaria notifica as partes do despacho saneador e para, em quinze dias, apresentarem o rol de testemunhas, requererem outras provas ou alterarem os requerimentos probatórios que hajam feito nos articulados e requererem a gravação da audiência final ou a intervenção do colectivo.

2 — Findo o prazo a que alude o número anterior, o juiz designa logo dia para a audiência final, ponderada a duração provável das diligências de instrução a realizar antes dela.

(Redacção do Dec.-Lei n.º 375-A/99, de 20/9).

1. No caso de se ter realizado audiência preliminar foi no decurso desta que se fizeram as indicações a que este preceito alude [art. 508.º-A, n.os 2, alíneas *a)*, *b)* e *c)*, e 4].

2. O tribunal colectivo só intervem a requerimento de qualquer das partes, e desde que se não verifique alguma das situações previstas no n.º 2 do art. 646.º.

ARTIGO 512.º-A

(Alteração do rol de testemunhas)

1 — O rol de testemunhas pode ser alterado ou aditado até 20 dias antes da data em que se realize a

Capítulo III — Da instrução do processo **ART. 513.º**

audiência de julgamento, sendo a parte contrária notificada para usar, querendo, de igual faculdade, no prazo de cinco dias.

2 — Incumbe às partes a apresentação das testemunhas indicadas em consequência do adicionamento ou alteração do rol previsto no número anterior.

É inovação da reforma processual. Trata da *alteração* ou *aditamento* do rol de testemunhas. Na medida em que faculta às partes trazerem ao tribunal elementos que contribuam para melhor conhecimento da causa, é de aplaudir, como todas as medidas que suprimam o ritualismo desnecessário imposto aos litigantes.

CAPÍTULO III

Da instrução do processo

SECÇÃO I
Disposições gerais

ARTIGO 513.º

(Objecto da prova)

A instrução tem por objecto os factos relevantes para o exame e decisão da causa que devam considerar-se controvertidos ou necessitados de prova.

A disciplina material das provas está hoje incluída no Código Civil (arts. 341.º a 396.º); era a solução que já anteriormente se tinha por preferível [52].

Os meios de prova segundo o Código Civil são as presunções, a confissão, a prova documental, a prova pericial, a prova por inspecção e a prova testemunhal [53]. As partes não podem, por

---

[52] Sá Carneiro, na *Rev. Trib.*, ano 77.º, pág. 323; Alberto dos Reis, *Cód. Proc. Civ., An.*, vol. III, pág. 360; Paulo Cunha, *Processo Comum de Declaração*, vol. II, n.º 227.

[53] O Código de Processo admite, também, a prova por apresentação de coisas móveis ou imóveis (art. 518.º).

ART. 514.º *Livro III, Título II — Do processo de declaração*

convenção entre elas, criar novos meios de prova, nem derrogar ou modificar os que forem admitidos por lei.

ARTIGO 514.º

(Factos que não carecem de alegação ou de prova)

1 — Não carecem de prova nem de alegação os factos notórios, devendo considerar-se como tais os factos que são do conhecimento geral.

2 — Também não carecem de alegação os factos de que o tribunal tem conhecimento por virtude do exercício das suas funções; quando o tribunal se socorra destes factos, deve fazer juntar ao processo documento que os comprove.

1. Seguindo as legislações de tipo germânico, o legislador português dispensou do ónus de alegação e de prova os factos *notórios*, considerando como tais os que são do conhecimento geral. Não é claro este conceito no que se refere ao requisito da generalidade do conhecimento. No projecto do Código de 39 acrescentava-se a expressão «pelo menos na circunscrição judicial em que a causa corre», mas tal restrição não foi aceite pela Comissão Revisora, com o argumento de que o juiz pode ignorar se os factos são notórios, por estar há pouco tempo na comarca ou por intervir como adjunto no tribunal colectivo [54]. Para Alberto dos Reis o conhecimento geral a que se refere o preceito é o conhecimento por parte da grande maioria dos cidadãos do País, que possam considerar-se regularmente informados, isto é, com acesso aos meios normais de informação [55]. Parece evidente dever dispensar-se a prova dos factos notórios: se eles são conhecidos, quer do juiz, quer dos interessados, a demonstração da sua existência ou ocorrência apresenta-se como supérflua.

2. No caso do n.º 2 só está dispensada a *alegação* do facto, não a sua prova, que há-de fazer-se documentalmente. A norma concilia

---

[54] Acta n.º 20.
[55] *Cód. Proc. Civ. Anot.,* III, 261. Cfr., quanto a esta noção, Castro Mendes, *Do Conceito de Prova em Processo Civil,* pág. 615; Manuel de Andrade, *Noções Elementares,* n.º 98.

Capítulo III — Da instrução do processo **ART. 515.º**

o princípio restritivo de dever o juiz limitar-se, em regra, ao conhecimento da matéria de facto alegada pelas partes, com o imperativo de consciência para o julgador de se pronunciar sobre a verdade, conhecida por ele, de certo facto, com relevância para a decisão do litígio. Mas o facto que assim se invoca tem de estar comprovado noutro processo em que o juiz interveio no exercício das suas funções jurisdicionais (embora como adjunto, se se trata de intervenção em tribunal colectivo), sendo irrelevante o conhecimento que o juiz tenha do apuramento do mesmo facto em juízo ou tribunal diferente.

3. Embora na prática nem sempre se distinga, integram conceitos diferentes o facto no*tório* e o facto *evidente.* Este último corresponde à aplicação de verdades axiomáticas próprias das várias ciências; são factos que se apresentam ao juiz como provindos das fontes comuns do saber humano, tais como o conhecimento de que o calor dilata os corpos ([56]).

4. Constitui matéria de facto, da exclusiva competência das instâncias, apreciar e decidir se certo facto é ou não notório ([57]).

ARTIGO 515.º

(Provas atendíveis)

O tribunal deve tomar em consideração todas as provas produzidas, tenham ou não emanado da parte que devia produzi-las, sem prejuízo das disposições que declarem irrelevante a alegação de um facto, quando não seja feita por certo interessado.

As regras referentes ao chamado *ónus subjectivo,* ou *ónus da produção da prova*, estão incluídas hoje no direito substantivo (Cód. Civ., arts. 342.º a 344.º), pelo que é aí o lugar próprio para as estudar.

([56]) Cfr. Lessona, *Teoria General de la Prueba en Derecho Civil,* tomo I, pág. 217.
([57]) Neste sentido: Acs. do S.T.J., de 24-10-1958 (*Bol. Min. Just.,* 80.º, 359), e de 18-1-1961 (*Bol. Min. Just.,* 103.º, 532).

ART. 516.º *Livro III, Título II — Do processo de declaração*

O preceito em anotação refere-se ao chamado ónus objectivo, que é aplicação do princípio da aquisição processual; de harmonia com tal princípio todas as provas produzidas em juízo devem poder servir à decisão do mérito da causa, independentemente da via por que foram trazidas ao processo ([58]).

ARTIGO 516.º

(Princípio a observar em casos de dúvida)

A dúvida sobre a realidade de um facto e sobre a repartição do ónus da prova resolve-se contra a parte a quem o facto aproveita.

1. O artigo fornece o critério a seguir para a resolução de dúvidas de duas espécies: quanto à realidade de um facto; quanto à repartição do ónus da prova. São situações muito diferentes. A primeira prevê um *conflito de provas*; a segunda, a indeterminação quanto ao *ónus probandi*.

2. Supunhamos que uma das partes invoca certos factos que são constitutivos do direito que alega em juízo. Não há dúvida de que, nesse caso, lhe cabe o encargo de os provar, de harmonia com o disposto no art. 342.º do Código Civil; mas pode suceder que os elementos probatórios fornecidos pelo autor e pelo réu acerca dessa matéria se anulem reciprocamente, de modo a não permitir formar, a seu respeito, uma convicção segura quanto à sua veracidade. Que há-de resolver o julgador, que não pode abster-se de julgar com a alegação de dúvida insanável acerca dos factos em litígio (Cód. Civ., art. 8.º, n.º 1)? Está-se, então, no domínio da primeira parte deste preceito.

3. A regra de que a prova dos factos constitutivos do direito alegado incumbe àquele que o invoca, e que a prova dos factos impeditivos, modificativos ou extintos desse direito compete àquele contra quem a invocação é feita, tem em si mesma uma grave dificuldade de aplicação, na medida em que pressupõe resolvida a qualificação do facto, o que, em muitos casos, apresenta dificuldades quase insuperáveis. Para essa hipótese já o n.º 3 do

---

([58]) Alberto dos Reis, *Cód. Proc. Civ. Anotado*, vol. III, pág. 273.

Capítulo III — Da instrução do processo ART. 518.º

art. 342.º do Código Civil formula a regra de que, em caso de dúvida, os factos devem ser considerados como constitutivos do direito.

ARTIGO 517.º
(Princípio da audiência contraditória)

1 — Salvo disposição em contrário, as provas não serão admitidas nem produzidas sem audiência contraditória da parte a quem hajam de ser opostas.

2 — Quanto às provas constituendas, a parte será notificada, quando não for revel, para todos os actos de preparação e produção da prova, e será admitida a intervir nesses actos nos termos da lei; relativamente às provas pré-constituídas, deve facultar-se à parte a impugnação, tanto da respectiva admissão como da sua força probatória.

O n.º 1 enuncia o princípio; o n.º 2 regula a sua aplicação.

Por provas «constituendas» devem entender-se aquelas que se formam ou constituem em juízo no decurso da instrução do processo, como sucede no arbitramento, na inspecção judicial, no depoimento de parte e na inquirição de testemunhas; por provas «pré-constituídas» refere-se a lei à prova que se formou anteriormente e que só depois se produziu em juízo, como a prova por apresentação de coisas e a prova documental.

A ressalva que faz o n.º 1 respeita aos casos especiais em que a urgência da diligência a realizar, ou o risco da sua inutilização, justificam o afastamento da regra da audiência contraditória (v.g., arts. 394.º, 400.º, n.º 3 e 404.º, n.º 1).

ARTIGO 518.º
(Apresentação de coisas móveis ou imóveis)

1 — Quando a parte pretenda utilizar, como meio de prova, uma coisa móvel que possa, sem inconveniente, ser posta à disposição do tribunal, entregá-la-á na secretaria dentro do prazo fixado para a apresentação de documentos; a parte contrária pode examinar a coisa na secretaria e colher a fotografia dela.

ART. 519.º *Livro III, Título II — Do processo de declaração*

2 — Se a parte pretender utilizar imóveis, ou móveis que não possam ser depositados na secretaria, fará notificar a parte contrária para exercer as faculdades a que se refere o número anterior, devendo a notificação ser requerida dentro do prazo em que pode ser oferecido o rol de testemunhas.

3 — A prova por apresentação das coisas não afecta a possibilidade de prova pericial ou por inspecção em relação a elas.

Entendeu-se que a matéria deste artigo não devia ser regulada no Código Civil [59]. Temos, pois, consignado aqui mais um meio de prova admitido por lei. Parece-nos, porém, que a autonomia do preceito sofreu grande redução depois que a lei civil definiu «documento» como sendo qualquer objecto elaborado pelo homem com o fim de reproduzir ou representar uma pessoa, coisa ou facto. Hoje é muito limitada a distinção que pode elaborar--se entre a apresentação de coisas móveis e a apresentação de documentos.

ARTIGO 519.º
(Dever de cooperação para a descoberta da verdade)

1 — Todas as pessoas, sejam ou não partes na causa, têm o dever de prestar a sua colaboração para a descoberta da verdade, respondendo ao que lhes for perguntado, submetendo-se às inspecções necessárias, facultando o que for requisitado e praticando os actos que forem determinados.

2 — Aqueles que recusem a colaboração devida serão condenados em multa, sem prejuízo dos meios coercitivos que forem possíveis; se o recusante for parte, o tribunal apreciará livremente o valor da recusa para efeitos probatórios, sem prejuízo da inversão do ónus da prova decorrente do preceituado no n.º 2 do artigo 344.º do Código Civil.

---

[59] Vaz Serra, *Provas,* no *B.M.J.,* n.º 110, pág. 179.

Capítulo III — Da instrução do processo   **ART. 519.º**

3 — A recusa é, porém, legítima se a obediência importar:

a) Violação da integridade física ou moral das pessoas;
b) Intromissão na vida privada ou familiar, no domicílio, na correspondência ou nas telecomunicações;
c) Violação do sigilo profissional ou de funcionários públicos, ou do segredo de Estado, sem prejuízo do disposto no n.º 4.

4 — Deduzida escusa com fundamento na alínea *c)* do número anterior, é aplicável, com as adaptações impostas pela natureza dos interesses em causa, o disposto no processo penal acerca da verificação da legitimidade da escusa e da dispensa do dever de sigilo invocado.

1. Enuncia, em latos termos, o dever que a todos se impõe, de colaborar na administração da justiça.

2. A multa a que se refere o n.º 2 varia entre metade de UC a 10 UC [(Cód. Custas, art. 102.º, *b)*] sendo aplicável tanto à parte como a terceiros. A multa não é convertível em prisão.

Os «meios coercitivos que forem possíveis» são os meios admitidos por lei, que se mostrem idóneos a obter o resultado desejado (v.g., arts. 532.º, 533.º e 629.º, n.º 3). O tribunal atribuirá à recusa do litigante o valor probatório que entender, desde a irrelevância daquela, até à prova do acto que se pretendia averiguar; se com a recusa uma das partes tiver culposamente tornado impossível à outra parte fazer a prova de certo facto, que a ela incumbia provar, inverte-se o ónus da prova, isto é, o recusante fica obrigado a provar que o facto não ocorreu.

3. A alínea *a)* do n.º 3 exclui o uso da força física ou da ameaça moral para quebrar a resistência do recusante, o que é naturalmente característica de um Estado de direito ([60]).

([60]) Há quem veja uma excepção a esta regra no art. 1801.º do Código Civil, que *admite* os exames de sangue e outros meios científicos comprovados como meios de prova nas acções relativas à filiação. Admite, mas não *impõe*. Se os tribunais *empregarem a força* para obrigar as partes a submeterem-se aos exames, negar-se-ão a si próprios, totalmente. Sabe-se quando começa o uso da força, mas não se sabe quando ele acaba.

ART. 519.º-A *Livro III, Título II — Do processo de declaração*

A alínea *b)* tutela de modo geral os direitos de personalidade, subordinando-lhes, como é natural, o cumprimento do dever de cooperação judicial.

O sigilo profissional, a que se refere a alínea *c)*, é aquele que como tal for reconhecido e declarado nos respectivos diplomas orgânicos da função própria do declarante ou depoente. A Lei n.º 6/94, de 7 de Abril, aprovou o regime do segredo de Estado.

4. Àcerca do n.º 4 vejam-se os arts. 135.º, n.º 1; 136.º, n.º 2; 137.º, n.º 3 todos do Cód. Proc. Penal.

ARTIGO 519.º-A

(Dispensa de confidencialidade pelo juiz da causa)

1 — A simples confidencialidade de dados que se encontrem na disponibilidade de serviços administrativos, em suporte manual ou informático, e que se refiram à identificação, à residência, à profissão e entidade empregadora ou que permitam o apuramento da situação patrimonial de alguma das partes em causa pendente, não obsta a que o juiz da causa, oficiosamente ou a requerimento de alguma das partes, possa, em despacho fundamentado, determinar a prestação de informações ao tribunal, quando as considere essenciais ao regular andamento do processo ou à justa composição do litígio.

2 — As informações obtidas nos termos do número anterior serão estritamente utilizadas na medida indispensável à realização dos fins que determinaram a sua requisição, não podendo ser injustificadamente divulgadas nem constituir objecto de ficheiro de informações nominativas.

Há factos que, embora não sejam estritamente sigilosos, pertencem a uma área reservada da pessoa, por dizerem respeito à sua identificação, à sua residência, à sua profissão, ao conhecimento da entidade empregadora e à situação patrimonial de alguma das partes em juízo. Se alguns dados sobre essas matérias constarem de serviços administrativos, pode o juiz, em despacho fundamentado, ordenar, oficiosamente ou a requerimento de alguma das partes, a prestação de informações ao tribunal, quando as julgar

Capítulo III — Da instrução do processo **ART. 521.º**

essenciais ao regular andamento do processo ou à justa composição do litígio, com observância das cautelas a que se refere o n.º 2. Alguns desses elementos podem ser muito úteis, por exemplo para tornar possível a citação do réu.

Esta norma foi aditada ao Código pela reforma processual e está de harmonia com as alíneas 2.1.2.3 do Projecto de Directiva de Aproximação do Direito Judiciário.

ARTIGO 520.º

(Produção antecipada de prova)

Havendo justo receio de vir a tornar-se impossível ou muito difícil o depoimento de certas pessoas ou a verificação de certos factos por meio de arbitramento ou inspecção, pode o depoimento, o arbitramento ou a inspecção realizar-se antecipadamente e até antes de ser proposta a acção.

ARTIGO 521.º

(Forma da antecipação da prova)

1 — O requerente da prova antecipada justificará sumariamente a necessidade da antecipação, mencionará com precisão os factos sobre que há-de recair e identificará as pessoas que hão-de ser ouvidas, quando se trate de depoimento de parte ou de testemunhas.

2 — Quando se requeira a diligência antes de a acção ser proposta, há-de indicar-se sucintamente o pedido e os fundamentos da demanda e identificar-se a pessoa contra quem se pretende fazer uso da prova, a fim de ela ser notificada pessoalmente para os efeitos do artigo 517.º; se esta não puder ser notificada, será notificado o Ministério Público, quando se trate de incertos ou de ausentes, ou um advogado nomeado pelo juiz, quando se trate de ausentes em parte certa.

1. Os arts. 520.º e 521.º regulam a chamada prova *ad perpetuam rei memoriam.*

O requerente há-de sempre alegar as razões de facto que justificam o *periculum in mora* que está na base da antecipação

ART. 522.º *Livro III, Título II — Do processo de declaração*

solicitada, não sendo obrigatório que ofereça logo as provas a produzir, muito embora o juiz possa exigi-las se as julgar indispensáveis.

Poderá, antes de proposta a acção, o futuro réu requerer a produção antecipada da prova? O elemento histórico induz à resposta afirmativa, por ser essa a solução do nosso direito antigo; mas a actual redacção do n.º 2 cria, a esse propósito, algumas dificuldades; todavia o Prof. Alberto dos Reis defendia esse entendimento à face do Código de 1939, que continha preceito idêntico; é também o que, dada à finalidade a atingir com estas diligências, nos parece preferível sustentar.

2. Se o pedido for formulado antes de proposta a acção, há-de ter-se em conta a regra de competência territorial constante da alínea *d)* do n.º 1 do art. 83.º.

3. A utilização da diligência requerida antes de a acção ser proposta não fica dependente da propositura desta em qualquer prazo.

ARTIGO 522.º

(Valor extraprocessual das provas)

1 — Os depoimentos e arbitramentos produzidos num processo com audiência contraditória da parte podem ser invocados noutro processo contra a mesma parte, sem prejuízo do disposto no n.º 3 do artigo 355.º do Código Civil; se, porém, o regime de produção da prova do primeiro processo oferecer às partes garantias inferiores às do segundo, os depoimentos e arbitramentos produzidos no primeiro só valem no segundo como princípio de prova.

2 — O disposto no número anterior não tem aplicação quando o primeiro processo tiver sido anulado, na parte relativa à produção da prova que se pretende invocar.

O artigo não se refere à prova por documentos, à prova por confissão das partes e à prova resultante de inspecção judicial.

O facto de se não regular o valor extraprocessual destas provas resulta: quanto à prova documental, da possibilidade que a parte

— 84 —

Capítulo III — Da instrução do processo **ART. 522.º-B**

sempre terá de exibir, na nova acção, o documento que lhe interessa apresentar, ou certidão dele; quanto à confissão, porque, sendo esta extrajudicial, como preceitua o n.º 3 do art. 355.º do Código Civil, está o seu valor estabelecido nos n.os 2, 3 e 4 do art. 358.º do mesmo diploma; quanto à inspecção, por causa da natureza eminentemente pessoal da constatação feita nessa diligência.

ARTIGO 522.º-A

**(Registo dos depoimentos prestados antecipadamente
ou por carta)**

1 — Os depoimentos das partes, testemunhas ou quaisquer outras pessoas que devam prestá-los no processo são sempre gravados, quando prestados antecipadamente ou por carta.

2 — Revelando-se impossível a gravação, o depoimento é reduzido a escrito, com a redacção ditada pelo juiz, podendo as partes ou os seus mandatários fazer as reclamações que entendam oportunas e cabendo ao depoente, depois de lido o texto do seu depoimento, confirmá-lo ou pedir as rectificações necessárias.

A regra é a de que os depoimentos e declarações prestados por antecipação, nos termos dos arts. 520.º e 521.º, ou por carta, devem ser gravados; quando tal for impossível, serão reduzidos a escrito, devendo o juiz deprecado fazer consignar na acta o motivo da impossibilidade da gravação.

O preceito ao referir-se aos depoimentos «prestados por carta» refere-se às cartas precatórias.

Para a execução das cartas rogatórias deve atender-se ao disposto no art. 9.º da Convenção de Haia, de 18 de Março de 1970 (Dec.-Lei n.º 764/74, de 30/12).

ARTIGO 522.º-B

(Registo dos depoimentos prestados em audiência final)

As audiências finais e os depoimentos, informações e esclarecimentos nelas prestados são gravados sempre que alguma das partes o requeira, por não prescindir da

ART. 522.º-B *Livro III, Título II — Do processo de declaração*

documentação da prova nelas produzida, quando o tribunal oficiosamente determinar a gravação e nos casos especialmente previstos na lei.

(Redacção do Dec.-Lei n.º 183/2000, de 10/8).

Culminando uma orientação que de há muito vinha ganhando terreno entre nós, no sentido de permitir a gravação dos meios de prova produzidos em processo civil, o Dec.-Lei n.º 39/95, de 15 de Fevereiro, veio estabelecer a possibilidade de documentação ou registo das audiências finais e da prova nelas produzida, criando a necessária regulamentação.

A possibilidade de registar, por meio de gravação sonora, a prova produzida em audiência, é uma medida que agrada a todos os que se encontrem relacionados com a actividade forense. Agrada, naturalmente, às partes que acorrem, ou são chamadas ao tribunal, porque lhes assegura um efectivo segundo grau de jurisdição em matéria de facto, garantia que não tinham praticamente, em face da redacção primitiva do art. 712.º deste Código, dada a limitação do poder cognitivo das Relações que dessa disposição resultava. Agrada sumamente aos magistrados, criando a possibilidade de as suas decisões serem integralmente revistas por um tribunal superior, com o que se lhe evita decisões sem recurso, a parte mais ingrata e pesada da sua difícil missão; obrigar um juiz de 1.ª instância a julgar sem qualquer controlo, é desafiá-lo a ser infalível, atributo que não foi concedido ao género humano. E agrada, finalmente, à descoberta da verdade e à boa administração da justiça, fixando as declarações e depoimentos produzidos, de modo a que os seus autores compreendam como será mais fácil detectar, e eventualmente punir, os desacertos que eles contenham.

O *modo*, porém, como foi criada esta inovação, destoa completamente das vantagens que lhe podiam corresponder.

Começa por mandar gravar, quando a tal deva proceder-se, «as audiências finais e os depoimentos informações e esclarecimentos nelas prestados», o que significa que a gravação abrangerá toda a audiência final, desde a tentativa da conciliação das partes até à decisão das reclamações deduzidas contra a decisão do tribunal em matéria de facto (arts. 652.º e 653.º). É manifesto que se vai muito além do necessário, que é apenas a gravação das provas produzidas. Com esta medida

Capítulo III — Da instrução do processo　　**ART. 523.º**

perdulária vê-se bem que quem a determinou não tinha clara consciência do objectivo a alcançar.

Por outro lado, tendo o legislador chegado à conclusão de que o registo das provas é o sistema que melhor satisfaz os fins que o processo visa, não se compreende que o não imponha, deixando às partes a faculdade de requerer ou não a sua utilização.

E como também a intervenção do tribunal colectivo em processo ordinário passou, depois da nova redacção dada aos n.os 1 e 2 do art. 646.º, pelo Dec.-Lei n.º 375-A/99, a depender de requerimento da parte, eis instituído em matéria tão grave, como é o da composição dos órgãos jurisdicionais, um sistema de justiça *a la carte*, em que o particular pode escolher o tipo de actuação judicial que melhor lhe agradar.

O requerimento a pedir a gravação da audiência final e a intervenção do colectivo é apresentado nas ocasiões previstas nos arts. 508.º-A, n.os 2, *c)*, e 4, e 512.º, n.º 1 ([61]).

ARTIGO 522.º-C

(Forma de gravação)

1 — A gravação é efectuada, em regra, por sistema sonoro, sem prejuízo do uso de meios audiovisuais ou de outros processos técnicos semelhantes de que o tribunal possa dispor.

2 — Quando haja lugar a registo audio ou vídeo, deve ser assinalado na acta o início e o termo da gravação de cada depoimento, informação ou esclarecimento.

(Redacção do Dec.-Lei n.º 183/2000, de 10/8).

SECÇÃO II

Prova por documentos

ARTIGO 523.º

(Momento da apresentação)

1 — Os documentos destinados a fazer prova dos fundamentos da acção ou da defesa devem ser apresentados

---

([61]) Se as partes em processo ordinário nada requererem — e nada obriga a que o façam — a causa será julgada pelo juiz singular, sem registo das provas (porque não foi requerida a gravação). Provavelmente não foi este regresso a uma extrema oralidade o que o legislador terá congeminado — mas é o que está na lei.

ART. 524.º   *Livro III, Título II — Do processo de declaração*

com o articulado em que se aleguem os factos correspondentes.

2 — Se não forem apresentados com o articulado respectivo, os documentos podem ser apresentados até ao encerramento da discussão em 1.ª instância, mas a parte será condenada em multa, excepto se provar que os não pôde oferecer com o articulado.

1. Após a publicação do Código Civil de 1966, a disciplina material das provas passou a ser tratada unicamente nesse diploma (arts. 341.º a 396.º), passando a lei de processo a regular apenas a sua matéria adjectiva, o modo e a oportunidade da sua exibição em juízo.

2. Os arts. 523.º a 551.º-A ocupam-se da prova documental, isto é da prova que resulta de documento; diz-se documento qualquer objecto elaborado pelo homem com o fim de reproduzir ou representar uma pessoa, coisa ou facto (Cód. Civ., art. 362.º).

3. Os documentos devem ser apresentados com o articulado em que se alegaram factos que eles possam provar; mas podem juntar-se posteriormente, até ao encerramento da discussão em 1.ª instância (art. 652.º) demonstrando ter havido impossibilidade de os exibir com o articulado respectivo, ou, mesmo sem essa prova, sujeitando-se, nesse caso, a multa [Cód. Custas Jud., art. 102.º, *b)*].
Para junções posteriores veja-se o art. 524.º.
Os pareceres têm regime de junção próprio (art. 525.º).

4. Este artigo só regula a apresentação de documentos espontaneamente oferecidos pela parte. Se se tratar de documentos em poder da parte contrária ou de terceiro, aplicam-se os arts. 528.º a 533.º; da requisição de documentos pelo tribunal ocupam-se os arts. 535.º a 539.º; o art. 638.º, n.º 6, refere-se aos documentos apresentados por testemunhas.

ARTIGO 524.º

(Apresentação em momento posterior)

1 — Depois do encerramento da discussão só são admitidos, no caso de recurso, os documentos cuja

Capítulo III — Da instrução do processo   **ART. 526.º**

apresentação não tenha sido possível até àquele momento.

2 — Os documentos destinados a provar factos posteriores aos articulados, ou cuja apresentação se tenha tornado necessária por virtude de ocorrência posterior, podem ser oferecidos em qualquer estado do processo.

ARTIGO 525.º

(Junção de pareceres)

Os pareceres de advogados, professores ou técnicos podem ser juntos, nos tribunais de 1.ª instância, em qualquer estado do processo.

1. «Em qualquer estado do processo» significa até ao momento em que este é entregue ao juiz, com conclusão para sentença. Nos tribunais superiores parece que os pareceres deverão ser apresentados até começar a fase do julgamento, isto é, até se iniciarem os vistos aos juízes.

2. A junção dos pareceres será notificada à parte contrária nos termos do art. 526.º.

ARTIGO 526.º

(Notificação à parte contrária)

Quando o documento seja oferecido com o último articulado ou depois dele, a sua apresentação será notificada à parte contrária, salvo se esta estiver presente ou o documento for oferecido com alegações que admitam resposta.

1. A notificação a que alude este preceito destina-se a permitir à parte contrária pronunciar-se quanto à veracidade do documento apresentado, com as consequências a que se refere o art. 374.º do Código Civil. Não é, por isso, permitido ao notificado aproveitar essa oportunidade para ir além daquele objecto, produzindo verdadeiros articulados ou alegações sobre a matéria da acção [62].

---

[62] Neste sentido: ac. S.T.J., de 21/4/80, no *B.M.J.,* n.º 296, pág. 240.

ART. 527.º *Livro III, Título II — Do processo de declaração*

A *Revista dos Tribunais* insurge-se contra esta restrição, uma vez que — diz — nenhum preceito legal limita a resposta àquela junção de a parte adversa se pronunciar sobre a veracidade do documento [63]. Esta asserção é verdadeira, mas não pode perder--se de vista que o documento foi apresentado com o *último* articulado ou depois dele, e, portanto, seria contrário à disciplina processual que *a propósito* da junção de um documento, a parte pudesse reabrir a fase dos articulados, que porventura nunca mais terminaria, se as partes fossem sucessivamente apresentando novos documentos.

2. Se a parte contrária estiver presente quando o documento for apresentado, não haverá lugar à notificação prevista neste preceito; isto não significa, porém, que essa parte tenha de pronunciar-se imediatamente quanto à veracidade do documento, podendo, para tal, pedir e obter que lhe seja fixado prazo para o seu exame. A hipótese está especialmente prevista para os casos de apresentação de documentos no acto da audiência de julgamento — art. 651.º, n.º 1, alínea *b)*; trata-se, porém, manifestamente, da aplicação de um princípio geral, válido para todas as situações análogas.

3. Ocupa-se da notificação a que dá lugar a apresentação expontânea de documentos pela parte; se os documentos foram obtidos por requisição, a notificação faz-se a ambas as partes, nos termos do art. 539.º

ARTIGO 527.º
**(Exibição de reproduções cinematográficas
e de registos fonográficos)**

À parte que apresente como prova qualquer reprodução cinematográfica ou registo fonográfico incumbe facultar ao tribunal os meios técnicos de o exibir, sempre que seja necessário, sem prejuízo do disposto no n.º 3 do artigo 265.º.

1. Este artigo foi introduzido pela reforma de 1967.

---

[63] Ano 72.º, pág. 369.

Capítulo III — Da instrução do processo   **ART. 528.º**

Adjectiva o art. 368.º do Código Civil segundo o qual as reproduções fotográficas ou cinematográficas, os registos fonográficos e, de um modo geral, quaisquer outras reproduções mecânicas de factos ou de coisas fazem prova plena dos factos e das coisas que representam, se a parte contra quem os documentos são apresentados não impugnar a sua exactidão.

Se a parte adversa negar a veracidade da reprodução mecânica, isto é, a sua conformidade com os factos ou as coisas que se diz reproduzir, a sua veracidade terá de ser demonstrada por outros meios.

2. Quanto à fotocópia de documentos vejam-se os arts. 387.º do Cód. Civ., 212.º, n.º 5, 214.º, 215.º, n.º 4 e 216.º do Cód. Reg. Civ.; 105.º, 106.º, 111.º a 113.º do Cód. Reg. Predial; e 166.º Cód. Not..

3. A ressalva feita do n.º 3 do art. 265.º pretende deixar intocado o poder-dever instrutório cometido ao juiz naquele preceito.

ARTIGO 528.º
(Documentos em poder da parte contrária)

1 — Quando se pretenda fazer uso de documento em poder da parte contrária, o interessado requererá que ela seja notificada para apresentar o documento dentro do prazo que for designado; no requerimento a parte identificará quanto possível o documento e especificará os factos que com ele quer provar.

2 — Se os factos que a parte quer provar tiverem interesse para a decisão da causa, será ordenada a notificação.

1. A reforma de 1967 limitou-se a introduzir no art. 548.º do Código de 1961 ligeiras alterações de redacção, a principal das quais foi a de substituir o termo «juntar» pelo de «apresentar», no n.º 1, tendo em conta os documentos (tais como os referidos no art. 368.º do Cód. Civ.) insusceptíveis de junção aos autos.

2. O requerente normalmente indicará o n.º da base instrutória a que respeita os factos a provar, se essa peça já estiver organizada;

— 91 —

ART. 530.º *Livro III, Título II — Do processo de declaração*

se ainda não estiver convirá que mencione o articulado em que eles foram invocados.

ARTIGO 529.º

(Não apresentação do documento)

Se o notificado não apresentar o documento, é-lhe aplicável o disposto no n.º 2 do artigo 519.º.

1. No regime do Código de 39 (arts. 524.º e 553.º), assim como em face da redacção primitiva do Código de 61 (arts. 520.º e 573.º), a sanção para a falta de colaboração da parte traduzia-se na confissão dos factos que pela diligência se pretendiam provar.

Mas o Código Civil alterou basicamente este sistema, ao deixar à livre apreciação do tribunal a conduta da parte que, chamada a depor ou a prestar informações ou esclarecimentos, não compareça, sem motivo justificado, ou responda que não se recorda ou nada sabe (art. 357.º, n.º 2).

Foi certamente levado pelo propósito de harmonizar a lei de processo com a regra substantiva acima indicada, que o legislador da reforma de 1967 redigiu o preceito em anotação. Agora, portanto, em caso de recusa, o tribunal apreciará livremente o valor desta para efeitos probatórios, sem prejuízo da inversão do ónus da prova do n.º 2 do art. 344.º do Código Civil, isto é, o recusante passa a ter o encargo de provar o contrário daquilo que ao requerente da apresentação do documento incumbia provar.

2. O artigo só é aplicável se o notificado não apresentar o documento nem alegar razão justificativa para a não apresentação; se o fizer, deve ser admitido a comprová-lo.

ARTIGO 530.º

(Escusa do notificado)

1 — Se o notificado declarar que não possui o documento, o requerente é admitido a provar, por qualquer meio, que a declaração não corresponde à verdade.

2 — Incumbe ao notificado que haja possuído o documento e que pretenda eximir-se ao efeito previsto

Capítulo III — Da instrução do processo **ART. 533.º**

no n.º 2 do artigo 344.º do Código Civil demonstrar que, sem culpa sua, ele desapareceu ou foi destruído.

ARTIGO 531.º
(Documentos em poder de terceiro)

Se o documento estiver em poder de terceiro, a parte requererá que o possuidor seja notificado para o entregar na secretaria, dentro do prazo que for fixado, sendo aplicável a este caso o disposto no artigo 528.º.

É ainda uma aplicação do dever de cooperação para a descoberta da verdade consignado no art. 519.º; o deferimento da pretensão é avaliado nos termos do art. 528.º.

O preceito não é aplicável às estações oficiais. Se o documento existe em repartição pública, a parte ou requer certidão dele ou requer exame judicial [64].

ARTIGO 532.º
(Sanções aplicáveis ao notificado)

O tribunal pode ordenar a apreensão do documento e condenar o notificado em multa, quando ele não efectuar a entrega, nem fizer nenhuma declaração, ou quando declarar que não possui o documento e o requerente provar que a declaração é falsa.

A multa aplicável é a prevista na alínea *b)* do art. 102.º do Código das Custas.

ARTIGO 533.º
(Recusa de entrega justificada)

Se o possuidor, apesar de não se verificar nenhum dos casos previstos no n.º 3 do artigo 519.º, alegar justa causa para não efectuar a entrega, será obrigado, sob pena de lhe serem aplicáveis as sanções prescritas no artigo anterior, a facultar o documento para o efeito de ser foto-

---

[64] Alberto dos Reis, *Cód. Proc. Civ. An.,* vol. IV, pág. 40.

ART. 536.º *Livro III, Título II — Do processo de declaração*

grafado, examinado judicialmente, ou se extraírem dele as cópias ou reproduções necessárias.

Como se explicita no preceito em análise o seu comando não é aplicável se se verificar qualquer das causas de recusa legítima previstas no n.º 3 do art. 519.º.

ARTIGO 534.º
(Ressalva da escrituração comercial)

A exibição judicial, por inteiro, dos livros de escrituração comercial e dos documentos a ela relativos rege-se pelo disposto na legislação comercial.

Vejam-se os arts. 41.º, 42.º e 43.º do Código Comercial.

ARTIGO 535.º
(Requisição de documentos)

1 — Incumbe ao tribunal, por sua iniciativa ou a requerimento de qualquer das partes, requisitar informações, pareceres técnicos, plantas, fotografias, desenhos, objectos ou outros documentos necessários ao esclarecimento da verdade.

2 — A requisição pode ser feita aos organismos oficiais, às partes ou a terceiros.

Só os documentos necessários ao *esclarecimento da verdade* podem ser requisitados; não pode, pois, o tribunal requisitar um documento que se destine a assegurar ao autor uma condição da acção, como seria, na acção executiva, a requisição do respectivo título executivo.

O juízo de desnecessidade da requisição requerida por alguma das partes é sindicável em recurso ordinário.

ARTIGO 536.º

Revogado.

Este artigo, que dispunha deverem os organismos oficiais satisfazer a requisição, a menos que esta respeitasse a matéria con-

Capítulo III — Da instrução do processo **ART. 539.º**

fidencial ou reservada ou a processo em segredo de justiça, foi revogado pelo art. 3.º do Dec.-Lei n.º 329-A/95, mas a excepção que nele se continha permanece válida, como é óbvio.

ARTIGO 537.º
(Sanções aplicáveis às partes e a terceiros)

As partes e terceiros que não cumpram a requisição incorrem em multa, salvo se justificarem o seu procedimento, sem prejuízo dos meios coercitivos destinados ao cumprimento da requisição.

A multa é fixada dentro dos limites constantes da alínea *b)* do art. 102.º do Código das Custas.

ARTIGO 538.º
(Despesas provocadas pela requisição)

As despesas a que der lugar a requisição entram em regra de custas, sendo logo abonadas aos organismos oficiais e a terceiros pela parte que tiver sugerido a diligência ou por aquela a quem a diligência aproveitar.

Está de harmonia com a alínea *b)* do n.º 1 do art. 32.º do Código das Custas, segundo o qual as custas compreendem, entre outros encargos, os pagamentos devidos a quaisquer entidades pelo custo das certidões não extraídas oficiosamente pelo tribunal, dos documentos, pareceres, plantas, de outros elementos de informação ou de prova e dos serviços que o tribunal tenha requisitado.

ARTIGO 539.º
(Notificação às partes)

A obtenção dos documentos requisitados será notificada às partes.

Parece que o que será notificável é a junção aos autos dos documentos requisitados, a menos que estes, por natureza, não possam juntar-se.

ART. 540.º *Livro III, Título II — Do processo de declaração*

Esta notificação tem apenas por fim dar conhecimento da produção dessa prova, não admitindo outra oposição que não seja a da impugnação da sua veracidade.

A falta de notificação constituirá a nulidade prevista no art. 201.º, n.º 1, quando essa irregularidade possa influir no exame ou na decisão da causa.

ARTIGO 540.º

**(Legalização dos documentos passados
em país estrangeiro)**

1 — Os documentos autênticos passados em país estrangeiro, na conformidade da lei desse país, consideram-se legalizados desde que a assinatura do funcionário público esteja reconhecida por agente diplomático ou consular português no Estado respectivo e a assinatura deste agente esteja autenticada com o selo branco consular respectivo.

2 — Se os documentos particulares lavrados fora de Portugal estiverem legalizados por funcionário público estrangeiro, a legalização carece de valor enquanto se não obtiverem os reconhecimentos exigidos no número anterior.

1. Antes da publicação do actual Código Civil a legalização era obrigatória em face da primitiva redacção do art. 545.º do Código de Processo de 1961, que reproduzia a regra do art. 2430.º do Código Civil de 1867.

Actualmente, como se vê do disposto no n.º 2 do art. 365.º do Código Civil, a legalização só deve ser exigida quando houver fundadas dúvidas acerca da autenticidade do documento ou da autenticidade do reconhecimento.

Entendeu-se que quando no processo se demonstrasse que o documento fora passado na conformidade da lei do país onde foi exarado, nada mais seria de exigir.

Quando a legalização for necessária, observar-se-á então o determinado nesta norma.

2. Para servirem de base a actos do registo vejam-se os arts. 59.º a 61.º do Cód. Reg. Civil, e o art. 43.º, n.º 3 do Cód. Reg. Predial.

Capítulo III — Da instrução do processo   **ART. 542.º**

ARTIGO 541.º

(Cópia de documentos de leitura difícil)

1 — Se a letra do documento for de difícil leitura, a parte é obrigada a apresentar uma cópia legível.

2 — Se a parte não cumprir, incorrerá em multa e juntar-se-á cópia à custa dela.

Quanto ao quantitativo da multa veja-se o art. 102.º, alínea *b)* do Cód. Custas.

ARTIGO 542.º

(Junção e restituição de documentos e pareceres)

1 — Independentemente de despacho, a secretaria juntará ao processo todos os documentos e pareceres apresentados para esse efeito, a não ser que eles sejam manifestamente extemporâneos; neste caso, a secretaria fará os autos conclusos, com a sua informação, e o juiz decidirá sobre a junção.

2 — Os documentos incorporam-se no processo, salvo se, por sua natureza, não puderem ser incorporados ou houver inconveniente na incorporação; neste caso, fica-rão depositados na secretaria, por forma que as partes os possam examinar.

3 — Os documentos não podem ser retirados senão depois de passar em julgado a decisão que põe termo à causa, salvo se o respectivo possuidor justificar a neces-sidade de restituição antecipada; neste caso, ficará no processo cópia integral, obrigando-se a pessoa a quem foram restituídos a exibir o original, sempre que isso lhe seja exigido.

4 — Transitada a decisão, os documentos pertencentes aos organismos oficiais ou a terceiros serão entregues imediatamente, enquanto os pertencentes às partes só serão restituídos mediante requerimento, deixando-se no processo fotocópia do documento entregue.

1. Esta regra não se continha no Código de 39, embora existisse disposição semelhante no § 1.º do art. 195.º do então vigente

ART. 543.º *Livro III, Título II — Do processo de declaração*

Estatuto Judiciário. Entendeu-se que a disposição era de natureza processual, devendo, por isso, reservar-se-lhe lugar dentro deste diploma. Aproveitou-se para regular o caso da apresentação extemporânea, que o art. 556.º do Código de 39 não previa.

De harmonia com o preceito, a secretaria deve sempre juntar aos autos, sem dependência de despacho, todos os documentos e pareceres apresentados para tal; se, porém, se lhe afigurar a apresentação extemporênea, abrirá logo conclusão no processo, com informação sobre a matéria, para que o juiz se pronuncie sobre a junção; nos outros casos dará cumprimento ao disposto no art. 526.º, se for caso disso, e o juiz, na primeira ocasião em que o processo, no decurso do seu andamento normal, lhe for concluso, procederá em conformidade com o previsto no art. 543.º.

Para a junção de documentos nos tribunais superiores veja--se o disposto no n.º 3 do art. 706.º; quanto à apresentação de requerimentos, respostas, articulados e alegações, regula o art. 166.º.

2. A referência que se faz no n.º 2 a documentos que «por sua natureza» não puderem ser incorporados, foi introduzida pela reforma de 1967, à luz do novo conceito de documento formulado pelo art. 362.º do Código Civil. A inconveniência da incorporação será livremente apreciada pelo juiz, quer diga respeito à conservação do documento, quer se refira à possibilidade do manuseamento normal do processo.

3. A restituição final dos documentos far-se-á por termo nos autos, onde serão sumariamente identificados, ficando cópia deles.

ARTIGO 543.º
**(Documentos indevidamente recebidos
ou tardiamente apresentados)**

1 — Juntos os documentos e cumprido pela secretaria o disposto no artigo 526.º, o juiz, logo que o processo lhe seja concluso, se não tiver ordenado a junção e verificar que os documentos são impertinentes ou desnecessários, mandará retirá-los do processo e restituí-los ao apresentante, condenando este nas custas a que deu causa.

Capítulo III — Da instrução do processo   **ART. 544.º**

2 — Na mesma oportunidade o juiz aplicará as multas que devam ser impostas nos termos do n.º 2 do artigo 523.º.

O despacho que admite a junção tem carácter jurisdicional, admitindo, por isso, recurso ordinário.

ARTIGO 544.º
(Impugnação da genuinidade de documento)

1 — A impugnação da letra ou assinatura do documento particular ou da exactidão da reprodução mecânica, a negação das instruções a que se refere o n.º 1 do artigo 381.º do Código Civil e a declaração de que não se sabe se a letra ou a assinatura do documento particular é verdadeira devem ser feitas no prazo de dez dias, contados da apresentação do documento, se a parte a ela estiver presente, ou da notificação da junção, no caso contrário.

2 — Se, porém, respeitarem a documento junto com articulado que não seja o último, devem ser feitas no articulado seguinte e, se se referirem a documento junto com a alegação do recorrente, serão feitas dentro do prazo facultado para a alegação do recorrido.

3 — No mesmo prazo deverá ser feito o pedido de confronto da certidão ou da cópia com o original ou com a certidão de que foi extraída.

1. O preceito trata da impugnação da genuinidade de documento apresentado em juízo, feita sob quatro modalidades: *a)* impugnação da letra ou assinatura de documento particular; *b)* impugnação da exactidão de reprodução mecânica apresentada (fotocópia); *c)* negação das instruções a que se refere o n.º 1 do art. 381.º do Código Civil; *d)* declaração feita pela parte contrária ao apresentante de que não sabe se a letra ou a assinatura do documento particular é verdadeira.

Segundo dispõe o art. 374.º do Código Civil, a letra e a assinatura, ou só a assinatura, de um documento particular consi-

— 99 —

ART. 544.º *Livro III, Título II — Do processo de declaração*

deram-se verdadeiras, quando reconhecidas ou não impugnadas, pela parte contra quem o documento é apresentado, ou quando esta declare não saber se lhe pertencem, apesar de lhe serem atribuídas. É o chamado reconhecimento espontâneo.

Junto aos autos documento desprovido de reconhecimento notarial, a parte contra quem ele é produzido pode tomar uma das seguintes atitudes: declarar que reconhece como verdadeira a letra e a assinatura, ou só a assinatura do documento; impugnar a veracidade da letra ou da assinatura; declarar que não sabe se a letra ou a assinatura são verdadeiras; não fazer declaração alguma.

2. Outra situação prevista na lei substantiva é a de o credor escrever, ou mandar escrever, ou mandar escrever a outrem, segundo instruções suas, na margem ou no verso de documento que tenha ficado em seu poder (assim como no documento de quitação ou de título de dívida em poder do devedor), alguma nota que favoreça a exoneração do devedor. Se a nota for escrita pelo credor, a não impugnação produz os efeitos descritos no número anterior. Se for escrita por outra pessoa, alegadamente segundo instruções dela, a não impugnação confirma a existência e veracidade das instruções dadas (Cód. Civ., art. 381.º).

3. Quanto às reproduções fotográficas ou cinematográficas, aos registos fonográficos, e, de um modo geral, a quaisquer outras reproduções mecânicas, de factos ou de coisas (art. 368.º Cód. Civ.), a sua não impugnação prova a sua exactidão.

4. Não existia preceito correspondente no Código de 1939. Ele foi criado para adjectivar a norma do art. 2500.º do Código Civil de 1867. Presentemente dispõe o art. 385.º do Código Civil que a força probatória das certidões pode ser invalidada ou modificada por confronto com o original ou com a certidão de que foram extraídas. A pessoa contra quem for apresentada a certidão pode exigir que o confronto se faça na sua presença.

O pedido de confronto também deve ser feito em 10 dias.

Capítulo III — Da instrução do processo **ART. 546.º**

ARTIGO 545.º

(Prova)

1 — Com a prática de qualquer dos actos referidos no n.º 1 do artigo anterior, o impugnante pode requerer a produção de prova.

2 — Notificada a impugnação, a parte que produziu o documento pode requerer a produção de prova destinada a convencer da sua genuinidade, no prazo de dez dias, limitado, porém, em 1.ª instância, ao termo da discussão da matéria de facto.

3 — A produção de prova oferecida depois de designado dia para a audiência de discussão e julgamento não suspende as diligências para ela nem determina o seu adiamento. Se não houver tempo para notificar as testemunhas oferecidas, ficam as partes obrigadas a apresentá-las.

Regula o processo da impugnação de que trata o artigo que imediatamente antecede. A curiosidade está em o legislador salientar, no n.º 1, que não obstante o ónus da prova da genuinidade do documento pertencer ao apresentante, pode o impugnante propor-se fazer a contraprova desse facto.

ARTIGO 546.º

(Ilisão da autenticidade ou da força probatória de documento)

1 — No prazo estabelecido no artigo 544.º, devem também ser arguidas a falta de autenticidade de documento presumido por lei como autêntico, a falsidade do documento, a subscrição de documento particular por pessoa que não sabia ou não podia ler sem a intervenção notarial a que se refere o artigo 373.º do Código Civil, a subtracção de documento particular assinado em branco e a inserção nele de declarações divergentes do ajustado com o signatário.

— 101 —

ART. 546.º *Livro III, Título II — Do processo de declaração*

2 — Se a parte só depois desse prazo tiver conhecimento do facto que fundamenta a arguição, poderá esta ter lugar dentro de dez dias a contar da data do conhecimento.

3 — A parte que haja reconhecido o documento como isento de vicíos só pode arguir vícios supervenientes, nos termos no número anterior, sem prejuízo do conhecimento oficioso nos termos da lei civil.

1. A matéria da falsidade era tratada, na redacção primitiva deste Código, como um incidente da instância, ocupando os arts. 360.º a 370.º, disposições que foram revogadas pelo art. 3.º do Dec.-Lei n.º 180/96, passando a sua matéria a ocupar os arts. 546.º a 551.º, a propósito da prova por documentos, embora regule também, por arrastamento, a falsidade do acto judicial (art. 551.º-A).

2. O documento autêntico é falso quando nele se atesta como tendo sido objecto da percepção da autoridade ou oficial público qualquer facto que na realidade se não verificou, ou como tendo sido praticado pela entidade responsável qualquer acto que na realidade o não foi (Cód. Civ., art. 372.º, n.º 2).

Esta definição acentua a natureza subjectiva deste vício, o que, na verdade, é essencial à boa percepção do conceito.

O documento é a expressão gráfica de uma realidade. Se ele for produzido com o propósito de desfigurar a realidade que, em princípio, se destina a reproduzir, o documento é falso, ou porque supõe a efectivação de uma ocorrência que se não deu, ou porque, referindo-se embora a um facto sucedido, altera a verdade dele, pela modificação consciente de algum dos seus elementos.

É preciso, porém, não confundir, no campo da prática, esta figura com outras que lhe são semelhantes, designadamente com a da *simulação* do acto e com a da *infidelidade do traslado*.

Na simulação, como é bem sabido, o vício consiste na divergência intencional entre a vontade e a declaração. Se numa escritura de compra e venda, por exemplo, o contraente que figura como vendedor declara que recebeu do comprador o preço respectivo, e isso se consigna no documento, o facto de esta declaração não ser verdadeira, por a vontade do pretenso vendedor ser a de

— 102 —

Capítulo III — Da instrução do processo   **ART. 547.º**

fazer uma doação à outra parte, pode viciar o acto por simulação, mas não afecta a veracidade do documento, não produz a falsidade da escritura, uma vez que esta reproduz, com exactidão, o que o interessado declarou, aquilo que realmente ocorreu perante o funcionário encarregado de a lavrar.

Na infidelidade do traslado a similitude ainda é maior, mas a falta do elemento subjectivo, que nesta última se verifica, é suficiente para fazer a distinção.

3. A verificação da falsidade pode ser o objecto de uma *acção declarativa*; é um dos fundamentos do *recurso de revisão* [art. 771.º, alínea *b)*, e serve, também, de base à *oposição contra a execução* (art. 813.º, alínea *b)*]. Neste lugar, a falsidade é tratada como meio de elisão da autenticidade do documento.

4. O prazo geral para arguir a falsidade é o de 10 dias, a contar da apresentação do documento, se a parte a ela estiver presente, ou da notificação da junção, no caso contrário. Mas se o documento foi junto com articulado que não era o último, ou com alegação do recorrente, a arguição deve fazer-se no articulado seguinte, ou dentro do prazo para apresentar a alegação do recorrido.

A Comissão Revisora do Código de 1961 sugeriu que nos casos em que se oferecessem documentos em cópia, certidão ou traslado o prazo para arguir a falsidade do original se contasse do confronto feito entre este e a sua reprodução, demonstrativo de conformidade [65].

Mas a sugestão não vingou.

5. O Código Civil veio dispor, no n.º 3 do seu art. 372.º, que se a falsidade for evidente em face dos sinais exteriores do documento, pode o tribunal, oficiosamente, declará-lo falso.

ARTIGO 547.º

(Arguição pelo apresentante)

1 — A arguição da falsidade parcial de documento, bem como da inserção, em documento particular assinado em branco, de declarações só parcialmente diver-

---

[65] Conselheiro Lopes Cardoso, *Projectos de Revisão,* I, pág. 202.

ART. 548.º *Livro III, Título II — Do processo de declaração*

gentes do ajustado com o signatário, podem ser feitas pelo próprio apresentante que se queira valer da parte não viciada do documento.

2 — O apresentante do documento pode também arguir a falsidade superveniente deste, nos termos e no prazo do n.º 2 do artigo anterior.

Nos trabalhos preparatórios do Código de 1939 levantou-se o problema de saber se a arguição devia ser permitida à própria parte que ofereceu o documento, uma vez que a sua viciação podia ser posterior à sua junção ao processo, ou podia suceder que a parte tivesse como verdadeiro o documento quando o apresentasse, vindo só depois a adquirir a convicção da sua falsidade. A sugestão de permitir a arguição ao própio apresentante nesses casos e quando a arguição da falsidade fosse parcial não foi atendida, mas a reforma deste Código, de 96, contemplou a hipótese, no sentido da permissão [66].

ARTIGO 548.º

(Resposta)

1 — A parte contrária é notificada para responder, salvo se a arguição houver sido feita em articulado que não seja o último; neste caso, poderá responder no articulado seguinte.

2 — Se a parte contrária não responder ou declarar que não quer fazer uso do documento, não poderá este ser atendido na causa para efeito algum.

3 — Apresentada a resposta, será negado seguimento à arguição se esta for manifestamente improcedente ou meramente dilatória, ou se o documento não puder ter influência na decisão da causa.

1. O preceito do n.º 1 deixou claro que há lugar a notificação da parte contrária quando a falsidade for arguida no último articulado.

---

[66] Solução que tínhamos defendido em edições anteriores.

Capítulo III — Da instrução do processo   **ART. 550.º**

A parte contrária a que este número alude é a parte contrária no incidente, isto é a que juntou o documento arguido de falso, e não qualquer outra parte adversa ao arguente na causa.

2. A regra do n.º 2 encara a hipótese de a falsidade atingir todo o documento. Se só atinge parte dele, é nessa parte que deixará de produzir qualquer efeito.

ARTIGO 549.º
(Instrução e julgamento)

1 — Com a arguição e com a resposta, podem as partes requerer a produção de prova.

2 — São inseridos ou aditados à base instrutória os factos que interessem à apreciação da arguição.

3 — A produção de prova, bem como a decisão, terão lugar juntamente com a da causa, cujos termos se suspenderão para o efeito, quando necessário.

4 — A decisão proferida sobre a arguição será notificada ao Ministério Público.

Fora dos casos especialmente referidos no art. 550.º a instrução e julgamento da falsidade fazem-se conjuntamente com os termos da causa a que dizem respeito.

O n.º 1 consigna uma faculdade que não impede o uso dos preceitos que estabelecem o prazo para apresentação da prova.

A notificação ao Ministério Público, a que alude o n.º 4, serve para habilitar este a exercer a acção penal, quando for caso disso.

ARTIGO 550.º
(Processamento como incidente)

1 — Se a arguição tiver lugar em acção executiva, em processo especial cuja tramitação inviabilize o julgamento conjunto ou em processo pendente de recurso, a instrução e o julgamento far-se-ão nos termos gerais estabelecidos para os incidentes da instância.

2 — Se a arguição tiver lugar em acção executiva, nem o exequente nem outro credor poderão ser pagos, na

ART. 550.º *Livro III, Título II — Do processo de declaração*

pendência do incidente, sem prestar caução, nos termos do artigo 819.º.

3 — Se a arguição tiver lugar em processo pendente de recurso, serão suspensos os termos deste e, admitida a arguição, o processo baixará à primeira instância para instrução e julgamento, a menos que, pela sua simplicidade, a questão possa ser resolvida no tribunal em que o processo se encontra, nos termos aplicáveis dos n.os 1 e 2 do artigo 377.º; os recursos interpostos no incidente para o tribunal que o mandou seguir serão julgados com aquele em que a arguição foi feita.

4 — O incidente será declarado sem efeito se o respectivo processo estiver parado durante mais de 30 dias, por negligência do arguente em promover os seus termos.

1. O Código de 1939 não se ocupava do incidente de falsidade no processo executivo.

Esta norma só é aplicável às execuções no que respeita ao processo executivo propriamente dito, não sendo de observar na liquidação executiva, nos embargos de executado e no concurso de credores, que, tendo a configuração de verdadeiras acções declarativas, se regem pelo art. 549.º.

2. O n.º 3 trata do incidente de falsidade deduzido perante os tribunais superiores.

O código de 1876 mandava instruir e julgar na 1.ª instância o incidente da falsidade de documentos quando requerido perante as Relações (art. 1126.º), regra que se entendia aplicável ao Supremo, por analogia.

O código de 1939 afastou-se deste sistema, mandando que a instrução e julgamento se fizessem no tribunal em que o incidente surgisse.

O código actual optou pela solução de 1876, e fê-lo avisadamente, admitindo que pela sua simplicidade a questão possa ser resolvida no tribunal em que o processo se encontra, procedendo-se, então, como se procede para a habilitação nos tribunais superiores (art. 377.º, n.os 1 e 2).

Só há uma observação a fazer. Pela redacção do preceito, e designadamente pela referência que nele se faz à suspensão dos termos do recurso, vê-se claramente que o legislador só encarou a

— 106 —

Capítulo III — Da instrução do processo   **ART. 551.º-A**

hipótese de a arguição surgir em processo de recurso. Mas os tribunais superiores também julgam causas funcionando como tribunais de 1.ª instância. Quem deve fazer a instrução e julgamento dos incidentes de falsidade que nesses processos venham a surgir? Parece que ao caso não será aplicável este preceito. Na hipótese figurada é no tribunal que funcionar como 1.ª instância que o incidente será deduzido, instruído e julgado, nos termos dos artigos anteriores, com as adaptações que o caso requer, como supomos fluir do preceituado no n.º 2 do art. 1088.º

3. Nestes casos especiais a instrução e o julgamento seguirão os termos gerais dos incidentes da instância (arts. 302.º a 304.º).

4. O código anterior fixava em 20 dias o período de inércia do requerente que daria lugar a ser declarado sem efeito o incidente. Por voto da Comissão Revisora passou esse prazo a ser o de 30 dias. Questão de medida.

ARTIGO 551.º

(Exame na Torre do Tombo)

O exame destinado a estabelecer a autenticidade de documentos anteriores ao século XVIII será ordenado pelo director do arquivo da Torre do Tombo, sobre prévia requisição do Tribunal.

Adjectiva a regra do n.º 3 do art. 370.º do Código Civil. O exame deve ser ordenado mesmo que a autenticidade do documento não seja expressamente contestada; bastará que ela seja posta em dúvida por alguma das partes ou pela entidade a quem o documento for apresentado.

ARTIGO 551.º-A

(Falsidade de acto judicial)

1 — A falsidade da citação deve ser arguida dentro de dez dias, a contar da intervenção do réu no processo.
2 — A falsidade de qualquer outro acto judicial deve ser arguida no prazo de dez dias, a contar daquele em que deva entender-se que a parte teve conhecimento do acto.

ART. 552.º *Livro III, Título II — Do processo de declaração*

3 — Ao incidente de falsidade de acto judicial é aplicável, com as necessárias adaptações, o disposto nos artigos 546.º a 550.º.

4 — Quando a falsidade respeitar ao acto de citação e puder prejudicar a defesa do citando, a causa suspender-se logo que seja admitida a arguição, até decisão definitiva desta, observando-se o disposto no n.º 1 do artigo 550.º; mas o incidente não terá seguimento se o autor, notificado da arguição, requerer a repetição do acto da citação.

1. A «intervenção do réu» quer significar a prática, por parte deste, de qualquer acto com reflexo processual; a regra tanto é aplicável na acção declarativa como na executiva, tanto diz respeito ao *réu*, como ao *requerido* (quando deva ser citado), ou ao executado.

2. A citação é um dos actos mais relevantes na vida da relação jurídica processual. A arguição da sua falsidade põe em perigo todo o desenvolvimento da instância desde o início desta; é compreensível, portanto, que o legislador assuma, no caso, uma atitude mais cautelosa, ordenando a suspensão da causa a partir da admissão do incidente, quando puder prejudicar a defesa do citando.

3. Se, notificado da arguição da falsidade da citação, o autor vier requerer a repetição dela, negar-se-á seguimento ao incidente, por óbvia desnecessidade deste.

SECÇÃO III

Prova por confissão das partes

ARTIGO 552.º

(Depoimento de parte)

1 — O juiz pode, em qualquer estado de processo, determinar a comparência pessoal das partes para a prestação de depoimento sobre factos que interessem à decisão da causa.

— 108 —

Capítulo III — Da instrução do processo　　**ART. 552.º**

2 — Quando o depoimento seja requerido por alguma das partes, devem indicar-se logo, de forma discriminada, os factos sobre que há-de recair.

1. O Código Civil trata da confissão como meio de prova nos arts. 352.º a 361.º. Não deve confundir-se essa matéria com a da confissão do pedido, a que se referem os arts. 37.º, n.º 2; 293.º, n.º 1, e 297.º a 301.º deste Código de Processo.

Naquele primeiro sentido, confissão é o reconhecimento que a parte faz da realidade de um facto que lhe é desfavorável e favorece a parte contrária (Cód. Civ., art. 352.º). A confissão pode ser judicial ou extrajudicial; a primeira é a que é feita em juízo, competente ou não, mesmo quando arbitral, e ainda que o processo seja de jurisdição voluntária; a segunda é que é feita por modo diferente. A confissão judicial diz-se espontânea quando é feita nos articulados, ou em qualquer outro acto do processo, firmado pela parte pessoalmente ou por procurador especialmente autorizado; diz-se provocada quando é feita em depoimento de parte ou em prestação de informações ou esclarecimentos ao tribunal (Cit. Cód., arts. 355.º e 356.º). Os arts. 552.º a 567.º regulam exactamente a confissão judicial provocada, a fazer em depoimento de parte.

2. O depoimento pode ser ordenado oficiosamente pelo tribunal ou requerido pelas partes ou compartes.

Quem o pode requerer? Só as partes principais, ou também as partes acessórias? Adoptou a primeira solução Paulo Cunha, baseado na regulamentação da intervenção de terceiros como incidente da instância [67]; pelo contrário, no sentido de que os assistentes deveriam ser admitidos a fazer uso da prova por depoimento de parte, se manifestou Alberto dos Reis [68], citando em favor desta solução o disposto no art. 342.º do Código de 1939 [69]. Parece-nos esta última opinião a mais conforme com a disciplina material e o regime processual deste meio de prova.

3. O correspondente preceito deste Código, antes da reforma de 1967 (art. 568.º), continha um n.º 2, no qual se mandava fazer a

---

[67] *Processo Comum de Declaração*, tomo II, pág. 142.

[68] *Cód. Proc. Civ. An.*, vol. IV, pág. 124.

[69] Actual art. 337.º.

ART. 553.º *Livro III, Título II — Do processo de declaração*

notificação da parte com a cominação de, no caso de não comparecer, «se haverem por confessados os factos sobre que foi requerido o depoimento». A norma estava, então, de harmonia com o preceituado no art. 574.º do Código de Processo Civil (de 1961), que reproduzia, substancialmente, o § ún. do art. 2411.º do Código Civil (de 1867). O efeito probatório da falta de comparência da parte é, porém, outro à face do novo Código Civil, segundo o qual se for ordenado o depoimento de parte ou o comparecimento desta para prestação de informações ou esclarecimentos, mas ela não comparecer ou se recusar a depor ou a prestar as informações ou esclarecimentos, sem provar justo impedimento, ou responder que não se recorda ou nada sabe, o tribunal apreciará livremente o valor da conduta da parte para efeitos probatórios (Cód. Civ., art. 357.º, n.º 2).

4. O requerimento há-de *discriminar* os factos, isto é, indicá-los um por um, directamente, ou indirectamente por referência à base de facto que o contenha (se esta peça já estiver elaborada no processo) ou ao artigo do respectivo articulado onde tenha sido referido; a remissão a *toda a matéria articulada*, ou a *todos os factos quesitados*, não é suficiente. Na falta de discriminação parece que o juiz deve convidar a parte requerente a fazê-la.

ARTIGO 553.º

(De quem pode ser exigido)

1 — O depoimento de parte pode ser exigido de pessoas que tenham capacidade judiciária.

2 — Pode requerer-se o depoimento de inabilitados, assim como de representantes de incapazes, pessoas colectivas ou sociedades; porém, o depoimento só tem valor de confissão nos precisos termos em que aqueles possam obrigar-se e estes possam obrigar os seus representados.

3 — Cada uma das partes pode requerer não só o depoimento da parte contrária, mas também o dos seus compartes.

Segundo o Código Civil a confissão só é eficaz quando feita por pessoa com capacidade e poder para dispor do direito a que o facto

— 110 —

Capítulo III — Da instrução do processo — ART. 554.º

confessado se refira (art. 353.º). Esta regra diz respeito aos efeitos probatórios da confissão, os quais dependem, assim, da capacidade jurídica do confitente. O n.º 1 do artigo em anotação formula regra idêntica para a capacidade judiciária do depoente, fazendo aplicação do disposto no art. 9.º; a 2.ª parte do n.º 2 contém disposição que, em rigor, é de direito material, mas que não está em oposição com o que se dispõe no Código Civil. A este propósito convirá marcar a distinção que existe entre o *depoimento da parte* e a *confissão*; aquele é só o meio processual de provocar esta, e assim, tal como pode haver depoimento sem haver confissão, também pode haver reconhecimento da realidade de factos desfavoráveis ao depoente, e favoráveis à parte contrária, a que não possa atribuir-se eficácia confessória específica, designadamente se o depoente não tiver a necessária capacidade jurídica para dispor do correspondente direito; esse reconhecimento só valerá, então, como elemento probatório, que o tribunal apreciará livremente, como dispõe o art. 361.º do Código Civil.

ARTIGO 554.º

(Factos sobre que pode recair)

1 — O depoimento só pode ter por objecto factos pessoais ou de que o depoente deva ter conhecimento.

2 — Não é, porém, admissível o depoimento sobre factos criminosos ou torpes, de que a parte seja arguida.

1. Não se justifica actualmente a regra do n.º 1. Ela foi formulada ao tempo em que a parte era havida por confessa se, notificada pessoalmente para depor, não comparecesse nem justificava impedimento; entendia-se ser absurdo colocar a parte perante o dilema de confessar expressamente ou ser havida como confessa em relação a factos que desconhecia ([70]). Hoje, porém, em que já não é aplicável essa sanção (Cód. Civ., art. 357.º, n.º 2), não se compreende porque razão se há-de limitar desse modo o depoimento pessoal, coarctando à parte a faculdade de reconhecer como verdadeiros *quaisquer* factos que lhe sejam desfavoráveis, quer devesse ou não conhecê-los; se os confirma é porque eles chegaram ao seu conhecimento.

([70]) Alberto dos Reis, *Cód. Proc. Civ. An.,* vol. IV, pág. 87.

ART. 555.º *Livro III, Título II — Do processo de declaração*

2. No n.º 2 consagra-se a doutrina que nos vem do nosso direito antigo [71]. Repare-se que não é apenas o facto criminoso imputado ao depoente que é excluído do âmbito do depoimento, mas também o facto torpe, isto é, o facto contrário à moral social, que se lhe atribua. A lei evita, assim, à parte, ter de optar entre mentir ou confirmar uma sua conduta vergonhosa.

3. A reforma de 1967 suprimiu, no correspondente preceito do texto primitivo (art. 568.º), o n.º 2, criado em 1961, assim redigido: «Não é admissível o depoimento sobre factos relativos a direitos indisponíveis». A causa da supressão deve ter sido a consideração de que embora a confissão que recaia sobre factos relativos a direitos indisponíveis não faça prova plena (Cód. Civ., art. 354.º), pode servir como elemento probatório a apreciar livremente (Cit. cód., art. 361.º). Resultará deste entendimento que o depoimento de parte passará a poder ser exigido mesmo quanto a factos relativos a direitos indisponíveis. Não nos parece, porém, de subscrever esta conclusão. O depoimento de parte é o meio pelo qual se permite provocar a confissão judicial; ora o juiz, a quem se requeira esse meio de prova, há-de verificar antecipadamente se a matéria indicada pode ou não ser objecto de confissão da parte; se não pode, está indicado que não permita que sobre esses factos verse o interrogatóio respectivo. É que o art. 354.º do Código Civil não se limita a afirmar que a confissão que recair sobre factos relativos a direitos indisponíveis não faz *prova plena* contra o confitente, afirmando, em termos mais genéricos, que essa confissão *não faz prova* contra ele. Admitimos, no entanto, que a parte possa pronunciar-se *espontaneamente* sobre a realidade de tais factos, sendo, nesse caso, de aplicar o art. 361.º do Código Civil [72]. A solução de que discordamos é a que admite que tais factos possam ser incluídos no tema de depoimento, obrigando-se a parte a depor acerca deles [73].

---

[71] Pereira e Sousa, *Primeiras linhas sobre o Processo Civil,* tomo I, nota 443.

[72] É neste sentido que entendemos as considerações que, sobre o assunto, já expendiam, antes da publicação do actual Código Civil, Alberto dos Reis (*Código Anotado,* IV, 94) e Vaz Serra (*Provas, Bol.,* 110.º-244).

[73] Carnelutti, *Instituciones del Nuevo Processo Civil Italiano,* pág. 364. Em sentido contrário da doutrina por nós defendida no texto veja-se: Campos Costa, *O depoimento de parte sobre factos relativos a direitos indisponíveis,* na *Rev. Trib.,* ano 76.º, pág. 322, e o ac. do Sup. Trib. Just., de 29 de Abril de 1958 (*Bol. Min. Just.,* 76.º-422 e *Rev. Trib.,* 76.º-185).

Capítulo III — Da instrução do processo   **ART. 557.º**

ARTIGO 555.º

(Depoimento do assistente)

O depoimento do interveniente acessório é apreciado livremente pelo tribunal, que considerará as circunstâncias e a posição na causa de quem o presta e de quem o requereu.

Na redacção primitiva do Código a regra era aplicável ao assistente; depois da reforma processual o preceito alude ao interveniente acessório, abrangendo o assistente (arts. 330.º a 341.º).

ARTIGO 556.º

(Momento e lugar do depoimento)

1 — O depoimento deve, em regra, ser prestado na audiência de discussão e julgamento, salvo se for urgente ou o depoente estiver impossibilitado de comparecer no tribunal.

2 — O regime de prestação de depoimentos através de teleconferência previsto no artigo 623.º é aplicável às partes residentes fora do círculo judicial, ou da respectiva ilha, no caso das Regiões Autónomas.

3 — Pode ainda o depoimento ser prestado na audiência preliminar, aplicando-se, com as adaptações necessárias, o disposto no número anterior.

(Redacção do Dec.-Lei n.º 183/2000, de 10/8).

ARTIGO 557.º

(Impossibilidade de comparência no tribunal)

1 — Atestando-se que a parte está impossibilitada de comparecer no tribunal por motivo de doença, o juiz pode fazer verificar por médico de sua confiança a veracidade da alegação e, em caso afirmativo, a possibilidade de a parte depor.

2 — Havendo impossibilidade de comparência, mas não de prestação de depoimento, este realizar-se-á no

ART. 559.º *Livro III, Título II — Do processo de declaração*

dia, hora e local que o juiz designar, ouvido o médico assistente, se for necessário, sempre que não seja possível a sua prestação ao abrigo do disposto nos artigos 639.º e 639.º-B.

(Redacção do Dec.-Lei n.º 183/2000, de 10/8).

Prevê e regula a hipótese de a testemunha estar impossibilitada por doença de se *deslocar ao tribunal*, mas não de *depor.*

ARTIGO 558.º

(Ordem dos depoimentos)

1 — Se ambas as partes tiverem de depor perante o tribunal da causa, depõe em primeiro lugar o réu e depois o autor.

2 — Se tiverem de depor mais de um autor ou de um réu, não poderão assistir ao depoimento de qualquer deles os compartes que ainda não tenham deposto e, quando houverem de depor no mesmo dia, serão recolhidos a uma sala, donde saem segundo a ordem por que devem depor.

Trata da cumulação de depoimentos de parte na *audiência de julgamento*; se o depoimento ou depoimentos forem prestados por antecipação (caso de urgência), ou em comarca diferente (por carta precatória), a regra do n.º 1 não tem de ser observada. Este artigo determina, nos seus dois números, o que já preceituava o art. 227.º do Código de 76.

ARTIGO 559.º

(Prestação do juramento)

1 — Antes de começar o depoimento, o tribunal fará sentir ao depoente a importância moral do juramento que vai prestar e o dever de ser fiel à verdade, advertindo-o ainda das sanções aplicáveis às falsas declarações.

2 — Em seguida, o tribunal exigirá que o depoente preste o seguinte juramento: «Juro pela minha honra que hei-de dizer toda a verdade e só a verdade».

Capítulo III — Da instrução do processo **ART. 561.º**

3 — A recusa a prestar o juramento equivale à recusa a depor.

1. Quem prestar depoimento de parte, fazendo falsas declarações relativamente a factos sobre os quais deve depor, depois de ter prestado juramento e de ter sido advertido das consequências penais a que se expõe com a prestação de depoimento falso, comete o crime previsto e punido pelo art. 359.º do Código Penal.

2. A recusa a prestar juramento, sem provar justo impedimento, será apreciada livremente pelo tribunal para efeitos probatórios (Cód. Civ., art. 357.º, n.º 2 *ex vi* do n.º 3 do preceito em anotação).

ARTIGO 560.º

(Interrogatório)

Depois do interrogatório preliminar destinado a identificar o depoente, o juiz interrogá-lo-á sobre cada um dos factos que devem ser objecto de depoimento.

O interrogatório da parte será sempre feito pelo juiz, e só por ele, quer o depoimento seja prestado em audiência, quer tenha lugar fora dela, sem prejuízo da acção fiscalizadora que a lei atribui aos advogados das partes nos arts. 561.º e 562.º. É ao fazer o interrogatório que o juiz deve observar o disposto no art. 554.º.

ARTIGO 561.º

(Respostas do depoente)

1 — O depoente responderá, com precisão e clareza, às perguntas feitas, podendo a parte contrária requerer as instâncias necessárias para se esclarecerem ou completarem as respostas.

2 — A parte não pode trazer o depoimento escrito, mas pode socorrer-se de documentos ou apontamentos de datas ou de factos para responder às perguntas.

Se a parte responder evasivamente, declarar que nada sabe, ou que não se recorda dos factos a que é perguntada, o tribunal

ART. 563.º *Livro III, Título II — Do processo de declaração*

apreciará livremente esta conduta (art. 357.º, n.º 2 do Cód. Civ.); fá-lo-á então por aplicação das regras de experiência de que sempre deve servir-se para formar a sua convicção quanto às provas, e não em aplicação do princípio da *ficto confessio*, que o legislador quis afastar neste caso. Deve ter-se, no entanto, presente, para a hipótese de elisão da presunção de cumprimento da obrigação nas prescrições presuntivas, a regra especial do art. 314.º do Código Civil, que admite aí uma confissão tácita resultante da recusa a depor ou a prestar juramento.

ARTIGO 562.º

(Intervenção dos advogados)

1 — Os advogados das partes podem pedir esclarecimentos ao depoente.

2 — Se algum dos advogados entender que a pergunta é inadmissível, pela forma ou pela substância, pode deduzir a sua oposição, que será logo julgada definitivamente.

O juiz que preside decide, sem recurso, quer a matéria dos esclarecimentos, quer a das oposições apresentadas. É o que se infere da parte final do n.º 2.

ARTIGO 563.º

(Redução a escrito do depoimento de parte)

1 — O depoimento é sempre reduzido a escrito, mesmo que tenha sido gravado, na parte em que houver confissão do depoente, ou em que este narre factos ou circunstâncias que impliquem indivisibilidade da declaração confessória.

2 — A redacção incumbe ao juiz, podendo as partes ou seus advogados fazer as reclamações que entendam.

3 — Concluída a assentada, é lida ao depoente, que a confirmará ou fará as rectificações necessárias.

O depoimento é *sempre* reduzido a escrito quando contiver confissão do depoente ou a narração de factos ou circunstâncias que

Capítulo III — Da instrução do processo **ART. 566.º**

impliquem a indivisibilidade da declaração confessória, único modo de lhe assegurar força probatória plena contra o confitente (Cód. Civ., art. 358.º). O preceito é aplicável tanto quando o julgamento se faça oralmente como quando tiver havido gravação da prova.

ARTIGOS 564.º E 565.º

Revogados.

Estes artigos foram revogados, respectivamente, pelo art. 11.º do Dec.-Lei n.º 39/95, de 15/2, e pelo art. 3.º do Dec.-Lei n.º 329--A/95, de 12/12, por perderem actualidade face ao novo regime de gravação das provas e sua inutilização.

ARTIGO 566.º
(Declaração de nulidade ou anulação da confissão)

A acção de declaração de nulidade ou de anulação da confissão não impede o prosseguimento da causa em que a confissão se fez.

1. O art. 359.º do Código Civil regula a nulidade e a anulabilidade da confissão, tanto da que constitui meio de prova e a que se refere este artigo, como da confissão do pedido (art. 301.º do Cód. Proc.).

2. O comando que se contém no preceito é este: a propositura da acção anulatória da confissão não é causa legal da suspensão da instância na acção em que ela foi produzida. Se a confissão vier a ser anulada, por sentença com trânsito, antes de finda a causa em que ela teve lugar, não será atendida nesta; se vier a ser anulada depois de definitivamente julgada tal causa, poderá a respectiva sentença servir de fundamento ao recurso de revisão, nos termos da alínea *d)* do art. 771.º.

3. O problema que se suscitava na vigência do código anterior quanto à possibilidade de propor a acção anulatória depois do trânsito em julgado da sentença de mérito proferida na acção em que a confissão teve lugar, está hoje expressamente resolvido, em sentido afirmativo, pelo n.º 1 do art. 359.º do Código Civil, com a sua correspondente confirmação na citada alínea *d)* do art. 771.º da lei de processo.

ART. 568.º *Livro III, Título II — Do processo de declaração*

ARTIGO 567.º

(Irretractabilidade da confissão)

1 — A confissão é irretractável.

2 — Porém, as confissões expressas de factos, feitas nos articulados, podem ser retiradas, enquanto a parte contrária as não tiver aceitado especificamente.

1. A irretractabilidade da confissão consiste em esta não poder ser retirada discricionariamente.

O n.º 2 deste preceito está de harmonia com o disposto no art. 38.º. As confissões feitas por mandatário fora dos articulados são irretractáveis, o que se compreende tendo em conta que a lei exige, para esse caso, que ele esteja especialmente autorizado a fazê-la (Cód. Civ., art. 356.º, n.º 2).

2. A aceitação especificada faz-se pela indicação precisa do facto que se considera confessado, sendo irrelevantes as remissões genéricas aos «factos articulados», ou outras semelhantes, como a aceitação das «confissões úteis», tão usada no nosso processo antigo e que hoje deve considerar-se inteiramente proscrita.

SECÇÃO IV

Prova pericial

SUBSECÇÃO I

Designação dos peritos

ARTIGO 568.º

(Quem realiza a perícia)

1 — A perícia é requisitada pelo tribunal a estabelecimento, laboratório ou serviço oficial apropriado ou, quando tal não seja possível ou conveniente, realizada por um único perito, nomeado pelo juiz de entre pessoas de reconhecida idoneidade e competência na matéria em causa, sem prejuízo do disposto no artigo seguinte.

2 — As partes são ouvidas sobre a nomeação do perito, podendo sugerir quem deve realizar a diligência; havendo acordo das partes sobre a identidade do perito

— 118 —

Capítulo III — Da instrução do processo   **ART. 569.º**

a designar, deve o juiz nomeá-lo, salvo se fundadamente tiver razões para pôr em causa a sua idoneidade ou competência.

3 — As perícias médico-legais são realizadas pelos serviços médico-legais ou pelos peritos médicos contratados, nos termos previstos no diploma que as regulamenta.

4 — As perícias referidas nos números anteriores podem ser realizadas por entidade terceira que para tanto seja contratada pelos estabelecimentos, laboratórios ou serviços oficiais apropriados, desde que aquelas não tenham qualquer conexão com o objecto do processo ou ligação com as partes.

(Redacção do Dec.-Lei n.º 183/2000, de 10/8).

1. O objecto da prova pericial é a percepção ou apreciação de factos por meio de peritos (Cód. Civ., art. 388.º).

O que caracteriza a peritagem é a incumbência a *técnicos* da verificação de factos para reconhecimento dos quais se exigem conhecimentos especiais; se o estado de coisas que se pretende conhecer pode ser apreendido e devidamente interpretado à luz dos conhecimentos gerais e comuns, o meio a empregar é o da inspecção judicial (art. 612.º), que, aliás, pode ser acumulado com este (art. 614.º).

2. A força probatória das respostas dos peritos é fixada livremente pelo tribunal (Cód. Civ., art. 389.º).

ARTIGO 569.º

(Perícia colegial)

1 — A perícia é realizada por mais de um perito, até ao número de três, funcionando em moldes colegiais ou interdisciplinares:

a) Quando o juiz oficiosamente o determine, por entender que a perícia reveste especial complexidade ou exige conhecimento de matérias distintas;

b) Quando alguma das partes, nos requerimentos previstos nos artigos 577.º e 578.º, n.º 1, requerer a realização de perícia colegial.

ART. 570.º *Livro III, Título II — Do processo de declaração*

2 — No caso previsto na alínea *b)* do número anterior, se as partes acordarem logo na nomeação dos peritos, é aplicável o disposto na segunda parte do n.º 2 do artigo anterior; não havendo acordo, cada parte escolhe um dos peritos e o juiz nomeia o terceiro.

3 — As partes que pretendam usar a faculdade prevista na alínea *b)* do n.º 1 devem indicar logo os respectivos peritos, salvo se, alegando dificuldade justificada, pedirem a prorrogação do prazo para a indicação.

4 — Se houver mais de um autor ou mais de um réu e ocorrer divergência entre eles na escolha do respectivo perito, prevalece a designação da maioria; não chegando a formar-se maioria, a nomeação devolve-se ao juiz.

A regra é a de que a perícia seja realizada por um só perito, quando não deva ter lugar em estabelecimento, laboratório ou serviço oficial apropriado (art. 568.º, n.º 1); excepcionalmente poderão intervir mais peritos, até ao limite de três, nos casos e condições previstas neste preceito.

A reforma processual (95/96) simplificou muito a produção da prova pericial aproximando a sua regulamentação do estatuído em processo penal.

ARTIGO 570.º

(Desempenho da função de perito)

1 — O perito é obrigado a desempenhar com diligência a função para que tiver sido nomeado, podendo o juiz condená-lo em multa quando infrinja os deveres de colaboração com o tribunal.

2 — O perito pode ser destituído pelo juiz se desempenhar de forma negligente o encargo que lhe foi cometido, designadamente quando não apresente ou impossibilite, pela sua inércia, a apresentação do relatório pericial no prazo fixado.

O perito é obrigado a desempenhar com diligência a função para que é nomeado, de um modo geral, mas especialmente em duas vertentes: a da melhor *colaboração* para com o tribunal e a

Capítulo III — Da instrução do processo   **ART. 572.º**

da maior *presteza* possível; o esquecimento de qualquer desses deveres é sancionado com multa e destituição, separada ou cumulativamente.

ARTIGO 571.º

(Obstáculos à nomeação de peritos)

1 — É aplicável aos peritos o regime de impedimentos e suspeições que vigora para os juízes, com as necessárias adaptações.

2 — Estão dispensados do exercício da função de perito os titulares dos órgãos de soberania ou dos órgãos equivalentes das Regiões Autónomas, bem como aqueles que, por lei, lhes estejam equiparados, os magistrados do Ministério Público em efectividade de funções e os agentes diplomáticos de países estrangeiros.

3 — Podem pedir escusa da intervenção como peritos todos aqueles a quem seja inexigível o desempenho da tarefa, atentos os motivos pessoais invocados.

O exercício da função de perito é obrigatório.

Só o não será se a pessoa nomeada, ou a nomear, sofrer de *impedimento* ou *suspeição*, estiver dispensada legalmente do exercício da função, ou puder pedir escusa nos termos do n.º 3.

O regime dos impedimentos e suspeições aplicável aos peritos é o que vigora para os juízes nos arts. 122.º a 127.º.

As pessoas que a lei dispensa de funcionarem como peritos em atenção às funções que desempenham, são os enumerados no n.º 2 do artigo em anotação.

A escusa pode ser pedida por qualquer pessoa nomeada para o exercício da função, com a alegação de motivos pessoais que tornem inexigível o desempenho da tarefa.

O processo para deduzir as várias oposições vem regulado no art. 572.º.

ARTIGO 572.º

(Verificação dos obstáculos à nomeação)

1 — As causas de impedimento, suspeição e dispensa legal do exercício da função de perito podem ser ale-

— 121 —

ART. 573.º *Livro III, Título II — Do processo de declaração*

gadas pelas partes e pelo próprio perito designado, consoante as circunstâncias, dentro do prazo de 10 dias a contar do conhecimento da nomeação ou, sendo superveniente o conhecimento da causa, nos 10 dias subsequentes; e podem ser oficiosamente conhecidas até à realização da diligência.

2 — As escusas serão requeridas pelo próprio perito, no prazo de cinco dias a contar do conhecimento da nomeação.

3 — Das decisões proferidas sobre impedimentos, suspeições ou escusas não cabe recurso.

Os obstáculos resultantes do impedimento, da suspeição e da dispensa legal são do conhecimento oficioso até ao início da diligência, e podem ser suscitados pelas partes, e pelo próprio perito, no prazo de 10 dias a contar do conhecimento da nomeação, ou se este for superveniente, nos 10 dias seguintes à ocorrência do facto que os determinar.

As escusas têm o prazo reduzido para cinco dias.

O n.º 3 adopta a prática tradicional.

ARTIGO 573.º

(Nova nomeação de peritos)

Quando houver lugar à nomeação de novo perito, em consequência do reconhecimento dos obstáculos previstos no artigo anterior, da remoção do perito inicialmente designado ou da impossibilidade superveniente de este realizar a diligência, imputável ao perito proposto pela parte, pertence ao juiz a respectiva nomeação.

Se for necessário nomear novo perito, a nomeação pertence ao juiz, excepto se se tratar de perito da parte e a impossibilidade de continuar a diligência resultar de facto que lhe não seja imputável, caso em que a nomeação pertence à parte que o indicou.

ARTIGO 574.º
(Peritos estranhos à comarca)

1 — As partes têm o ónus de apresentar os peritos estranhos à comarca cuja nomeação hajam proposto.

2 — Tratando-se de perito escolhido pelo juiz, são-lhe satisfeitas antecipadamente as despesas de deslocação.

3 — Quando a diligência tiver de realizar-se por carta, a nomeação dos peritos pode ter lugar no tribunal deprecado.

Remuneração dos peritos: arts. 34.º, n.º 1, *a)* e *b)*, e 91.º, n.º 1, do Código das Custas.

SUBSECÇÃO II
Proposição e objecto da prova pericial

ARTIGO 575.º

Revogado por inutilidade: arts. 508.º-A, n.º 2, a); 512.º, n.º 1, e 545.º

ARTIGO 576.º
(Desistência da diligência)

A parte que requereu a diligência não pode desistir dela sem a anuência da parte contrária.

O preceito destina-se a evitar que uma das partes possa levar a outra a não requerer a diligência, requerendo-a ela antecipadamente, para mais tarde desistir, furtando-lhe, assim, a oportunidade de se servir desse meio de prova.

ARTIGO 577.º
(Indicação do objecto da perícia)

1 — Ao requerer a perícia, a parte indicará logo, sob pena de rejeição, o respectivo objecto, enunciando as questões de facto que pretende ver esclarecidas através da diligência.

ART. 579.º *Livro III, Título II — Do processo de declaração*

2 — A perícia pode reportar-se, quer aos factos articulados pelo requerente, quer aos alegados pela parte contrária.

As «questões de facto» a que o preceito alude correspondem aos quesitos da legislação anterior, embora com menor rigidez formal. Deve tratar do esclarecimento de matéria pertencente à base instrutória.

ARTIGO 578.º

(Fixação do objecto da perícia)

1 — Se entender que a diligência não é impertinente nem dilatória, o juiz ouve a parte contrária sobre o objecto proposto, facultando-lhe aderir a este ou propor a sua ampliação ou restrição.

2 — Incumbe ao juiz, no despacho em que ordene a realização da diligência, determinar o respectivo objecto, indeferindo as questões suscitadas pelas partes que considere inadmissíveis ou irrelevantes ou ampliando-o a outras que considere necessárias ao apuramento da verdade.

Se o juiz entender, no caso da diligência lhe ter sido requerida por uma das partes, que ela não serve minimamente ao esclarecimento da causa (impertinente), ou que foi requerida apenas para protelar a sua decisão (dilatória), indeferirá liminarmente a pretensão e ordenará o prosseguimento dos autos. Se não for caso disso, ouvirá, no prazo de 10 dias (art. 153.º) a parte contrária, que poderá opor-se à diligência, ou aderir ao objecto proposto, ou ainda requerer a sua ampliação.

O juiz, no despacho em que ordene a diligência, enunciará, concretamente, as questões que ela deve esclarecer.

ARTIGO 579.º

(Perícia oficiosamente determinada)

Quando se trate de perícia oficiosamente ordenada, o juiz indica, no despacho em que determina a realização

Capítulo III — Da instrução do processo **ART. 581.º**

da diligência, o respectivo objecto, podendo as partes sugerir o alargamento a outra matéria.

Regula o modo de fixar o objecto da diligência quando esta for ordenada oficiosamente pelo juiz.

SUBSECÇÃO III

Realização da perícia

ARTIGO 580.º

(Fixação do começo da diligência)

1 — No próprio despacho em que ordene a realização da perícia e nomeie os peritos, o juiz designa a data e local para o começo da diligência, notificando-se as partes.

2 — Quando se trate de exames a efectuar em institutos ou estabelecimentos oficiais, o juiz requisita ao director daqueles a realização da perícia, indicando o seu objecto e o prazo de apresentação do relatório pericial.

3 — Quando por razões técnicas ou de serviço a perícia não puder ser realizada no prazo determinado pelo juiz, por si ou nos termos do n.º 4 do artigo 568.º, deve tal facto ser de imediato comunicado ao tribunal, para que este possa determinar a eventual designação de novo perito, nos termos do n.º 1 do artigo 568.º.

(Redacção do Dec.-Lei n.º 183/2000, de 10/8).

ARTIGO 581.º

(Prestação de compromisso pelos peritos)

1 — Os peritos nomeados prestam compromisso de cumprimento consciencioso da função que lhes é cometida, salvo se forem funcionários públicos e intervierem no exercício das suas funções.

2 — O compromisso a que alude o número anterior é prestado no acto de início da diligência, quando o juiz a ela assista.

ART. 582.º *Livro III, Título II — Do processo de declaração*

3 — Se o juiz não assistir à realização da diligência, o compromisso a que se refere o n.º 1 pode ser prestado mediante declaração escrita e assinada pelo perito, podendo constar do relatório pericial.

Se os peritos forem funcionários públicos, e procederem à diligência nessa qualidade, entende-se que a sua vinculação à função pública justifica que se dispense o seu compromisso de cumprimento conscencioso da função agora exercida. Fora desse caso os peritos prestarão o compromisso no início da diligência perante o juiz, e se este não comparecer à diligência, deverão prestá-lo por escrito, fazendo-o constar do início do relatório pericial.

O propósito foi o de dispensar a realização de uma audiência destinada apenas à prestação do compromisso.

ARTIGO 582.º

(Actos de inspecção por parte dos peritos)

1 — Definido o objecto da perícia, procedem os peritos à inspecção e averiguações necessárias à elaboração do relatório pericial.

2 — O juiz assiste à inspecção sempre que o considere necessário.

3 — As partes podem assistir à diligência e fazer-se assistir por assessor técnico, nos termos previstos no artigo 42.º, salvo se a perícia for susceptível de ofender o pudor ou implicar quebra de qualquer sigilo que o tribunal entenda merecer protecção.

4 — As partes podem fazer ao perito as observações que entendam e devem prestar os esclarecimentos que o perito julgue necessários; se o juiz estiver presente, podem também requerer o que entendam conveniente em relação ao objecto da diligência.

1. Indica as pessoas que podem assistir à diligência e a faculdade que as partes têm de dirigir ao perito observações e pedidos de esclarecimento que entendam conveniente.

— 126 —

Capítulo III — Da instrução do processo　　**ART. 584.º**

2. No Código de 39 a presença do juiz dependia de requerimento de qualquer das partes. Hoje, o juiz assiste quando o considere necessário. Parece razoável a modificação.

ARTIGO 583.º
(Meios à disposição dos peritos)

1 — Os peritos podem socorrer-se de todos os meios necessários ao bom desempenho da sua função, podendo solicitar a realização de diligências ou a prestação de esclarecimentos, ou que lhes sejam facultados quaisquer elementos constantes do processo.

2 — Se os peritos, para procederem à diligência, necessitarem de destruir, alterar ou inutilizar qualquer objecto, devem pedir previamente autorização ao juiz.

3 — Concedida a autorização, fica nos autos a descrição exacta do objecto e, sempre que possível, a sua fotografia, ou, tratando-se de documento, fotocópia devidamente conferida.

ARTIGO 584.º
(Exame de reconhecimento de letra)

1 — Quando o exame para o reconhecimento de letra não puder ter por base a comparação com letra constante de escrito já existente e que se saiba pertencer à pessoa a quem é atribuída, é esta notificada para comparecer perante o perito designado, devendo escrever, na sua presença, as palavras que ele indicar.

2 — Quando o interessado residir fora da área do círculo judicial e a deslocação representar sacrifício desproporcionado, expedir-se-á carta precatória, acompanhada de um papel lacrado, contendo a indicação das palavras que o notificado há-de escrever na presença do juiz deprecado.

1. A diligência de que trata este artigo pode ser ordenada sempre que se mostre útil para o fim em vista; pode não existir escrito comparativo, ou o escrito que existir não servir ao exame,

ART. 586.º *Livro III, Título II — Do processo de declaração*

por não ser actual, ou por qualquer outra circunstância que ponha em dúvida ser aquela grafia a utilizada ao tempo em que foi redigido o documento cuja autoria lhe é atribuída.

2. A expedição da carta precatória é feita pela secretaria (art. 182.º, n.º 1) e é notificada a ambas as partes.

ARTIGO 585.º

(Fixação de prazo para a apresentação de relatório)

1 — Quando a perícia não possa logo encerrar-se com a imediata apresentação do relatório pericial, o juiz fixa o prazo dentro do qual a diligência há-de ficar concluída, que não excederá 30 dias.

2 — Os peritos indicam às partes o dia e hora em que prosseguirão com os actos de inspecção, sempre que lhes seja lícito assistir à continuação da diligência.

3 — O prazo fixado pode ser prorrogado, por uma única vez, ocorrendo motivo justificado.

Se o perito puder pronunciar-se imediatamente, ditará para a acta da diligência o respectivo relatório (art. 586.º, n.º 3). Se não puder, o juiz fixará o prazo para conclusão da diligência, que não poderá exceder 30 dias. O prazo poderá ser prorrogado (também não excedendo 30 dias) *por uma única vez*. Claro que isto em termos gerais. Se se tratar, por exemplo, do exame de uma fractura ainda não consolidada, é manifesto que o exame final só poderá fazer-se quando terminar aquele processo evolutivo.

ARTIGO 586.º

(Relatório pericial)

1 — O resultado da perícia é expresso em relatório, no qual o perito ou peritos se pronunciam fundamentadamente sobre o respectivo objecto.

2 — Tratando-se de perícia colegial, se não houver unanimidade, o discordante apresentará as suas razões.

Capítulo III — Da instrução do processo   **ART. 588.º**

3 — Se o juiz assistir à inspecção e o perito puder de imediato pronunciar-se, o relatório é ditado para a acta.

O resultado da perícia é sempre expresso em um relatório, onde o perito ou os peritos esclarecerão as dúvidas postas, fundamentando devidamente as conclusões a que chegarem.

Sendo vários os peritos e havendo discordância entre eles, prevalecerá o voto da maioria; neste caso o vencido justificará a razão da sua opinião divergente.

ARTIGO 587.º

(Reclamações contra o relatório pericial)

1 — A apresentação do relatório pericial é notificada às partes.

2 — Se as partes entenderem que há qualquer deficiência, obscuridade ou contradição no relatório pericial, ou que as conclusões não se mostram devidamente fundamentadas, podem formular as suas reclamações.

3 — Se as reclamações forem atendidas, o juiz ordena que o perito complete, esclareça ou fundamente, por escrito, o relatório apresentado.

4 — O juiz pode, mesmo na falta de reclamações, determinar oficiosamente a prestação dos esclarecimentos ou aditamentos previstos nos números anteriores.

Se as reclamações não forem atendíveis não há desse despacho, recurso algum, mas a discordância com o relatório apresentado pode servir de fundamento ao requerimento da segunda perícia (art. 589.º).

ARTIGO 588.º

(Comparência dos peritos na audiência final)

1 — Quando alguma das partes o requeira ou o juiz o ordene, os peritos comparecerão na audiência final, a fim de prestarem, sob juramento, os esclarecimentos que lhes sejam pedidos.

ART. 589.º *Livro III, Título II — Do processo de declaração*

2 — Os peritos de estabelecimentos, laboratórios ou serviços oficiais são ouvidos por teleconferência a partir do seu local de trabalho.

(Redacção do Dec.-Lei n.º 183/2000, de 10/8).

1. A comparência dos peritos na audiência final depende de ter sido ordenada pelo juiz *sponte sua*, ou a requerimento de qualquer das partes.

Este preceito deve relacionar-se com o disposto na alínea *c)* do n.º 3 do art. 652.º.

2. Os peritos de estabelecimentos, laboratórios ou serviços oficiais gozam do tratamento especial previsto no n.º 2.

SUBSECÇÃO IV

Segunda perícia

ARTIGO 589.º

(Realização de segunda perícia)

1 — Qualquer das partes pode requerer que se proceda a segunda perícia, no prazo de 10 dias a contar do conhecimento do resultado da primeira, alegando fundamentadamente as razões da sua discordância relativamente ao relatório pericial apresentado.

2 — O tribunal pode ordenar oficiosamente e a todo o tempo a realização de segunda perícia, desde que a julgue necessária ao apuramento da verdade.

3 — A segunda perícia tem por objecto a averiguação dos mesmos factos sobre que incidiu a primeira e destina-se a corrigir a eventual inexactidão dos resultados desta.

A segunda perícia é uma repetição da primeira, com mais peritos, todos eles diferentes dos que intervieram na primeira; é uma prova a mais, que servirá ao tribunal para melhor esclarecimento dos factos, em livre apreciação; pensamos por isso que o objecto da primeira perícia deve ser o mesmo da segunda.

Capítulo III — Da instrução do processo   **ART. 612.º**

A segunda perícia não é uma faculdade oferecida às partes; tem de ser requerida e fundamentada com a exposição das razões de discordância com o relatório apresentado.

O tribunal pode ordená-la oficiosamente enquanto não houver decisão sobre a matéria de facto.

ARTIGO 590.º
(Regime da segunda perícia)

A segunda perícia rege-se pelas disposições aplicáveis à primeira, com as ressalvas seguintes:

a) **Não pode intervir na segunda perícia perito que tenha participado na primeira;**

b) **A segunda perícia será, em regra, colegial, excedendo o número de peritos em dois o da primeira, cabendo ao juiz nomear apenas um deles.**

ARTIGO 591.º
(Valor da segunda perícia)

A segunda perícia não invalida a primeira, sendo uma e outra livremente apreciadas pelo tribunal.

ARTIGOS 592.º A 611.º

Revogados.

Revogados pela reforma processual de 1995, por se terem tornado inúteis, em face da simplificação que aquela reforma operou na regulamentação da prova pericial.

SECÇÃO V
Inspecção judicial

ARTIGO 612.º
(Fim da inspecção)

1 — O tribunal, sempre que o julgue conveniente, pode, por sua iniciativa ou a requerimento das partes, e com ressalva da intimidade da vida privada e familiar e da dignidade humana, inspeccionar coisas ou pessoas, a

ART. 614.º   *Livro III, Título II — Do processo de declaração*

fim de se esclarecer sobre qualquer facto que interesse à decisão da causa, podendo deslocar-se ao local da questão ou mandar proceder à reconstituição dos factos, quando a entender necessária.

2 — Incumbe à parte que requerer a diligência fornecer ao tribunal os meios adequados à sua realização, salvo se estiver isenta ou dispensada do pagamento de custas.

1. A prova por inspecção tem por fim a percepção directa de factos pelo tribunal (Cód. Civ., art. 390.º).

Há que averiguar certos factos; a observação directa e pessoal do juiz deve chegar para os esclarecer; está indicado, então, que se use este meio de prova, que é muito mais expedito do que a perícia.

A inspecção pode ser muito útil quando realizada anteriormente à audiência preliminar para entendimento da matéria de facto relevante para a decisão da causa.

2. Não deve confundir-se este meio de prova com a apresentação de coisas móveis e imóveis, de que trata o art. 518.º.

3. O resultado da inspecção é apreciado livremente pelo tribunal (Cód. Civ., art. 391.º).

ARTIGO 613.º

(Intervenção das partes)

As partes são notificadas do dia e hora da inspecção e podem, por si ou por seus advogados, prestar ao tribunal os esclarecimentos de que ele carecer, assim como chamar a sua atenção para os factos que reputem de interesse para a resolução da causa.

ARTIGO 614.º

(Intervenção de técnico)

1 — É permitido ao tribunal fazer-se acompanhar de pessoa que tenha competência para o elucidar sobre a averiguação e interpretação dos factos que se propõe observar.

— 132 —

Capítulo III — Da instrução do processo **ART. 616.º**

2 — O técnico será nomeado no despacho que ordenar a diligência e, quando a inspecção não for feita pelo tribunal colectivo, deve comparecer na audiência de discussão e julgamento.

A «pessoa» a que se refere o n.º 1 não intervém como perito, não lhe sendo, por isso, aplicáveis as disposições ditadas por lei em matéria de prova pericial. É mero auxiliar do tribunal, que pode ou não ouvi-lo.

ARTIGO 615.º

(Auto de inspecção)

Da diligência é lavrado auto em que se registem todos os elementos úteis para o exame e decisão da causa, podendo o juiz determinar que se tirem fotografias para serem juntas ao processo.

Permite a lei que o tribunal mande tirar fotografias para serem juntas ao processo, quando tal se julgue conveniente. Dadas as facilidades hoje verificadas nos meios mecânicos de reprodução, e tendo em vista que nem sempre os factos a registar serão captáveis pela fotografia, parece-nos admissível, igualmente, o uso de reproduções cinematográficas e de registos fonográficos. Tudo depende da natureza do facto a averiguar.

SECÇÃO VI

Prova testemunhal

SUBSECÇÃO I

Inabilidades para depor

ARTIGO 616.º

(Capacidade para depor como testemunha)

1 — Têm capacidade para depor como testemunhas todos aqueles que, não estando interditos por anomalia psíquica, tiverem aptidão física e mental para depor sobre os factos que constituam objecto da prova.

ART. 618.º *Livro III, Título II — Do processo de declaração*

2 — Incumbe ao juiz verificar a capacidade natural das pessoas arroladas como testemunhas, com vista a avaliar da admissibilidade e da credibilidade do respectivo depoimento.

A regra, hoje formulada pela lei substantiva, é a de que a prova testemunhal é admitida em todos os casos em que não seja directa ou indirectamente afastada (Cód. Civ., art. 392.º).

Os arts. 393.º a 395.º contêm casos de inadmissibilidade da produção desta prova.

Quanto ao artigo em anotação, aceita ele o princípio da capacidade de todas as pessoas para depor, desde que não estejam interditos por anomalia psíquica e tenham aptidão física e mental para se pronunciarem sobre o objecto da prova, condições que o tribunal averiguará se o depoente reúne.

Há, porém, que ter em conta o impedimento de que trata o art. 617.º e os motivos de recusa do art. 618.º.

ARTIGO 617.º

(Impedimentos)

Estão impedidos de depor como testemunhas os que na causa possam depor como partes.

É óbvio que estando o depoimento de parte sujeito a um apertado condicionalismo, por poder conduzir à rainha das provas — a prova por confissão das partes —, se não admita o depoimento dessas pessoas fora daquele condicionalismo legal (arts. 552.º a 567.º).

ARTIGO 618.º

(Recusa legítima a depor)

1 — Podem recusar-se a depor como testemunhas, salvo nas acções que tenham como objecto verificar o nascimento ou o óbito dos filhos:

a) Os ascendentes nas causas dos descendentes e os adoptantes nas dos adoptados, e vice-versa;

b) O sogro ou a sogra nas causas do genro ou da nora, e vice-versa;

— 134 —

Capítulo III — Da instrução do processo   **ART. 619.º**

c) Qualquer dos cônjuges, ou ex-cônjuges, nas causas em que seja parte o outro cônjuge ou ex-cônjuge;

d) Quem conviver, ou tiver convivido, em união de facto em condições análogas às dos cônjuges com alguma das partes na causa.

2 — Incumbe ao juiz advertir as pessoas referidas no número anterior da faculdade que lhes assiste de se recusarem a depor.

3 — Devem escusar-se a depor os que estejam adstritos ao segredo profissional, ao segredo de funcionários públicos e ao segredo de Estado, relativamente aos factos abrangidos pelo sigilo, aplicando-se neste caso o disposto no n.º 4 do artigo 519.º.

1. Nos casos do n.º 1, são razões de ordem moral que *permitem* ao depoente recusar-se a prestar depoimento, faculdade que lhe deve ser recordada pelo juiz. Se, porém, a pessoa, naquelas condições chamada a depor, quizer fazê-lo, nada impede que deponha e nada afectará, por isso, o seu depoimento.

2. Nos casos do n.º 3 as pessoas indicadas como testemunhas devem *recusar-se* a depor sobre os factos abrangidos pelo sigilo a que estão obrigadas. Deduzida a escusa observar-se-á o disposto no n.º 4 do art. 519.º.

SUBSECÇÃO II

Produção da prova testemunhal

ARTIGO 619.º

(Rol de testemunhas — Desistência de inquirição)

1 — As testemunhas serão designadas no rol pelos seus nomes, profissões e moradas e por outras circunstâncias necessárias para as identificar.

2 — A parte pode desistir a todo o tempo da inquirição de testemunhas que tenha oferecido, sem prejuízo da possibilidade de inquirição oficiosa, nos termos do artigo 645.º.

ART. 622.º *Livro III, Título II — Do processo de declaração*

ARTIGO 620.º

(Designação do juiz como testemunha)

1 — O juiz da causa que seja indicado como testemunha deve declarar sob juramento no processo, logo que este lhe seja concluso ou lhe vá com vista, se tem conhecimento de factos que possam influir na decisão: no caso afirmativo, declarar-se-á impedido, não podendo a parte prescindir do seu depoimento; no caso negativo, a indicação fica sem efeito.

2 — Quando tiver sido indicado como testemunha algum dos juízes adjuntos, o processo ir-lhe-á sempre com vista, nos termos do artigo 648.º, ainda que para outros efeitos a vista seja dispensável.

ARTIGO 621.º

(Lugar e momento da inquirição)

As testemunhas depõem na audiência final, presencialmente ou através de teleconferência, excepto nos casos seguintes:

a) Inquirição antecipada nos termos do artigo 520.º;

b) Inquirição por carta rogatória;

c) Inquirição na residência ou na sede dos serviços, nos termos do artigo 624.º;

d) Impossibilidade de comparência no tribunal;

e) Inquirição reduzida a escrito, nos termos do artigo 638.º-A;

f) Depoimento reduzido a escrito, nos termos do art. 639.º;

g) Inquirição por telefone, ao abrigo do disposto no artigo 639.º-B.

(Redacção do Dec.-Lei n.º 183/2000, de 10/8).

ARTIGO 622.º

(Inquirição no local da questão)

As testemunhas serão inquiridas no local da questão, quando o tribunal, por sua iniciativa ou a requerimento de alguma das partes, o julgue conveniente.

— 136 —

Capítulo III — Da instrução do processo **ART. 623.º**

A regra deste preceito não prejudica o que se dispõe no art. 624.º. Querendo as entidades aí referidas gozar da prerrogativa que a lei lhes reconhece, não pode o tribunal fazê-las comparecer no local da questão.

ARTIGO 623.º

(Inquirição por teleconferência)

1 — As testemunhas residentes fora do círculo judicial, ou da respectiva ilha, no caso das Regiões Autónomas, são apresentadas pelas partes, nos termos do n.º 2 do artigo 628.º, quando estas assim o tenham declarado aquando do seu oferecimento, ou são ouvidas por teleconferência na própria audiência e a partir do tribunal da comarca da área da sua residência ou, caso nesta não existam ainda os meios necessários para tanto, a partir do tribunal da sede do círculo judicial da sua residência.

2 — O tribunal onde corre a causa comunicará e indagará junto do tribunal onde a testemunha prestará depoimento, do dia e da hora para a sua inquirição e, quando for agendada a data da sua realização, notificará a referida testemunha da data, hora e local da mesma mediante via postal simples, com cumprimento do disposto nos n.ºs 5 e 6 do artigo 236.º-A.

3 — No dia da inquirição, a testemunha identifica-se perante o funcionário judicial do tribunal onde o depoimento é prestado, mas a partir desse momento a inquirição é efectuada perante o tribunal da causa e os mandatários das partes, via teleconferência, sem necessidade de intervenção do juiz do tribunal onde o depoimento é prestado.

4 — As testemunhas residentes no estrangeiro são inquiridas por teleconferência sempre que no local da sua residência existam os meios técnicos necessários.

5 — Nas causas pendentes em tribunais sediados nas áreas metropolitanas de Lisboa e do Porto não existirá inquirição por teleconferência quando a testemunha a

ART. 624.º *Livro III, Título II — Do processo de declaração*

inquirir resida na respectiva circunscrição, ressalvando-
-se os casos previstos no artigo 639.º-B.

(Red. do Dec.-Lei n.º 183/2000, de 10/8, e Lei n.º 30-D/2000, de 20/12).

ARTIGO 624.º

(Prerrogativas de inquirição)

1 — Gozam da prerrogativa de ser inquiridos na sua
residência ou na sede dos respectivos serviços:

a) O Presidente da República;

b) Os agentes diplomáticos estrangeiros que conce-
dam idêntica regalia aos representantes de Portugal.

2 — Gozam de prerrogativa de depor primeiro por
escrito, se preferirem, além das entidades previstas no
número anterior:

a) Os membros dos órgãos de soberania, com exclusão dos tribunais, e dos órgãos equivalentes das Regiões
Autónomas e do território de Macau;

b) Os juízes dos tribunais superiores;

c) O provedor de Justiça;

d) O Procurador-Geral da República e o vice-pro-
curador-geral da República;

e) Os membros do Conselho Superior da Magistratura e do Conselho Superior do Ministério Público;

f) Os oficiais generais das Forças Armadas;

g) Os altos dignitários de confissões religiosas;

h) O bastonário da Ordem dos Advogados e o presidente da Câmara dos Solicitadores.

3 — Ao indicar como testemunha uma das entidades designadas nos números anteriores, a parte
deve especificar os factos sobre que pretende o depoimento.

Parece ser o exercício de certas funções que justifica a concessão da prerrogativa de que trata o n.º 1.

Ninguém certamente discordará que seja concedido ao Presidente da República e até aos agentes diplomáticos estrangeiros,

Capítulo III — Da instrução do processo   **ART. 625.º**

pela regra da reciprocidade, o direito de serem inquiridos na sua residência ou na sede dos respectivos serviços.

Mas já não se verificará essa unanimidade de opiniões relativamente à prerrogativa concedida pelo n.º 2 deste artigo. A nosso ver ela não se justifica, não só por abranger um número exagerado de situações, como pela forma confusa e demorada como foi gizado o seu exercício.

ARTIGO 625.º

(Inquirição do Presidente da República)

1 — Quando se ofereça como testemunha o Presidente da República, o juiz fará a respectiva comunicação ao Ministério da Justiça, que a transmitirá, por intermédio da Presidência do Conselho, à Presidência da República.

2 — Se o Presidente da República declarar que não tem conhecimento dos factos sobre que foi pedido o seu depoimento, este não terá lugar.

3 — Se o Presidente da República preferir, relatará por escrito o que souber sobre os factos; o tribunal ou qualquer das partes com o consentimento do tribunal, podem formular também por escrito e por uma só vez os pedidos de esclarecimento que entenderem.

4 — Da recusa de consentimento prevista no número anterior não cabe recurso.

5 — Se o Presidente da República declarar que está pronto a depor, o juiz solicitará da Secretaria-Geral da Presidência da República a indicação do dia, hora e local em que deve ser prestado o depoimento.

6 — O interrogatório é feito pelo juiz; as partes podem assistir à inquirição com os seus advogados, mas não podem fazer perguntas ou instâncias, devendo dirigir-se ao juiz, quando julguem necessário algum esclarecimento ou aditamento.

Se a causa pender em comarca que não seja a de Lisboa, a inquirição será deprecada a esta comarca, sendo o juiz deprecado quem deve praticar os actos a que o preceito alude.

No código de 39 adoptava-se outra solução ao dispor que o interrogatório, no caso de se dever proceder a ele, seria feito pelo

ART. 626.º *Livro III, Título II — Do processo de declaração*

juiz da causa, expressão, porém, que foi suprimida logo nos trabalhos preparatórios do código actual, o que se fez certamente com o propósito de mudar o regime, conciliando-o com os princípios gerais. Mas quem fará a comunicação a que o artigo se refere será sempre o juiz da causa.

ARTIGO 626.º

(Inquirição de outras entidades)

1 — Quando se ofereça como testemunha alguma pessoa das compreendidas na alínea *b)* do n.º 1 do artigo 624.º, serão observadas as normas de direito internacional; na falta destas, se a pessoa preferir depor por escrito, aplicar-se-á o regime dos números seguintes; se não, é fixado, de acordo com essa pessoa, o dia, hora e local para a sua inquirição, prescindindo-se da notificação e observando-se quanto ao mais as disposições comuns.

2 — Quando se ofereça como testemunha alguma pessoa das compreendidas no n.º 2 do artigo 624.º, ser-lhe-á dado conhecimento pelo tribunal do oferecimento, bem como dos factos sobre que deve recair o seu depoimento.

3 — Se alguma dessas pessoas preferir depor por escrito, remeterá ao tribunal da causa, no prazo de 10 dias a contar da data do conhecimento referido no número anterior, declaração, sob compromisso de honra, relatando o que sabe quanto aos factos indicados; o tribunal e qualquer das partes poderão, uma única vez, solicitar esclarecimentos igualmente por escrito, para a prestação dos quais haverá um prazo de 10 dias.

4 — A parte que tiver indicado a testemunha pode solicitar a sua audiência em tribunal, justificando devidamente a necessidade dessa audiência para completo esclarecimento do caso; o juiz decidirá, sem recurso.

5 — Não tendo a testemunha remetido a declaração referida no n.º 3, não tendo respeitado os prazos ali estabelecidos, ou decidindo o juiz que é necessária a sua presença, será a mesma testemunha notificada para depor.

Capítulo III — Da instrução do processo **ART. 629.º**

ARTIGO 627.º

(Pessoas impossibilitadas de comparecer por doença)

Quando se mostre que a testemunha está impossibilitada de comparecer no tribunal por motivo de doença, observar-se-á o disposto no artigo 557.º e o juiz presidente fará o interrogatório, bem como as instâncias.

O código de 39 determinava que ao depoimento só assistiria o juiz ou o tribunal colectivo, conforme fosse determinado. O objectivo era o de evitar o possível agravamento do estado de saúde da testemunha, em consequência da presença dos advogados das partes e do interrogatório e instância que estes fizessem. Temperou-se, no novo código, a proibição, permitindo implicitamente a comparência dos mandatários das partes, mas proibindo-lhes o interrogatório e as instâncias directas. Apesar desta cautela o juiz deve assegurar-se de que a inquirição, mesmo só por ele efectuada, não prejudica a saúde da testemunha.

ARTIGO 628.º

(Designação das testemunhas para inquirição)

1 — O juiz designará, para cada dia de inquirição, o número de testemunhas que provavelmente possam ser inquiridas.

2 — Não são notificadas as testemunhas que as partes devam apresentar.

ARTIGO 629.º

(Consequências do não comparecimento
da testemunha)

1 — Findo o prazo a que alude o n.º 1 do artigo 512.º-A, assiste ainda à parte a faculdade de substituir testemunhas nos casos previstos no número seguinte; a substituição deve ser requerida logo que a parte tenha conhecimento do facto que a determina.

2 — A falta de alguma testemunha não é motivo de adiamento, sendo as testemunhas presentes ouvidas, sem prejuízo do disposto na primeira parte do artigo 634.º,

— 141 —

ART. 629.º *Livro III, Título II — Do processo de declaração*

mesmo que tal implique a alteração da ordem em que estiverem mencionadas no rol, podendo, nesse caso, qualquer das partes requerer a gravação da audiência logo após a abertura da mesma.

3 — No caso da parte não prescindir de alguma testemunha faltosa, observar-se-á o seguinte:

a) Se ocorrer impossibilidade definitiva para depor, posterior à sua indicação, a parte tem a faculdade de a substituir;

b) Se a impossibilidade for meramente temporária, a parte pode substituí-la ou, se não for possível depor ao abrigo do disposto nos artigos 639.º e 639.º-B e o tribunal reconhecer que existe grave inconveniente para a descoberta da verdade na sua não audição, a inquirição é adiada, marcando-se de imediato a continuação num prazo que se afigurar razoável, nunca excedente a 30 dias;

c) Se tiver mudado de residência depois de oferecida, pode a parte substituí-la ou requerer ao juiz que determine a sua inquirição nos termos do artigo 623.º;

d) Se não tiver sido notificada, devendo tê-lo sido, ou se deixar de comparecer por outro impedimento legítimo, poderá aplicar-se o regime previsto nos artigos 639.º e 639.º-B ou adiar-se a inquirição, marcando-se de imediato a sua realização para um dos 30 dias seguintes;

e) Se faltar sem motivo justificado e não for encontrada para vir depor nos termos do número seguinte, pode ser substituída.

4 — O juiz ordenará que a testemunha que sem justificação tenha faltado compareça sob custódia, sem prejuízo da multa aplicável, que é logo fixada em acta.

5 — A sanção referida no número anterior não é aplicada à testemunha faltosa quando o julgamento seja adiado por razão diversa da respectiva falta, desde que a parte se comprometa a apresentá-la no dia designado para a realização da audiência.

(Redacção do Dec.-Lei n.º 183/2000, de 10/8, e da Lei n.º 30-D/2000, de 20/12).

Capítulo III — Da instrução do processo **ART. 630.º**

1. A lei exige expressamente, para que a parte possa fazer substituir a testemunha impossibilitada definitivamente para depor, que essa impossibilidade tenha ocorrido posteriormente à sua indicação.

2. Se a testemunha estiver só impedida de comparecer (designadamente por doença), mas não de depor, o preceito a aplicar será o art. 627.º.

3. Do n.º 3 deste preceito tem de concluir-se que a justificação da falta de comparência da testemunha tem de ser feita imediatamente, sob pena de sofrer a multa e as medidas coercivas para assegurar a sua comparência no novo dia designada para a diligência. É violento, porque o motivo da falta pode ser também causa da não justificação imediata (por exemplo, um acidente de viação que a testemunha sofreu quando se dirigia ao tribunal). Em qualquer caso, é de salientar que essas sanções só serão aplicáveis se a parte não prescindir do depoimento da testemunha faltosa.

ARTIGO 630.º

(Adiamento da inquirição)

A inquirição não pode ser adiada, sem acordo expresso das partes, por falta de testemunhas de que a parte não prescinda, e não pode haver segundo adiamento total da inquirição por falta da mesma ou de outra testemunha de qualquer das partes.

(Red. Dec.-Lei n.º 183/2000, de 10/8).

1. Na vigência do Código de 39 só estava condicionado ao acordo da parte contrária o adiamento por falta de testemunha que a parte se tivesse *espontaneamente* obrigado a apresentar; se essa obrigação resultava de o juiz ter recusado a carta, por entender conveniente que o depoimento se produzisse perante o tribunal colectivo, já o caso era tratado nos termos gerais. O Código de 61 abandonou esta distinção, que teve por injustificada; assim, presentemente, tanto a falta da testemunha que a parte se obrigou a apresentar, como a daquelas cuja apresentação lhe incumbe nos termos dos n.ºs 2 e 3 do art. 623.º, estão sujeitas à disciplina deste preceito.

ART. 632.º   *Livro III, Título II — Do processo de declaração*

2. À face do correspondente artigo do código anterior, que prescrevia apenas: «não poderá haver segundo adiamento total da inquirição por falta da mesma ou de outra testemunha», pôs-se a questão de saber se adiada totalmente a inquirição por falta de comparência da testemunha *de uma das partes,* poderia posteriormente verificar-se o adiamento total da inquirição por falta de testemunha *da parte contrária.*

A redacção actual destinou-se a esclarecer que havendo adiamento total da inquirição, fundado em falta de testemunha, não poderá voltar a adiar-se a inquirição, na sua totalidade, com esse fundamento, qualquer que tenha sido o faltoso.

ARTIGO 631.º

(Substituição de testemunhas)

1 — No caso de substituição de alguma das testemunhas, não é admissível a prestação do depoimento sem que hajam decorrido cinco dias sobre a data em que à parte contrária foi notificada a substituição, salvo se esta prescindir do prazo; se não for legalmente possível o adiamento da inquirição, de modo a respeitar aquele prazo, fica a substituição sem efeito, a requerimento da parte contrária.

2 — Não é admissível a inquirição por carta de testemunhas oferecidas em substituição das inicialmente indicadas.

3 — O disposto no n.º 1 não prejudica a possibilidade de o juiz ordenar a inquirição, nos termos do artigo 645.º.

ARTIGO 632.º

(Limite do número de testemunhas)

1 — Os autores não podem oferecer mais de 20 testemunhas, para prova dos fundamentos da acção; igual limitação se aplica aos réus que apresentem a mesma contestação.

2 — No caso de reconvenção, cada uma das partes pode oferecer também até 20 testemunhas, para prova dela e da respectiva defesa.

Capítulo III — Da instrução do processo   **ART. 633.º**

3 — Consideram-se não escritos os nomes das testemunhas que no rol ultrapassam o número legal.

1. A primeira parte do n.º 1 abrange o caso da pluralidade de autores, ainda que coligados ([74]); quanto aos réus, só há que excluir a hipótese de as suas contestações serem, não só formal como também substancialmente, diferentes ([75]).

Para os assistentes existe a regra especial do art. 339.º; nos outros casos de intervenção de terceiros afigura-se-nos que só o opoente poderá indicar testemunhas próprias, até 20, visto que o direito que pretende fazer valer é diferente, e até incompatível, com a pretensão do autor.

2. O preceito do n.º 2 não figurava no Código de 39. Foi introduzido, no Código de 61, por proposta da Comissão Revisora, consagrando-se, assim, a solução que, para a hipótese, havia sido defendida pela doutrina ([76]).

3. No processo sumário é reduzido a 10 o limite de número de testemunhas a que se refere o preceito em anotação (art. 789.º).

4. De harmonia com o disposto no n.º 3 não é lícito à parte que indicou testemunhas em número excedente ao legal efectuar a escolha delas dentro desse número; o critério da lei é imperativo, na medida em que só manda considerar *as primeiras vinte* (se se trata de processo ordinário) que tenham sido indicadas no respectivo rol.

ARTIGO 633.º

**(Número de testemunhas que podem ser inquiridas
sobre cada facto)**

Sobre cada um dos factos que se propõe provar, não pode a parte produzir mais de cinco testemunhas, não se contando as que tenham declarado nada saber.

([74]) Veja-se, como fonte doutrinária do preceito, o que se escreveu na *Rev. Leg. Jur.,* ano 63.º, pág. 341.

([75]) Neste sentido: os acs. do Sup. Trib. Just., de 5-1-1954 (*Rev. Leg. Jur.,* 87.º-192) e de 1-4-1955 (*Bol. Min. Just.,* 48.º-708), e da Rel. Porto, de 9-3-1956 (*Jur. Rel.,* 1967, 389).

([76]) Alberto dos Reis, *Cód. Proc. Civ. An.,* vol. IV, pág. 387.

— 145 —

ART. 634.º *Livro III, Título II — Do processo de declaração*

Com a actual redacção do preceito teve-se o propósito de tornar claro que o limite a que este artigo se refere só funciona para as testemunhas indicadas pela parte, podendo sempre ser inquiridas, para além daquele número, as testemunhas que o tribunal queira ouvir por sua iniciativa ([77]).

Quando o mesmo facto for afirmado por uma das partes e negado pela parte contrária, cada uma delas pode produzir cinco testemunhas, para demonstração de que tal facto se verificou, ou de que não ocorreu.

ARTIGO 634.º

(Ordem dos depoimentos)

1 — Antes de começar a inquirição, as testemunhas são recolhidas a uma sala, donde saem para depor pela ordem em que estiverem mencionadas no rol, primeiro as do autor e depois as do réu, salvo se o juiz determinar que a ordem seja alterada ou as partes acordarem na alteração.

2 — Se, porém, figurar como testemunha algum funcionário da secretaria, é ele o primeiro a depor, ainda que tenha sido oferecido pelo réu.

A ordem dos depoimentos é, em geral, a do rol de testemunhas, começando pelas do autor; esta ordem, porém, pode ser livremente alterada, por determinação do juiz, ou por acordo das partes, sem qualquer limitação; a excepção que se contém no n.º 2 funda-se principalmente na inconveniência, para o serviço, de o funcionário estar inactivo enquanto aguarda o momento de depor. No § ún. do art. 638.º do Código de 39 dispunha-se que, enquanto estivessem recolhidas, as testemunhas deveriam ser vigiadas para não comunicarem sobre os factos discutidos no processo. Tal parágrafo foi eliminado, e bem. Era uma simples regra de polícia, que não se justificava que figurasse numa lei de processo, para além da natureza utópica do preceito. Em casos especiais em que se imponha o preventivo isolamento, entre si, de certas testemunhas, o juiz tomará as providências que julgar adequadas para esse fim, sem necessidade de preceito expresso nesse sentido.

([77]) Projectos de Revisão, III, 170.

Capítulo III — Da instrução do processo　　**ART. 636.º**

ARTIGO 635.º

(Juramento e interrogatório preliminar)

1 — O juiz, depois de observar o disposto no artigo 559.º, procurará identificar a testemunha e perguntar-lhe-á se é parente, amigo ou inimigo de qualquer das partes, se está para com elas nalguma relação de dependência e se tem interesse, directo ou indirecto, na causa.

2 — Quando verifique pelas respostas que o declarante é inábil para ser testemunha ou que não é a pessoa que fora oferecida, o juiz não a admitirá a depor.

Depois de feitas a exortação e a advertência a que se refere o art. 559.º, e de prestado o juramento que aí se prevê, o juiz passará ao *interrogatório preliminar* da testemunha, que tem por finalidade identificá-la, averiguar se há motivo que a impeça de depor, ou razão que influa na fé que deva merecer o seu depoimento.

A recusa a prestar o juramento equivale à recusa a depor, e faz incorrer o recusante nas penas da desobediência qualificada (Cód. Penal, art. 189.º).

Não diz a lei como se faz a identificação, mas está indicado que a esta se proceda por confronto do declarado com os elementos identificadores constantes do rol (art. 619.º); supomos que a simples exibição do cartão de identidade seria de manifesta utilidade, embora deva dizer-se que essa prática não é usada. A averiguação da capacidade para depor faz-se por remissão aos arts. 616.º e 617.º; finalmente, as perguntas sobre a amizade, parentesco, dependência e interesse, visam à valoração do depoimento, embora a sua verificação não impeça que ele seja produzido.

ARTIGO 636.º

(Fundamentos da impugnação)

A parte contra a qual for produzida a testemunha pode impugnar a sua admissão com os mesmos fundamentos por que o juiz deve obstar ao depoimento.

O juiz deve obstar ao depoimento se reconhecer que a pessoa que se apresenta a prestá-lo não é a mesma que foi indicada no rol,

ART. 637.º *Livro III, Título II — Do processo de declaração*

ou quando averigue que ela não tem capacidade para depor, ou está impedida de o fazer (arts. 616.º e 617.º).

Se o interrogatório preliminar não revelar qualquer daquelas circunstâncias, pode *a parte contrária* àquela que produziu a testemunha suscitar este incidente, impugnando o depoimento com a denúncia do facto impeditivo deste.

O processo do incidente está regulado no art. 637.º.

ARTIGO 637.º

(Incidente da impugnação)

1 —A impugnação será deduzida quando terminar o interrogatório preliminar; se for de admitir, a testemunha é perguntada à matéria de facto e, se a não confessar, pode o impugnante comprová-la por documentos ou testemunhas que apresente nesse acto, não podendo produzir mais de três testemunhas a cada facto.

2 — O tribunal decidirá imediatamente se a testemunha deve depor.

3 — Quando se proceder ao registo ou gravação do depoimento, serão objecto de registo, por igual modo, os fundamentos de impugnação, as respostas da testemunha e os depoimentos das que tiverem sido inquiridas sobre o incidente.

1. O incidente é suscitado quando terminar o interrogatório preliminar e não antes nem depois desse momento; como a impugnação se baseia em certo facto, o tribunal está, desde logo, habilitado a avaliar se tal facto, *a provar-se*, é ou não impeditivo da produção do depoimento; no primeiro caso admite o incidente, no segundo indefere-o liminarmente. Admitido o incidente, isto é, aceite que o facto invocado é impeditivo do depoimento, a sorte da impugnação reduz-se a uma mera questão de prova, que pode nem sequer chegar a ser indicada pelo impugnante, uma vez que à admissão do incidente se segue imediatamente o interrogatório da testemunha acerca dos factos alegados, cuja veracidade ela pode logo reconhecer; se assim for, a impugnação será julgada procedente e a testemunha impedida de depor; se a testemunha negar os factos, pode então o impugnante oferecer documentos e apresentar testemunhas para comprovar o fundamento da impugnação.

Capítulo III — Da instrução do processo   **ART. 638.º**

Cremos que é de salientar que a parte que deduz o incidente não tem de indicar imediatamente os meios de prova de que dispõe; isso é de grande importância prática porque a testemunha cujo depoimento foi impugnado, ignorando os meios de prova de que dispõe o impugnante, é naturalmente levada a não contrariar os factos que sabe serem verdadeiros, com receio de ser desmascarada; se lhe fosse dado apreciar antecipadamente os elementos probatórios de que a parte dispõe, poderia ser tentada, em face da escassez destes, a iludir o tribunal.

2. O Código de 39 (§ ún. do art. 640.º) abria, nesta matéria, uma importante excepção à regra da oralidade, permitindo que se escrevessem os depoimentos prestados pelas *testemunhas do incidente* sempre que as partes declarassem que *quanto à decisão dele* não prescindiam de recurso. Cindia-se, assim, o regime da prova testemunhal a que estava sujeita a causa principal do que era aplicável ao incidente da impugnação. O Código actual acabou com essa dualidade, que, na verdade, não se justificava.

ARTIGO 638.º

(Regime do depoimento)

1 — A testemunha é interrogada sobre os factos que tenham sido articulados ou impugnados pela parte que a ofereceu, e deporá com precisão, indicando a razão da ciência e quaisquer circunstâncias que possam justificar o conhecimento dos factos; a razão da ciência invocada será, quanto possível, especificada e fundamentada.

2 — Se depuser perante o tribunal colectivo, o interrogatório é feito pelo advogado da parte que a ofereceu, podendo o advogado da outra parte fazer-lhe, quanto aos factos sobre que tiver deposto, as instâncias indispensáveis para se completar ou esclarecer o depoimento.

3 — O presidente do tribunal deve obstar a que os advogados tratem desprimorosamente a testemunha e lhe façam perguntas ou considerações impertinentes, sugestivas, capciosas ou vexatórias; tanto ele como os juízes adjuntos podem fazer as perguntas que julguem convenientes para o apuramento da verdade.

ART. 638.º-A *Livro III, Título II — Do processo de declaração*

4 — O interrogatório e as instâncias são feitos pelos mandatários das partes, sem prejuízo dos esclarecimentos pedidos pelos membros do tribunal.

5 — O presidente do tribunal avocará o interrogatório quando tal se mostrar necessário para assegurar a tranquilidade da testemunha ou pôr termo a instâncias inconvenientes.

6 — A testemunha, antes de responder às perguntas que lhe sejam feitas, pode consultar o processo, exigir que lhe sejam mostrados determinados documentos que nele existam, ou apresentar documentos destinados a corroborar o seu depoimento; só são recebidos e juntos ao processo os documentos que a parte respectiva não pudesse ter oferecido.

7 — É aplicável ao depoimento das testemunhas o disposto no n.º 2 do artigo 561.º.

A regra é a de que a testemunha é interrogada sobre os factos que tenham sido *articulados* ou *impugnados* pela parte que a ofereceu. Pode, assim, qualquer das partes fazer *a prova* dos factos que articulou, e a *contraprova* dos factos articulados pela parte contrária e que ela impugnou, usando desse modo do direito que o art. 346.º do Código Civil lhe reconhece.

ARTIGO 638.º-A

(Inquirição por acordo das partes)

1 — Havendo acordo das partes, a testemunha pode ser inquirida pelos mandatários judiciais no domicílio profissional de um deles, devendo tal inquirição constar de uma acta, datada e assinada pelo depoente e pelos mandatários das partes, da qual conste a relação discriminada dos factos a que a testemunha assistiu ou que verificou pessoalmente e das razões de ciência invocadas, aplicando-se-lhe ainda disposto nos n.ᵒˢ 1, 2 e 4 do artigo 639.º-A.

2 — A acta de inquirição de testemunha efectuada ao abrigo do disposto no número anterior pode ser apresentada até ao encerramento da discussão em 1.ª instância.

(Aditado pelo Dec.-Lei n.º 183/2000, de 10/8).

Capítulo III — Da instrução do processo　**ART. 639.º**

Não há, entre nós, nenhuma espécie de experiência da radical inovação introduzida por este aditamento na nossa ordem jurídica. Apesar de o artigo se referir à inquirição de *uma* testemunha, nada impede que as partes, uma vez de acordo, *prescindam* da presença do juiz, ou do tribunal colectivo, fazendo, entre elas, a produção de toda a prova testemunhal, sem se exigir sequer, como acontece no direito anglo-saxónico, que os depoimentos sejam recolhidos na presença de um funcionário gozando de fé pública (p.e. um notário) que responderá pela exactidão da acta. Esta simples possibilidade de afastar completamente o princípio da imediação revela a temeridade da solução adoptada.

ARTIGO 639.º

(Depoimento apresentado por escrito)

1 — Quando se verificar impossibilidade ou grave dificuldade de comparência no tribunal, pode o juiz autorizar, havendo acordo das partes, que o depoimento da testemunha seja prestado através de documento escrito, datado e assinado pelo seu autor, do qual conste relação discriminada dos factos a que assistiu ou que verificou pessoalmente e das razões de ciência invocadas.

2 — Incorre nas penas cominadas para o crime de falso testemunho quem, pela forma constante do número anterior, prestar depoimento falso.

1. Este preceito, e os dois que imediatamente o seguem, constituem inovação da reforma processual de 95/96, com o propósito de consentirem a produção anómala da prova testemunhal em condições em que esta não podia seguir a sua forma normal.

Os arts. 639.º e 639.º-A inspiraram-se claramente na lei processual francesa, na parte em que trata *les attestations* (arts. 200.º a 203.º do *Nouveau Code de Procédure Civile*). O legislador português adoptou, e praticamente traduziu, a lei francesa sobre esta matéria. Trata-se de consentir que o depoimento sobre certos factos «a que a testemunha assistiu ou verificou pessoalmente», possam constar de uma *declaração escrita,* para a validade da qual a lei prescreve determinados requisitos. O art. 639.º-B vai um pouco mais longe ao permitir que «esclarecimentos indispensáveis à boa

— 151 —

ART. 639.º-A *Livro III, Título II — Do processo de declaração*

decisão da causa» possam ser prestados à distância, pelo telefone ou outro meio de comunicação directa com o tribunal, acompanhada de certas cautelas destinadas a assegurar a sua autenticidade. Uma exigência comum ao depoimento por escrito e à comunicação directa é a de que haja acordo das partes para a sua utilização.

2. O crime de falso testemunho é punido de harmonia com o disposto no art. 360.º, n.º 1 do Código Penal.

ARTIGO 639.º-A

(Requisitos de forma)

1 — O escrito a que se refere o artigo anterior mencionará todos os elementos de identificação do depoente, indicará se existe alguma relação de parentesco, afinidade, amizade ou dependência com as partes, ou qualquer interesse na acção.

2 — Deve ainda o depoente declarar expressamente que o escrito se destina a ser apresentado em juízo e que está consciente de que a falsidade das declarações dele constantes o fará incorrer em responsabilidade criminal.

3 — A assinatura deve mostrar-se reconhecida notarialmente, quando não for possível a exibição do respectivo documento de identificação.

4 — Quando o entenda necessário, pode o juiz, oficiosamente ou a requerimento das partes, determinar, sendo ainda possível, a renovação do depoimento na sua presença, caso em que a testemunha será notificada pelo tribunal, ou a prestação de quaisquer esclarecimentos que se revelem necessários, por escrito a que se aplica o disposto nos números anteriores.

(Redacção do Dec.-Lei n.º 183/2000, de 10/8).

1. Indica, nos n.ºs 1 a 3 os requisitos formais a que deve obedecer o depoimento apresentado por escrito a que se refere o art. 639.º. Os n.ºs 1 e 2 correspondem aos elementos habitualmente colhidos no interrogatório preliminar. O n.º 3 está de harmonia com o disposto no art. 2.º do Código do Notariado (Dec.-Lei n.º 178/95, de 14/8).

Capítulo III — Da instrução do processo **ART. 640.º**

2. O n.º 4 contém uma preciosa cautela, que, no que respeita ao juiz, também se prevê na lei francesa (Cód. Proc. Civ., art. 203.º). A concessão da iniciativa às partes nesse sentido é que pode praticamente inutilizar este meio de prova, pelo uso que desse requerimento fará sistematicamente a parte a quem o depoimento seja desfavorável.

ARTIGO 639.º-B

(Comunicação directa do tribunal com o depoente)

1 — Quando ocorra impossibilidade ou grave dificuldade de atempada comparência de quem deva depor na audiência, pode o juiz determinar, com o acordo das partes, que sejam prestados, através da utilização de telefone ou outro meio de comunicação directa do tribunal com o depoente, quaisquer esclarecimentos indispensáveis à boa decisão da causa, desde que a natureza dos factos a averiguar ou esclarecer se mostre compatível com a diligência.

2 — O tribunal deve assegurar-se, pelos meios possíveis, da autenticidade e plena liberdade da prestação do depoimento, designadamente determinando que o depoente seja acompanhado por oficial de justiça durante a prestação daquele e devendo ficar a constar da acta o seu teor e as circunstâncias em que foi colhido.

3 — É aplicável ao caso previsto neste artigo o disposto no artigo 635.º e na primeira parte do n.º 4 do artigo anterior.

ARTIGO 640.º

(Contradita)

A parte contra a qual for produzida a testemunha pode contraditá-la, alegando qualquer circunstância capaz de abalar a credibilidade do depoimento, quer por afectar a razão da ciência invocada pela testemunha, quer por diminuir a fé que ela possa merecer.

Só a parte contra quem a testemunha foi oferecida pode contraditá-la; é o que resulta da letra da lei e é, também, o que está

— 153 —

ART. 641.º *Livro III, Título II — Do processo de declaração*

de acordo com a natureza da contradita. Efectivamente desde que a parte oferece determinada pessoa como testemunha, está antecipadamente admitido que a considera digna de crédito; por isso, sendo a testemunha indicada por ambas as partes, nenhuma delas pode contraditá-la [78].

A contradita diz respeito à pessoa do depoente, isto é, visa a abalar o crédito das afirmações que produziu, em razão de uma circunstância que nele se verifica e que lhe não permite ter tido conhecimento dos factos tal como os relatou, ou que faz duvidar da imparcialidade desse relato. Estas considerações interessam por a lei não especificar os fundamentos que podem servir à contradita, e, assim, dever o tribunal apreciar, em cada caso, se os motivos invocados servem ao fim proposto.

ARTIGO 641.º

(Como se processa)

1 — A contradita é deduzida quando o depoimento termina.

2 — Se a contradita dever ser recebida, é ouvida a testemunha sobre a matéria alegada; quando esta não seja confessada, a parte pode comprová-la por documentos ou testemunhas, não podendo produzir mais de três testemunhas a cada facto.

3 — As testemunhas sobre a matéria da contradita têm de ser apresentadas e inquiridas imediatamente; os documentos podem ser oferecidos até ao momento em que deva ser proferida decisão sobre os factos da causa.

4 — É aplicável à contradita o disposto no n.º 3 do artigo 637.º.

---

[78] Parece que sendo o conhecimento do facto que serve de fundamento à contradita posterior ao oferecimento da testemunha, não haveria razão para recusar, à parte que a indicou, a faculdade de a revelar como suspeita; essa era, aliás, a doutrina da Ordenação, e a prática forense revela como é frequente, depois de indicada a testemunha, sofrer estas *pressões* da parte contrária, que a levam a modificar substancialmente, em prejuízo da verdade, o depoimento que estava, de início, disposta a prestar. Seria, talvez, conveniente, por isso, que sendo superveniente a razão da suspeição a legitimidade para deduzir a contradita fosse atribuída a qualquer das partes. A verdade, porém, é que nem a letra do preceito nem a história da sua elaboração permitem dar-lhe presentemente esse entendimento.

Capítulo III — Da instrução do processo   **ART. 642.º**

1. A contradita deve ser recebida quando as circunstâncias alegadas como seu fundamento sejam de molde a afectar a credibilidade do depoimento prestado; se o não forem, o tribunal deve, desde logo, rejeitá-la.

2. O código de 39 (art. 643.º, § 2.º) mandava escrever os fundamentos da contradita, as respostas da testemunha contraditada e os depoimentos produzidos sobre o incidente, quando a parte não prescindisse do recurso da decisão deste. Eliminou-se essa disposição, e muito bem, porque na contradita não há verdadeira decisão que possa ser impugnada em recurso autónomo. Produzida a prova o tribunal apreciará como entender as circunstâncias alegadas, a fim de melhor valorar a prova sem ter de emitir qualquer pronúncia a esse respeito. O incidente, portanto, só dá hoje lugar ao registo ou gravação quando a ele estiver sujeito o próprio depoimento a prestar na acção.

ARTIGO 642.º

(Acareação)

Se houver oposição directa, acerca de determinado facto, entre os depoimentos das testemunhas ou entre eles e o depoimento da parte, pode ter lugar, oficiosamente ou a requerimento de qualquer das partes, a acareação das pessoas em contradição.

Só a *oposição directa* acerca da narração de determinado facto justifica, e permite, que se realize a acareação. Este rigor parece excessivo, certo como é que a simples divergência pode lançar a dúvida sobre a prova, e ser conveniente que se esclareça, pelo confronto dos declarantes, que bem podem vir a fornecer uma explicação razoável para a discrepância notada. Cremos que a limitação imposta pela lei se inspirou no propósito de evitar que esta diligência pudesse vir a converter-se em expediente dilatório, mas os latos poderes conferidos hoje ao presidente do tribunal convencem de que essa cautela talvez fosse desnecessária.

Outro ponto a notar é o de que a oposição só justifica o pedido se disser respeito a matéria que influa no julgamento da causa.

A acareação pode ter lugar entre as testemunhas, ou entre estas e a parte; mas não pode haver acareação entre as partes.

ART. 644.º *Livro III, Título II — Do processo de declaração*

ARTIGO 643.º

(Como se processa)

1 — Estando as pessoas presentes, a acareação far-se-á imediatamente; não estando, será designado dia para a diligência.

2 — Se as testemunhas a acarear tiverem deposto por carta precatória no mesmo tribunal, é ao tribunal deprecado que incumbe realizar a diligência, salvo se o juiz da causa ordenar a comparência perante ele das pessoas que importa acarear, ponderado o sacrifício que a deslocação represente.

3 — Se os depoimentos deverem ser gravados ou registados, será registado, de igual modo, o resultado da acareação.

ARTIGO 644.º

(Abono das despesas e indemnização)

A testemunha que haja sido notificada para comparecer, resida ou não na sede do tribunal e tenha ou não prestado o depoimento, pode requerer, até ao encerramento da audiência, o pagamento das despesas de deslocação e a fixação de uma indemnização equitativa.

As testemunhas que tenham sido notificadas para comparecer, sejam ou não da sede do tribunal e tenham ou não deposto, têm direito a compensação monetária que compreende as despesas de deslocação e indemnização pelo tempo dispendido, *desde que a requeiram* até ao encerramento da audiência. As despesas de deslocação correspondem ao uso de um transporte normal. A indemnização é fixada pelo juiz com critério de razoabilidade, atendendo à situação económica das partes e da testemunha, ao tempo por esta dispendido e ao prejuízo que lhe causou a deslocação, tendo em conta o salário ou o rendimento que deixou de auferir. O pagamento é efectuado logo após a fixação do montante e adiantado por quem ofereceu a testemunha. Se a parte que ofereceu a testemunha for isenta ou dispensada do pagamento de custas, é o pagamento adiantado pelo Cofre Geral dos Tribunais (Cód. Custas Jud., art. 37.º). A importância adiantada pelo *Cofre*

— 156 —

Capítulo III — Da instrução do processo   **ART. 645.º**

entra em regra de custas, nos termos da alínea *a)* do n.º 1 do art. 32.º do Cód. Custas.

ARTIGO 645.º
(Inquirição por iniciativa do tribunal)

1 — Quando, no decurso da acção, haja razões para presumir que determinada pessoa, não oferecida como testemunha, tem conhecimento de factos importantes para a boa decisão da causa, deve o juiz ordenar que seja notificada para depor.

2 — O depoimento só se realizará depois de decorridos cinco dias, se alguma das partes requerer a fixação de prazo para a inquirição.

O n.º 1 deste preceito dispunha na sua versão original: «Quando se reconheça, pela inquirição, que determinada pessoa, não oferecida como testemunha, tem conhecimento de factos importantes para a decisão da causa, pode o tribunal ordenar que seja notificada para depor».

Face a esta redacção defendemos, em edições anteriores destas «Notas», que se tratava de uma faculdade atribuída ao juiz, sendo o poder assim conferido para ser usado discricionariamente, e portanto sem a censura dos tribunais superiores [79].

A última reforma processual (última em tempo, é claro) introduziu neste preceito modificações que obrigam a defender outro entendimento da norma. Efectivamente, onde anteriormente se escrevia *«pode* o juiz ordenar», passou a figurar a expressão *«deve* o juiz ordenar». Mudança, neste aspecto, radical. Substitui-se uma *faculdade* concedida ao juiz, por um poder-dever a que ele fica *vinculado*, sempre que se verifique a condição de que depende o seu exercício, isto é, sempre que haja razões para presumir que determinada pessoa, não oferecida como testemunha, tem conhecimento de factos importantes para a boa decisão da causa. A nosso ver não foi feliz a alteração. Está aberta a porta para o uso de muitos expedientes reprováveis, que subverterão as regras da produção da prova testemunhal. Mas pode ser que eu me engane.

---

[79] Era também a solução adoptada pelos nossos tribunais, como pode ver-se, entre outros, dos acórdãos do Supremo Tribunal de Justiça de 5 de Fevereiro de 1946 (*B.M.J.,* n.º 33, pág. 9), e de 21 de Outubro de 1988 (*B.M.J.,* n.º 380, pág. 444).

ART. 646.º *Livro III, Título II — Do processo de declaração*

CAPÍTULO IV

Da discussão e julgamento da causa

ARTIGO 646.º
(Intervenção e competência do tribunal colectivo)

1 — A discussão e julgamento da causa são feitos com intervenção do tribunal colectivo, se ambas as partes assim o tiverem requerido.

2 — Não é, porém, admissível a intervenção do colectivo:

a) **Nas acções não contestadas que tenham prosseguido em obediência ao disposto nas alíneas** *b), c)* **e** *d)* **do artigo 485.º;**

b) **Nas acções em que todas as provas, produzidas antes do início da audiência final, hajam sido registadas ou reduzidas a escrito;**

c) **Nas acções em que alguma das partes haja requerido, nos termos do artigo 522.º-B, a gravação da audiência final.**

3 — Se as questões de facto forem julgadas pelo juiz singular quando o devam ser pelo tribunal colectivo, é aplicável o disposto no n.º 4 do artigo 110.º.

4 — Têm-se por não escritas as respostas do tribunal colectivo sobre questões de direito e bem assim as dadas sobre factos que só possam ser provados por documentos ou que estejam plenamente provados, quer por documentos, quer por acordo ou confissão das partes.

5 — Quando não tenha lugar a intervenção do colectivo, o julgamento da matéria de facto e a prolação da sentença final incumbem ao juiz que a ele deveria presidir, se a sua intervenção tivesse tido lugar.

(Redacção dos Decs.-Lei n.ᵒˢ 375-A/99, de 20/7, e 183/2000, de 10/8).

1. O tribunal colectivo é *composto* por três juízes. Salvo disposição em contrário, nos tribunais de comarca, ainda que desdobrados em juízos de competência especializada, o tribunal é

— 158 —

Capítulo IV — Da discussão e julgamento da causa **ART. 646.º**

composto por dois juízes de círculo e pelo juiz do processo. Nas varas cíveis, nas varas criminais e nas varas com competência mista, o tribunal colectivo é constituído por juízes privativos. Nos restantes tribunais o Conselho Superior da Magistratura designa os juízes necessários à constituição do tribunal colectivo, devendo a designação, sempre que possível, recair em juízes privativos do tribunal (Lei n.º 3/99, de 13 de Janeiro, Lei da Org. Func. dos Trib. Jud., art. 105.º).

Compete ao tribunal colectivo, em matéria cível, julgar as questões de facto nas acções de valor superior à alçada dos tribunais da Relação e nos incidentes e execuções que sigam os termos do processo de declaração e excedam a referida alçada, sem prejuízo dos casos em que a lei de processo exclua a sua intervenção, e as questões de direito nas acções em que a lei de processo o determine [Cit. dipl., art. 106.º, alíneas *b)* e *c)*].

2. A simples leitura dos n.ᵒˢ 1 e 2 do preceito em anotação revela que o tribunal colectivo presentemente apenas intervem quando se verifiquem conjuntamente estes dois requisitos: ter sido requerida, *por ambas as partes,* a sua intervenção nas oportunidades previstas no art. 508.º-A, n.º 2, *c)*, e no art. 512.º, n.º 1, e não se constatar algum dos casos que, nos termos do n.º 2, a tornam inadmissível.

Não se verificando esses dois requisitos o julgamento da causa pertencerá ao juiz singular, com gravação da audiência final e dos depoimentos, informações e esclarecimentos nela prestados, quando o tribunal oficiosamente o determinar (art. 522.º-B).

A instrução, discussão e julgamento da causa em processo sumário pertencem *sempre* ao juiz singular (art. 791.º, n.º 1).

3. Este Código, na sua primitiva redacção, considerava que sendo as questões de facto julgadas pelo juiz singular quando deviam ser pelo tribunal colectivo, seria anulado o julgamento. Após a reforma processual de 95/96 a lei passou a considerar essa irregularidade como incompetência relativa, por se tratar de infracção de uma regra de competência fundada na forma do processo aplicável (arts. 108.º e 110.º, n.º 4). Mas o resultado da verificação da irregularidade será sempre o mesmo: a anulação do julgamento. O interesse da remissão que é feita pelo n.º 3 do artigo anotando, está em a questão poder ser suscitada pelas partes ou conhecida oficiosamente até ao encerramento da audiência de

ART. 647.º *Livro III, Título II — Do processo de declaração*

discussão e julgamento; finda esta, sem arguição, considera-se sanada a falta.

4. O problema de como fazer, na aplicação da lei, a distinção entre «facto» e «direito» é uma *vexata quaestio* do direito processual, que tem dado lugar a uma extensissima bibliografia [80]. A distinção tem, no direito processual civil, grande aplicação, quer na apreciação e julgamento da matéria de facto, quer na dilimitação da competência do Supremo Tribunal em recurso de revista.

Cremos que a maneira prática de fazer a distinção será esta: se para responder à questão posta for necessário recorrer a um conceito jurídico-normativo, essa questão será de «direito»; se, pelo contrário, a questão que se puser admitir uma apreciação e conhecimento directo, sem recurso a qualquer conceito de direito, essa questão, reduzida assim à sua ocorrência material, será questão meramente «de facto».

5. Se a questão for, simultaneamente, de facto e de direito, a sanção do n.º 4 só abrangerá a parte da resposta que se refira à questão de direito.

ARTIGO 647.º

(Designação de julgamento nas acções de indemnização)

1 — Nas acções de indemnização fundadas em responsabilidade civil, se a duração do exame para a determinação dos danos se prolongar por mais de três meses, pode o juiz, a requerimento do autor, determinar a realização da audiência, sem prejuízo do disposto no n.º 2 do artigo 661.º.

2 — A designação da audiência, nos termos do número anterior, não prejudica a realização do exame, a cujo relatório se atenderá na liquidação em execução de sentença que venha a ter lugar.

Nas acções de indemnização fundada em responsabilidade civil (designadamente as consequentes a acidentes de viação) é muito

---

[80] Ver, por todos, entre nós, António Castanheira Neves, *Questão-de-facto — Questão de Direito ou O Problema Metodológico da Juridicidade*, Coimbra, 1967.

Capítulo IV — Da discussão e julgamento da causa **ART. 648.º**

frequente acontecer que seja demorado o apuramento de todas as consequências do facto danoso, especialmente pela ocorrência de lesões cujo processo de cura leva muito tempo a verificar-se, ou deixa permanente incapacidade no lesado. Nesses casos, se se aguardasse esse exame final para julgar a causa, o ofendido veria retardar-se, por tempo incalculável, o reconhecimento do seu direito e o ressarcimento dos danos já verificados; isso levou o legislador, no preceito em análise, a, de harmonia com o disposto no n.º 2 do art. 661.º, mandar fazer, em tal caso, o julgamento imediato, com prolação de condenação específica na medida em que a extensão dos danos for já conhecida, e genérica na restante parte.

ARTIGO 648.º

(Vista aos juízes adjuntos)

Antes da discussão o processo vai com vista, por cinco dias, a cada um dos juízes adjuntos, salvo se o juiz da causa o julgar dispensável em atenção à simplicidade da causa.

1. No código de 1939, antes de ser designado dia para audiência de discussão e julgamento, estava prevista a concessão de prazo para exame do processo aos advogados das partes (art. 649.º daquele diploma), disposição que resultara directamente de proposta do Ministro Manuel Rodrigues [81]. No código de 1961 manteve-se esse exame, embora dependente de requerimento do interessado. Já então Lopes Cardoso propuzera a supressão dele, fundado na sua inutilidade, uma vez que, em seu entender, os advogados cuidadosos teriam já, nesse momento, um conhecimento seguro do que se passava no processo, mas a Comissão, por maioria, votou a sua manutenção [82]. Foi a reforma de 95/96 que acabou com esse exame que, entretanto, caíra em desuso.

2. Hoje, a marcação das audiências de discussão e julgamento não pode ser feita com uma antecedência superior a três meses, e para cada dia só podem ser marcadas as audiências que efec-

---

[81] Acta n.º 25, sessão de 14 de Dezembro de 1937.
[82] Projectos de revisão, III, 174.

ART. 650.º *Livro III, Título II — Do processo de declaração*

tivamente o tribunal tenha disponibilidade de realizar (arts. 1.º a 3.º do Dec.-Lei n.º 184/2000, de 10/8).

ARTIGO 649.º

(Requisição ou designação de técnico)

1 — Quando a matéria de facto suscite dificuldades de natureza técnica cuja solução dependa de conhecimentos especiais que o tribunal não possua, pode o juiz designar pessoa competente que assista à audiência final e aí preste os esclarecimentos necessários, bem como, em qualquer estado da causa, requisitar os pareceres técnicos indispensáveis ao apuramento da verdade dos factos.

2 — Ao técnico podem ser opostos os impedimentos e recusas que é possível opor aos peritos. A designação será feita, em regra, no despacho que marcar o dia para a audiência.

Ao técnico são pagas adiantadamente as despesas de deslocação.

Submeteu-se o técnico ao regime dos impedimentos e recusa que é possível opor aos peritos (art. 571.º) sendo desse modo que se regulará o pedido de escusa.

ARTIGO 650.º

(Poderes do presidente)

1 — O presidente do tribunal goza de todos os poderes necessários para tornar útil e breve a discussão e para assegurar a justa decisão da causa.

2 — Ao presidente compete em especial:

a) **Dirigir os trabalhos;**

b) **Manter a ordem e fazer respeitar as instituições vigentes, as leis e o tribunal;**

c) **Tomar as providências necessárias para que a causa se discuta com elevação e serenidade;**

d) **Exortar os advogados e o Ministério Público a que abreviem os seus requerimentos e alegações, quando**

Capítulo IV — Da discussão e julgamento da causa **ART. 650.º**

sejam manifestamente excessivos, e a que se cinjam à matéria da causa, e retirar-lhes a palavra quando não sejam atendidas as suas exortações;

e) Significar aos advogados e ao Ministério Público a necessidade de esclarecerem pontos obscuros ou duvidosos;

f) Providenciar até ao encerramento da discussão pela ampliação da base instrutória da causa, nos termos do disposto no artigo 264.º.

3 — Se for ampliada a base instrutória, nos termos da alínea *f)* do número anterior, podem as partes indicar as respectivas provas, respeitando os limites estabelecidos para a prova testemunhal; as provas são requeridas imediatamente ou, não sendo possível a indicação imediata, no prazo de 10 dias.

4 — A audiência é suspensa antes dos debates quando as provas a que se refere o número anterior não puderem ser logo requeridas e produzidas.

5 — É aplicável às reclamações deduzidas quanto à ampliação da base instrutória o disposto nos n.ᵒˢ 2 e 3 do artigo 511.º.

Entre os poderes que a lei atribui ao presidente do tribunal avulta o de providenciar até ao encerramento da discussão pela ampliação da base instrutória (art. 511.º).

Que limites deve observar essa ampliação?

Em princípio o juiz, ao seleccionar a matéria de facto, só pode ter em vista os factos alegados pelas partes, sem prejuízo dos que não carecem de alegação (art. 514.º) ou que revelem uso anormal do processo (art. 665.º).

Já em anotação ao art. 264.º distinguimos entre factos *essenciais* (aqueles que constituem os elementos típicos do direito que se pretende fazer actuar em juízo), factos *complementares* (aqueles que, de harmonia com a lei, lhes dão a eficácia jurídica necessária para fazer essa actuação) e os factos *instrumentais* (aqueles que sem fazerem directamente a prova dos factos principais, servem indirectamente a prová-los). Face a esta classificação podemos dizer que, em princípio, só poderão fazer parte da ampliação da base instrutória os *factos essenciais* que tiverem sido alegados

ART. 651.º *Livro III, Título II — Do processo de declaração*

pelas partes nos articulados, mas que excepcionalmente poderão fazer parte dela os factos que sejam complemento ou concretização de factos essenciais que tenham sido oportunamente alegados, desde que tenham resultado da instrução e discussão da causa, e ainda os factos instrumentais que tenham a mesma origem

ARTIGO 651.º

(Causas de adiamento da audiência)

1 — Feita a chamada das pessoas que tenham sido convocadas, a audiência é aberta, só sendo adiada:

a) **Se não for possível constituir o tribunal colectivo e nenhuma das partes prescindir do julgamento pelo mesmo;**

b) **Se for oferecido documento que não tenha sido oferecido anteriormente e que a parte contrária não possa examinar no próprio acto, mesmo com suspensão dos trabalhos por algum tempo, e o tribunal entenda que há grave inconveniente em que a audiência prossiga sem resposta sobre o documento oferecido;**

c) **Se o juiz não tiver providenciado pela marcação mediante acordo prévio com os mandatários judiciais, nos termos do artigo 155.º, e faltar algum dos advogados;**

d) **Se faltar algum dos advogados que tenha comunicado a impossibilidade da sua comparência, nos termos do n.º 5 do artigo 155.º.**

2 — No caso previsto na alínea *a)* do número anterior, se for impossível constituir o tribunal colectivo e alguma das partes tiver prescindido da sua intervenção, qualquer das partes pode requerer a gravação da audiência logo após a abertura da mesma.

3 — Não é admissível o acordo das partes, nem pode adiar-se a audiência por mais do que uma vez, excepto no caso previsto na alínea *a)* do número anterior.

4 — Não se verificando o circunstancialismo previsto na parte final da alínea *b)* do n.º 1, a audiência deve iniciar-se com a produção das provas que puderem de imediato produzir-se, sendo interrompida antes de ini-

Capítulo IV — Da discussão e julgamento da causa **ART. 651.º**

ciados os debates, designando-se logo dia para continuar decorrido o tempo necessário para exame do documento, interrupção essa que não pode ir além dos 10 dias.

5 — Na falta de advogado fora dos casos previstos nas alíneas *c)* e *d)* do n.º 1, procede-se à gravação dos depoimentos das testemunhas presentes, podendo o advogado faltoso requerer, após a audição do registo do depoimento, nova inquirição, excepto se a sua falta for julgada injustificada, ou se tendo havido marcação da audiência por acordo, não tenha sido dado cumprimento ao disposto no n.º 5 do artigo 155.º.

6 — A falta de qualquer pessoa que deva comparecer será justificada na própria audiência ou nos cinco dias imediatos, salvo tratando-se de pessoa de cuja audição prescinda a parte que a indicou.

7 — A falta de alguma ou de ambas as partes que tenham sido convocadas para a tentativa de conciliação não é motivo de adiamento, mesmo que não se tenham feito representar por advogado com poderes especiais para transigir.

(Redacção do Dec.-Lei n.º 183/2000, de 10/8).

1. O preceito, na sua actual redacção, faz mais uma tentativa para evitar o adiamento das audiências de julgamento, que considera causa principal da demora na conclusão dos processos cíveis. É inegável que tem havido alguns abusos nesta matéria. Num pleito há sempre uma parte que não tem razão, e essa será naturalmente tentada a retardar o reconhecimento da realidade que lhe é adversa. Isto porém, não pode levar o legislador a esquecer que a maior parte das regras processuais de que se serve o contumaz na demora e no atraso, são as mesmas normas que asseguram a qualquer litigante de boa fé a oportunidade de obter a realização do direito que lhe assiste. É forçoso evitar que o triunfo da celeridade se traduza na preterição da justiça. Segundo me parece, começamos a razar a beira desse precipício.

2. São fundamentalmente três as possíveis causas de adiamento da audiência; *a)* impossibilidade de *constituir o tribunal* colectivo; *b)* oferecimento de *documento* que sirva ao jul-

ART. 652.º *Livro III, Título II — Do processo de declaração*

gamento da causa; *c) falta*, em certas circunstâncias, do *mandatário judicial*.

No caso da alínea *a)* não se verificará o adiamento se alguma das partes prescindir da intervenção do colectivo, quando tiver requerido a sua intervenção, caso em que poderá requerer a gravação da audiência.

No caso da alínea *b)* o adiamento depende, além de a parte não prescindir do prazo de dez dias para exame do documento, de o tribunal entender que há grave inconveniente no prosseguimento da audiência sem se obter resposta da parte adversa ao apresentante.

No caso da alínea *c)* só haverá adiamento da audiência por falta de advogado quando o tribunal não houver diligenciado a marcação por acordo, nos termos previstos no art. 155.º, ou se, tendo havido tentativa de marcação por acordo, o faltoso não tiver cumprido o dever de comunicar atempadamente a sua impossibilidade de comparecer.

Mesmo nos casos das alíneas *b)* e *c)* o adiamento da audiência não obstará a que se pratiquem os actos previstos nos n.ºs 4 e 5.

A falta de comparência das testemunhas não é hoje motivo de adiamento da audiência. As consequências da falta de comparecimento da testemunha estão reguladas nos arts. 629.º e 630.º.

A impossibilidade para qualquer das partes de comparecer no tribunal para prestar depoimento está regulada no art. 557.º, devendo concluir-se, da forma terminante como está redigido o preceito em anotação, que essa falta não é motivo para adiamento do julgamento.

ARTIGO 652.º

**(Tentativa de conciliação e discussão
da matéria de facto)**

1 — Não havendo razões de adiamento, realizar-se-á a discussão da causa.

2 — O presidente procurará conciliar as partes, se a causa estiver no âmbito do seu poder de disposição.

3 — Em seguida, realizar-se-ão os seguintes actos, se a eles houver lugar:

a) Prestação dos depoimentos de parte;

b) Exibição de reproduções cinematográficas ou de registos fonográficos, podendo o presidente determinar

Capítulo IV — Da discussão e julgamento da causa **ART. 652.º**

que ela se faça apenas com assistência das partes, dos seus advogados e das pessoas cuja presença se mostre conveniente;

c) Esclarecimentos verbais dos peritos cuja comparência tenha sido determinada oficiosamente ou a requerimento das partes;

d) Inquirição das testemunhas;

e) Debates sobre a matéria de facto, nos quais cada advogado pode replicar uma vez.

4 — Se houver de ser prestado algum depoimento fora do tribunal, a audiência será interrompida antes dos debates, e os juízes e advogados deslocar-se-ão para o tomar, imediatamente ou no dia e hora que o presidente designar; prestado o depoimento, a audiência continua no tribunal.

5 — Nos debates, os advogados procurarão fixar os factos que devem considerar-se provados e aqueles que o não foram; o advogado pode ser interrompido por qualquer dos juízes ou pelo advogado da parte contrária, mas neste caso só com o seu consentimento e o do presidente, devendo a interrupção ter sempre por fim o esclarecimento ou rectificação de qualquer afirmação.

6 — O tribunal pode em qualquer momento, antes dos debates, durante eles ou depois de findos, ouvir o técnico designado.

7 — O presidente pode, nos casos em que tal se justifique, alterar a ordem de produção de prova referida no n.º 3.

1. O n.º 1 deste preceito declara aberta a fase processual da discussão da causa, que se inicia com a tentativa da conciliação das partes.

Na redacção primitiva deste Código o preceito continha um n.º 2 prevendo a apresentação por cada um dos advogados das partes dos fundamentos das suas posições quer quanto à matéria de facto, quer quanto à matéria de direito. Era a *exposição preliminar,* assim designada por Alberto dos Reis, com que o Código de 1939 substituira a hipnótica leitura dos articulados e dos documentos do processo, que o Código de 1876 mandava fazer no

ART. 652.º *Livro III, Título II — Do processo de declaração*

começo da audiência. Entretanto — talvez porque a discussão jurídica da causa deixou de fazer-se nesta audiência — a exigência caiu em desuso por parte dos mandatários judiciais, e a chamada «reforma intercalar», operada pelo Dec.-Lei n.º 242/85, de 9 de Julho, pôs-lhe termo, substituindo essa exposição pela tentativa de conciliação das partes [83].

2. A prestação dos depoimentos de parte segue os termos dos arts. 552.º a 563.º.

A exibição a que se refere a alínea *b)* do n.º 2 não diz respeito a elementos cinematográficos ou fonográficos colhidos em juízo, mas sim a reproduções apresentadas como meio de prova.

Os esclarecimentos pedidos aos peritos no acto da audiência não se confundem os que forem solicitados no decurso ou no final da diligência, como dispõem os arts. 582.º, n.º 4 e 587.º, e se deduz do preceituado pelo art. 588.º.

A inquirição das testemunhas segue os termos dos arts. 616.º a 645.º.

3. A mais importante modificação introduzida nesta matéria pela reforma de 61, que deu origem ao novo Código, foi a de restringir expressamente à matéria de facto a discussão oral prevista no n.º 5.

Essa modificação vem assim justificada nas observações que acompanharam a publicação do Projecto após a sua 1.ª revisão ministerial: «Tanto na organização do questionário, como nas respostas do colectivo se nota frequentes vezes uma inequívoca confusão da matéria de facto com os puros aspectos jurídicos da causa.

Trata-se de um defeito grave, que não só prejudica a divisão de funções que a lei pretendeu estabelecer entre o colectivo e o juiz incumbido de sentenciar, como pode afectar decisivamente a correcta interpretação e aplicação da lei substantiva.

---

[83] Há quem considere que o n.º 1 deste art. 652.º, ao referir-se à «discussão da causa», ressuscitaria a velha exposição preliminar (M. Teixeira de Sousa, *Estudos sobre o novo Processo Civil*, 2.ª ed., pág. 342). Mas não é assim. O propósito claro do legislador foi o de pôr termo a esse normativo. A págs. 56 das suas «Notas Práticas» àquele diploma legal, Cardona Ferreira, membro da respectiva «Comissão Revisora», escreveu: «Substituiu-se a fase preliminar, aliás de rara observância, segundo a qual poderia haver exposições iniciais das partes, por tentativa de conciliação, na medida da disponibilidade dos direitos...»

— 168 —

Capítulo IV — Da discussão e julgamento da causa **ART. 653.º**

Ora, a simples circunstância de a lei prescrever que, logo nesta discussão anterior à decisão do colectivo, os advogados, além da fixação dos factos que devessem considerar-se apurados, versassem também o aspecto jurídico da causa, «interpretando e aplicando a lei aos factos que devam reputar-se provados», devia contribuir em larga medida para esta confusão de conceitos, nomeadamente para a que em muitos casos se reflectia nas respostas do Colectivo. E é possível que indirectamente haja contribuído ainda para um defeito que, embora não generalizado, não deixa de ser a cada passo assacado ao colectivo: o de este, através das respostas dadas à matéria de facto, se desviar dos resultados da prova produzida apenas para impor ou facilitar determinada solução jurídica da causa na sentença final.

A fim de eliminar esta fonte de perturbação e até de suspeição sobre o funcionamento do colectivo, é que expressamente se separam a discussão da matéria de facto da discussão sobre o tratamento jurídico a dar aos factos apurados.

Esta só se faz — e então em condições de pleno rendimento — depois de o Colectivo dar as suas respostas ao questionário. E como nesta parte da discussão da causa as vantagens da oralidade já não compensam os seus defeitos, estabelece-se como regra o regime da discussão escrita» [84].

ARTIGO 653.º

(Julgamento da matéria de facto)

1 — Encerrada a discussão, o tribunal recolhe à sala das conferências para decidir; se não se julgar suficientemente esclarecido, pode voltar à sala da audiência, ouvir as pessoas que entender e ordenar mesmo as diligências necessárias.

2 — A matéria de facto é decidida por meio de acórdão ou despacho, se o julgamento incumbir a juiz singular; a decisão proferida declarará quais os factos que o tribunal julga provados e quais os que julga não provados, analisando criticamente as provas e especificando os fundamentos que foram decisivos para a convicção do julgador.

---

[84] No *B.M.J.*, n.º 123, pág. 111.

ART. 653.º *Livro III, Título II — Do processo de declaração*

3 — A decisão do colectivo é tomada por maioria e o acórdão é lavrado pelo presidente, podendo ele, bem como qualquer dos outros juízes, assinar vencido quanto a qualquer ponto da decisão ou formular declaração divergente quanto à fundamentação.

4 — Voltando os juízes à sala da audiência, o presidente procede à leitura do acórdão que, em seguida, facultará para exame a cada um dos advogados, pelo tempo que se revelar necessário para uma apreciação ponderada, tendo em conta a complexidade da causa; feito o exame, qualquer deles pode reclamar contra a deficiência, obscuridade ou contradição da decisão ou contra a falta da sua motivação; apresentadas as reclamações, o tribunal reunirá de novo para se pronunciar sobre elas, não sendo admitidas novas reclamações contra a decisão que proferir.

5 — Decididas as reclamações, ou não as tendo havido, as partes podem acordar na discussão oral do aspecto jurídico da causa; nesse caso, a discussão realiza-se logo perante o juiz a quem caiba lavrar a sentença final, observando-se quanto aos seus termos o que o artigo anterior dispõe sobre a discussão da matéria de facto, procurando os advogados interpretar e aplicar a lei aos factos que tenham ficado assentes.

1. No código de 39 era depois de encerrada a discussão que se permitia ao presidente formular quesitos novos. O código actual mantendo a faculdade de o juiz providenciar pela ampliação da base instrutória da causa, transferiu essa regra para a alínea *f)* do n.º 2 do art. 650.º, deixando claro que a ampliação pode ser feita até ao encerramento da discussão.

2. O n.º 2 deste preceito contém uma das principais inovações do Código de 1961: a da obrigatoriedade de *motivação* nas respostas do tribunal colectivo [85].

---

[85] Gonçalves Salvador, *Motivação,* no *Bol. Min. Just.,* 121.º-85; *Just. Port.,* 29.º-49; Oliveira Matos, na *Just. Port.,* 31.º-97.

Capítulo IV — Da discussão e julgamento da causa **ART. 653.º**

O Ministro Antunes Varela, na conferência proferida no Palácio de Justiça do Porto, em 30 de Outubro de 1961 [86] reproduzindo o que já se escrevera em observação ao correspondente artigo do Projecto [87] dá estas razões da adopção da medida: «Há quem considere a solução impraticável, pela verdadeira impossibilidade em que o julgador muitas vezes se encontra de precisar, com rigor, as razões que a propósito de uma ou outra questão influíram decisivamente na sua convicção; mas à objecção talvez baste por agora replicar que a melhor prova da praticabilidade do sistema está no simples facto de ele funcionar efectivamente, quer na Alemanha quanto ao processo civil, quer pelos vistos na Polónia e na Jugoslávia quanto ao processo penal.

Outros afirmam que, não permitindo o Código, como de facto não admite, uma revisão ampla das decisões do colectivo (sobre a matéria de facto) pelo tribunal da segunda instância, a motivação é praticamente inútil, sem deixar de ser inconveniente.

Mas a essa consideração é fácil responder, como inteligentemente observou já o Dr. Eduardo Correia, que a necessidade de motivação não interessa apenas para efeitos de recurso da decisão do colectivo.

Sendo obrigado por lei a fundamentar a sua resposta aos quesitos, o julgador é naturalmente estimulado a seguir com maior atenção toda a prova produzida, a tomar as suas notas ou apontamentos à medida que a instrução vai decorrendo, a conferir mais atentamente os vários depoimentos, a reforçar a análise crítica da razão de ciência invocada por cada testemunha, a seleccionar e a apurar com maior cuidado os motivos da sua própria convicção, a sobrepor aos puros impulsos desordenados, momentâneos, tantas vezes ilusórios da mera intuição a análise serena, minuciosa, esclarecida que só a razão pode controlar eficazmente».

O preceito fala actualmente em análise crítica das provas; não creio que se tenha querido transferir para ali o «exame crítico das provas» que o juiz ter de fazer ao elaborar a sentença, com os factos já devidamente apurados; na fase das respostas o que deve e pode exigir-se do julgador é a explicação das razões que objectivamente o determinaram a ter ou não por averiguado determinado facto. Essa alteração formal teve talvez em vista condenar a prática, que

---

[86] *Bol. Min. Just.,* 110.º-29.
[87] *Bol. Min. Just.,* 123.º-113.

ART. 653.º *Livro III, Título II — Do processo de declaração*

se vinha generalizando, de indicar, como motivação das respostas, os depoimentos prestados e as outras provas produzidas. Isso, porém, é iludir o propósito da lei. É claro que qualquer opinião, que o juiz tenha formado, o foi perante as provas produzidas sobre determinada matéria, ou, em certos casos, perante a sua ausência. O que se pretende saber é como foi formada essa convicção, as razões em concreto que a determinaram. Já noutro lugar [88] expressei a minha opinião sobre esta matéria. Vamo-nos repetir. Quando o juiz decide que certo facto está provado é porque foi levada esta conclusão por um raciocínio lógico, que tem de ter, na sua base, elementos probatórios produzidos. O que se determina nesta disposição é que o juiz revele essa motivação, de modo a esclarecer o processo racional que o levou à convicção expressa na resposta. Fazendo-o o juiz executa como que um controlo desse processo racional, e fica ele próprio defendido do perigo de expressar, como convicção formada, aquilo que pode não ter sido mais de que uma impressão pessoal de como *deveriam ter ocorrido os factos*. Justificando a resposta, o juiz, que julga com liberdade, demonstra que julga também com consciência.

3. Resolveu-se, no sentido da admissão do voto de vencido no acórdão do tribunal colectivo, uma questão que vinha já dos trabalhos preparatórios do código anterior. Contra a declaração de voto aduzia-se que esta tira força e prestígio à decisão e perturba, sem utilidade, o julgamento nos tribunais superiores, pela dúvida que suscita quanto à maneira como o tribunal recorrido apreciou a prova; em favor da solução contrária argumentava-se constituir uma violência à consciência do magistrado obrigá-lo a subscrever aquilo com que não concorda [89]. Estas posições equivalem-se. Foi, por isso, «sem grande convicção» que se admitiu neste diploma a alteração proposta, no sentido da admissibilidade do voto [90].

É muito rara a divergência dos julgadores em matéria de facto; tão rara como é frequente a discordância em matéria de direito. E percebe-se porquê. Cada um dos juízes do tribunal colectivo tem, para responder à matéria de facto, exactamente os mesmos elementos que têm os outros. A divergência manifestada só pode

---

[88] *Das Relações Jurídicas,* t. V, pág. 243.
[89] Acta n.º 26, sessão de 10-1-1938, n.º 8.
[90] *Bol. Min. Just.,* 123.º-115.

— 172 —

Capítulo IV — Da discussão e julgamento da causa **ART. 654.º**

recair no modo como os discordantes estão a interpretar algum ou alguns desses elementos. Ora, é exactamente para essa circunstância que o n.º 1 do artigo em anotação permite ao tribunal, mesmo depois de encerrada a discussão, voltar à sala de audiências, para ouvir as pessoas que entender e ordenar as diligências que julgue necessárias ([91]).

4. O acórdão contendo a decisão da matéria de facto será facultado, em cópia naturalmente, aos mandatários das partes, para seu exame em prazo razoável que o presidente fixará em atenção à complexidade da causa. Terminado esse exame qualquer das partes poderá reclamar das respostas, mas *apenas* quando estas padecerem de deficiência, obscuridade ou contradição, ou não tiver sido devidamente exposta a sua motivação.

A resposta será *deficiente* quando for incompleta, isto é, quando não abranger a totalidade da pergunta; será *obscura* quando admitir várias interpretações, de modo a que dela se possam extrair diversos entendimentos; será *contraditória* com outra quando ambas façam afirmações inconciliáveis entre si, de modo que a veracidade de uma exclua a veracidade da outra.

A possibilidade de a Relação anular a decisão da 1.ª instância quando refute deficiente, obscura ou contraditória a decisão sobre pontos determinados da matéria de facto e não constarem do processo todos os elementos probatórios que permitam a reapreciação da matéria de facto, vem tratada no n.º 4 do art. 712.º.

ARTIGO 654.º

(Princípio da plenitude da assistência dos juízes)

1 — Só podem intervir na decisão da matéria de facto os juízes que tenham assistido a todos os actos de instrução e discussão praticados na audiência final.

([91]) Em toda a minha presidência de tribunais colectivos apenas uma vez sucedeu haver discordância, entre os juízes adjuntos, em matéria de facto, mas a reinquirição de duas testemunhas e as explicações prestadas por um dos peritos permitiu a decisão por unanimidade. Vale a pena insistir neste sentido; a maior parte das pessoas não compreende que do mesmo acontecimento possam apurar-se versões contrárias. Ora, como diziam os praxistas, a sentença deve, além de vencer, *convencer* as partes.

ART. 654.º *Livro III, Título II — Do processo de declaração*

2 — Se durante a discussão e julgamento falecer ou se impossibilitar permanentemente algum dos juízes, repetir-se-ão os actos já praticados; sendo temporária a impossibilidade, interromper-se-á a audiência pelo tempo indispensável, a não ser que as circunstâncias aconselhem, de preferência, a repetição dos actos já praticados, o que será decidido sem recurso, mas em despacho fundamentado, pelo juiz que deva presidir à continuação da audiência ou à nova audiência.

3 — O juiz que for transferido, promovido ou aposentado concluirá o julgamento, excepto se a aposentação tiver por fundamento a incapacidade física, moral ou profissional para o exercício do cargo ou se, em qualquer dos casos, também for preferível a repetição dos actos já praticados, observado o disposto no número anterior.

O juiz substituto continuará a intervir, não obstante o regresso ao serviço do juiz efectivo.

1. Nos casos de transferência, promoção ou aposentação, se esta se não fundar em incapacidade física, moral ou profissional, a regra será a de continuar o julgamento com o juiz que o iniciou; esta regra, que era absoluta no código de 39, passou, no actual diploma, a admitir a excepção de se repetirem os actos já praticados, à semelhança do que se prevê no n.º 2, quando isso se julgar preferível. «Efectivamente — escreveu-se no relatório do Projecto — esses actos podem ter sido de importância tão pequena que não justifique a exigência de intervenção do juiz deslocado» ([92]). Foi esse o critério que presidiu à modificação.

2. O n.º 3 não abrange o caso de o julgamento se repetir para ampliação da matéria de facto; nessa hipótese trata-se de *novo julgamento* em que devem intervir os juízes que no momento da sua realização integrarem o tribunal colectivo competente ([93]), e não necessariamente os que intervieram na anterior decisão.

([92]) *Projectos de Revisão*, III, 179.
([93]) Neste sentido: o ac. do S.T.J., de 16/3/99, na Col./S.T.J., ano VII, t. I, pág. 170.

Capítulo IV — Da discussão e julgamento da causa **ART. 656.º**

ARTIGO 655.º

(Liberdade de julgamento)

1 — O tribunal colectivo aprecia livremente as provas, decidindo os juízes segundo a sua prudente convicção acerca de cada facto.

2 — Mas quando a lei exija, para a existência ou prova do facto jurídico, qualquer formalidade especial, não pode esta ser dispensada.

Ao regular a apreciação da prova, o legislador pode ter em conta um dos seguintes sistemas: *a)* o da prova *positiva* ou *legal*; *b)* o da *livre apreciação* ou *íntimo convencimento*; *c)* o da *convicção racional*.

É este último o adoptado com prevalência, pela nossa lei de processo.

Tal sistema combina harmonicamente os dois anteriores, na medida em que, outorgando ao juiz o livre exame das provas, supõe no entanto que estas sejam as estabelecidas por lei, limita, em certos casos, o seu valor, e manda que o julgador motive a sua decisão.

Neste regime, pois, se o juiz não procede como um autómato, na aplicação de critérios legais apriorísticos de valoração, também lhe não é permitido julgar só pela *impressão* que as provas oferecidas pelos litigantes produziram no seu espírito, antes se lhe exige que julgue conforme a *convicção* que aquela prova determinou, e cujo carácter racional se expressará na correspondente motivação.

O n.º 2 do preceito conserva uma aplicação do sistema da prova positiva ou legal; é *excepção* à *regra* do n.º 1.

ARTIGO 656.º

(Publicidade e continuidade da audiência)

1 — A audiência é pública, salvo quando o tribunal decidir o contrário, em despacho fundamentado, para salvaguarda da dignidade das pessoas e da moral pública, ou para garantir o seu normal funcionamento.

2 — A audiência é contínua, só podendo ser interrompida por motivos de força maior, por absoluta necessidade ou nos casos previstos no n.º 4 do artigo 650.º, no n.º 3 do artigo 651.º e no n.º 2 do artigo 654.º. Se não for

— 175 —

ART. 656.º *Livro III, Título II — Do processo de declaração*

possível concluí-la num dia, o presidente marcará a continuação para o dia imediato, se não for domingo ou feriado, mas ainda que compreendido em férias, e assim sucessivamente.

3 — Os julgamentos já marcados para os dias em que a audiência houver de continuar são transferidos de modo que o tribunal, salvo motivo ponderoso, não inicie outra sem terminar a audiência iniciada.

4 — As pessoas que tenham sido ouvidas não podem ausentar-se sem autorização do presidente, que a não concederá quando haja oposição dos juízes-adjuntos ou das partes.

1. Em princípio a audiência final é pública. Só não o será quando o tribunal, *em despacho fundamentado* determinar o contrário, com uma triplice finalidade: a de assegurar o seu normal funcionamento ou salvaguardar a dignidade das pessoas ou a moral pública. Esta decisão não é passível de recurso. Esta regra da publicidade da audiência é uma aplicação do princípio da publicidade do processo civil, afirmado, em termos genéricos, pelo art. 167.º. As excepções são, por sua vez, repetição do disposto no art. 206.º da Const. Rep..

2. Os n.ᵒˢ 2 e 3 referem-se ao princípio da continuidade da audiência, princípio intimamente ligado ao da oralidade e ao da imediação. Em justificação do preceito escrevia-se em relação ao texto primitivo:

«De pleno acordo com a proposta do relator e da própria Comissão, reforça-se o princípio da continuidade da audiência, que a cada passo se vê lamentavelmente postergado com inteiro prejuízo da vantagens que se pretende tirar do sistema da oralidade da instrução. Manda-se expressamente — nos termos categóricos propostos pelo relator — adiar os julgamentos já marcados para os dias em que a audiência entretanto iniciada haja de prosseguir. Às inspecções judiciais incumbe agora fiscalizar o exacto cumprimento desta regra, sem cuja observância se perdem os maiores benefícios que a oralidade e a consequente concentração do processo podem produzir».

A infracção da regra ali estabelecida, constituindo embora incumprimento de dever profissional, não integra a figura da nulidade de processo prevista no art. 201.º, por não constituir

— 176 —

Capítulo V — Da sentença **ART. 658.º**

omissão de acto ou formalidade que a lei prescreva. A sanção para a falta inscreve-se, portanto, no âmbito disciplinar. A não ser assim, de resto, o litigante, vencedor após longas demoras, veria ainda o processo anulado em nome de uma celeridade que actuaria em sentido inverso.

ARTIGO 657.º

(Discussão do aspecto jurídico da causa)

Se as partes não prescindirem da discussão por escrito do aspecto jurídico da causa, a secretaria, uma vez concluído o julgamento da matéria de facto, facultará o processo para exame ao advogado do autor e depois ao do réu, pelo prazo de dez dias a cada um deles, a fim de alegarem por escrito, interpretando e aplicando a lei aos factos que tiverem ficado assentes.

Se as partes não tiverem acordado na discussão oral do aspecto jurídico da causa (art. 653.º, n.º 5), e não prescindirem da discussão, por escrito, dele, o processo será facultado para exame e alegações, por dez dias aos advogados das partes. As alegações escritas são naturalmente as mais completas, e as que melhor servem ao debate dos problemas jurídicos que a decisão comporta, mas têm o inconveniente de demorar algum tanto a decisão final. A opção a fazer nesta matéria depende obviamente da natureza dos problemas a debater.

CAPÍTULO V

Da sentença

SECÇÃO I

Elaboração da sentença

ARTIGO 658.º

(Prazo da sentença)

Concluída a discussão do aspecto jurídico da causa, é o processo concluso ao juiz, que proferirá sentença dentro de 30 dias.

ART. 659.º *Livro III, Título II — Do processo de declaração*

1. É principalmente pela actuação das inspecções judiciais que se vigia a diligência com que os juízes exercem as suas funções, e, designadamente, o modo como observam os prazos marcados por lei para emissão dos seus despachos e das suas sentenças.

Nas comarcas de grande movimento usam-se vários métodos ou sistemas para fazer face à avalanche do serviço, mas todos eles radicam numa diferença de critério fundamental: há os juízes que, depois de despacharem os processos de mero expediente, ordenam os restantes pela ordem cronológica das conclusões e os vão despachando, rigorosamente por essa ordem, sempre que têm algum tempo disponível; e há os juízes que, feita aquela separação, despacham primeiro os processos mais fáceis (entenda-se: menos trabalhosos) remetendo o conhecimento dos outros para uma melhor ocasião. O primeiro sistema é, talvez, aparentemente, o menos produtivo, dando lugar a mais processos com atrasos, mas assegura que nenhum processo é esquecido e que a demora, se for inevitável, afectará todos por igual; o segundo, desembaraçando todos os dias mais processos para a secretaria, gera o perigo de haver causas que caíam no «poço» do esquecimento, sempre preteridos por trabalhos mais fáceis, do que resultam atrasados inadmissíveis.

Nesta matéria não tenho grande autoridade para aconselhar alguém; falta-me experiência porque em muitos anos de exercício da profissão, nunca atrasei os processos. Tive sorte. Mas se me visse na contingência de não poder atender a tempo o despacho de todos os processos, seguiria o primeiro daqueles critérios, pelos resultados arrepiantes a que vi que o segundo conduzia.

2. Os juízes transferidos para nova situação que tenham iniciado qualquer julgamento prosseguem os seus termos até final, salvo se a mudança de situação resultar de acção disciplinar (Est. Mag. Jud., art. 70.º, n.º 2).

ARTIGO 659.º

(Sentença)

1 — A sentença começa por identificar as partes e o objecto do litígio, fixando as questões que ao tribunal cumpre solucionar.

2 — Seguem-se os fundamentos, devendo o juiz discriminar os factos que considera provados e indicar,

— 178 —

Capítulo V — Da sentença ART. 660.º

interpretar e aplicar as normas jurídicas correspondentes, concluindo pela decisão final.

3 — Na fundamentação da sentença, o juiz tomará em consideração os factos admitidos por acordo, provados por documentos ou por confissão reduzida a escrito e os que o tribunal colectivo deu como provados, fazendo o exame crítico das provas de que lhe cumpre conhecer.

4 — Se tiver sido oral a discussão do aspecto jurídico da causa, a sentença pode ser logo lavrada por escrito ou ditada para a acta.

1. As sentenças devem ser devidamente fundamentadas (art. Const. Rep., art. 205.º, n.º 1; art. 158.º deste diploma).

A lei manda atender, na fundamentação da sentença, os factos admitidos por acordo (art. 490.º, n.º 2), provados por documentos (Cód. Civ., arts. 371.º e 376.º) ou por confissão reduzida a escrito (Cód. Civ., art. 358.º) e os que o tribunal colectivo (ou o juiz presidente) deu como provados.

Sobre custas veja-se o que escrevemos em nota aos arts. 446.º a 455.º.

2. A selecção da matéria de facto, mesmo quanto aos factos que considera assentes, não constitui caso julgado formal que obste à sua posterior modificação. Posição que *mutatis mutantis* parece dever ser acolhida actualmente [94].

ARTIGO 660.º

(Questões a resolver — Ordem do julgamento)

1 — Sem prejuízo do disposto no n.º 3 do artigo 288.º, a sentença conhece, em primeiro lugar, das questões processuais que possam determinar a absolvição da instância, segundo a ordem imposta pela sua precedência lógica.

2 — O juiz deve resolver todas as questões que as partes tenham submetido à sua apreciação, exceptuadas aquelas cuja decisão esteja prejudicada pela solução

---

[94] Alberto dos Reis, *Factos de que o julgador pode utilizar-se*, na *Rev. Leg. Jur.*, ano 85.º, pág. 291; José Osório, *Julgamento de facto*, na *Rev. Dir. Est. Soc.*, ano 7.º, pág. 196: Anselmo de Castro, *Lições de Processo Civil*, t. III, pág. 446 e segs.; acs. S.T.J., de 6/4/62, no *B.M.J.*, n.º 116, pág. 496; de 7/11/89, na *A.J.*, 1989, III, 11.

— 179 —

ART. 660.º *Livro III, Título II — Do processo de declaração*

dada a outras. Não pode ocupar-se senão das questões suscitadas pelas partes, salvo se a lei lhe permitir ou impuser o conhecimento oficioso de outras.

1. Normalmente as questões processuais que possam determinar a absolvição da instância são conhecidas na audiência preliminar [art. 508.º, n.º 1, alínea d)] ou no despacho saneador quando este for proferido com autonomia (art. 510.º); só excepcionalmente, portanto, serão apreciadas na sentença.

2. O n.º 2 do preceito em anotação suscita um problema melindroso, que é o de interpretar, em termos exactos, o sentido da expressão «questões», ali empregada. Essa interpretação tem muito interesse porque está directamente ligada à definição do âmbito do caso julgado e à apreciação da nulidade cominada pela alínea d) do n.º 1 do art. 668.º.

Em primeiro lugar parece que poderão excluir-se as «questões» prévias ou prejudiciais do conhecimento do mérito da causa, visto que a estas se refere directamente o n.º 1 deste artigo. Também devem arredar-se os «argumentos» ou «raciocínios» expostos na defesa da tese de cada uma das partes, que podendo constituir «questões» em sentido lógico ou científico, não integram matéria decisória para o juiz. Temos, assim, que as questões sobre o mérito a que se refere este n.º 2 serão as que suscitam a apreciação quer da causa de pedir apresentada, quer do pedido formulado. As partes, quando se apresentam a demandar ou a contradizer, invocam direitos ou reclamam a verificação de certos deveres jurídicos, uns e outros com influência na decisão do litígio; isto quer dizer que a «questão» da procedência ou da improcedência do pedido não é geralmente uma questão singular, no sentido de que possa ser decidida pela formulação de um único juízo, estando normalmente condicionada à apreciação e julgamento de outras situações jurídicas, de cuja decisão resultará o reconhecimento do mérito ou do demérito da causa. Se se exige, por exemplo, o cumprimento de uma obrigação, e o devedor invoca a nulidade do título, ou a prescrição da dívida, ou o pagamento, qualquer destas *questões* tem necessariamente de ser apreciada e decidida porque a procedência do pedido depende da solução que lhes for dada; mas já não terá o juiz de, em relação a cada uma delas, apreciar todos os argumentos ou razões aduzidas pelos litigantes, na defesa dos seus pontos de vista, embora seja conveniente que o faça, para que

— 180 —

Capítulo V — Da sentença **ART. 660.º**

a sentença *vença e convença as partes*, como se dizia na antiga prática forense.

3. O preceito correspondente do Código de 39 continha um § único em que se tomava posição quanto ao problema da *decisão implícita*, considerando que a *decisão explícita* contida na sentença resolve também todas as questões que, dados os termos da causa, forem *pressuposto* ou *consequência* necessária do julgamento expresso [95].

Supunhamos que *A*, proprietário de um prédio rústico, deu este de arrendamento a *B*, que se obrigou a fazer nele certa cultura, por determinada renda; verificando-se condições que estavam estipuladas no contrato, o arrendatário poderia fazer uma outra cultura, caso em que pagaria uma renda menor.

A demandou *B*, a pedir o despejo do prédio arrendado, com fundamento em violação do contrato, porque o arrendatário fizera a cultura a que correspondia a renda menor sem que se verificasse o condicionalismo legal exigido pelo título; a acção foi julgada procedente e ordenado o despejo. Posteriormente *A* intentou nova acção contra *B* pedindo agora a condenação deste a pagar-lhe a renda em dívida, correspondente à cultura que deveria ter feito no prédio arrendado; *B* opôs-se, sustentando que, nos termos do contrato, não estava obrigado a fazer a cultura a que correspondia a renda mais elevada. Pergunta-se: poderia fazê-lo? O caso julgado constituído pela primeira decisão não se impunha, quanto a esse aspecto, na segunda acção?

Em primeiro lugar deve notar-se que as acções eram diferentes: divergiam não só quanto à causa de pedir como quanto ao pedido. A causa de pedir na primeira era a violação de contrato, pela utilização do prédio em cultura diferente da autorizada, e na segunda a violação contratual específica da falta de pagamento da renda ajustada; quanto aos pedidos, também estes divergiam, porque enquanto naquela se pretendia obter como efeito jurídico a rescisão do contrato, nesta visava-se conseguir uma condenação em quantia certa.

Mas para além dessas divergências, é inegável que existia uma *questão* comum, que constituía *pressuposto* da apreciação de qualquer daqueles pedidos, e que era a de definir que espécie de

---

[95] Alberto dos Reis, *Cód. Proc. Civ. An.,* vol. 5.º, pág. 59.

ART. 660.º *Livro III, Título II — Do processo de declaração*

cultura deveria o arrendatário ter feito, durante aquele ano, no prédio arrendado.

Ora o tribunal, ao proferir a primeira sentença, tivera necessariamente que *decidir* essa questão, e decidira-a no sentido de que a cultura autorizada era diferente da que fora feita, por isso que tivera o contrato por violado e decretara o despejo. Esse julgado definira os termos da relação jurídica contratual, para se pronunciar quanto a um dos seus efeitos; parece que, estando em apreciação *outro efeito* da mesma relação jurídica, não seria lícito ao tribunal apreciar esta em termos diferentes.

Assim, embora o trânsito da primeira sentença fosse ininvocável relativamente ao *pedido* formulado na segunda acção, uma vez que havia outras razões de procedência a considerar, parece-nos que já se imporia ao órgão jurisdicional o acatamento do que vinha decidido quanto à cultura obrigatória, tema cuja apreciação, feita no primeiro julgado, impedia nova pronúncia sobre a mesma matéria. É que, restritamente quanto a essa questão, se verificavam todos os requisitos do caso julgado enumerados pelo art. 498.º deste Código.

Face ao aludido § único do art. 660.º do Código de 1939 parece-nos que seria essa a única solução conforme ao sistema legal então em vigor.

E presentemente?

Não vemos razões para mudar de critério. Entender de outro modo seria colocar o tribunal na alternativa de contradizer ou de reproduzir a decisão anterior, de criar exactamente a situação que o legislador pretendeu evitar ao formular os conceitos de litispendência e de caso julgado (art. 497.º, n.º 2).

Aliás, com a supressão daquele § único, não houve o propósito de se tomar posição quanto a este problema, antes se julgou mais prudente «deixar à doutrina o seu estudo mais aprofundado e à jurisprudência a sua solução, caso por caso, mediante os conhecidos processos de integração da lei» [96].

Finalizando este ligeiro apontamento parece-nos de concluir que embora as premissas da decisão não adquiram, em regra, força de caso julgado, deve reconhecer-se-lhe essa natureza, quer quando a parte decisória a elas se referir de modo expresso, quer quando constituírem antecedente lógico, necessário e imprescindível, da decisão final.

---

[96] *Bol. Min. Just.,* 123.º-120.

Capítulo V — Da sentença   **ART. 661.º**

ARTIGO 661.º

(Limites da condenação)

1 — A sentença não pode condenar em quantidade superior ou em objecto diverso do que se pedir.

2 — Se não houver elementos para fixar o objecto ou a quantidade, o tribunal condenará no que se liquidar em execução de sentença, sem prejuízo de condenação imediata na parte que já seja líquida.

3 — Se tiver sido requerida a manutenção em lugar da restituição da posse, ou esta em vez daquela, o juiz conhecerá do pedido correspondente à situação realmente verificada.

1. Enquanto que o art. 660.º se refere ao âmbito do poder de cognição do tribunal, este preceito traça os limites da condenação a proferir, de modo que, por respeito ao princípio dispositivo, a decisão se contenha (em substância e quantidade) dentro do pedido formulado. É regra que já figurava, com pequena diferença de forma, no Código de 1876 (art. 281.º). Aqueles limites entendem--se referidos ao pedido global apresentado; nada obsta a que, se esse pedido representar a soma de várias parcelas, que não correspondam a pedidos autónomos, como habitualmente acontece nas acções de indemnização, se possam valorar essas parcelas em quantia superior à referida pelo autor, desde que o cômputo global fixado na sentença não exceda o valor do pedido total [97].

Já se pôs o problema de saber se, pedido o cumprimento de certo contrato-promessa de venda ou a restituição do sinal em dobro, pode o tribunal condenar o réu a restituir em singelo o sinal recebido, sem ofender o disposto no n.º 1 deste preceito. O Supremo Tribunal de Justiça pelo seu Assento de 28 de Março de 1995 [98], indo ao encontro da jurisprudência dominante a este respeito, decidiu que quando o tribunal conhcer oficiosamente da nulidade do negócio jurídico invocado no pressuposto da sua validade, e se na acção tiverem sido fixados os necessários factos materiais, deve a parte ser condenada na restituição do recebido com fundamento no n.º 1 do art. 289.º do Código Civil.

_____

[97] Acs. S.T.J., de 18/11/75, no *B.M.J.,* n.º 251, pág. 107; de 15/6/89, na *A.J.,* 1989, pág. 13; de 15/6/93, no *B.M.J.,* n.º 428, pág. 530.

[98] *D.R.,* de 17/5/95.

ART. 661.º *Livro III, Título II — Do processo de declaração*

O Supremo Tribunal de Justiça, pelo seu acórdão de 15 de Outubro de 1996 (U.J.), decidiu que o tribunal não pode, nos termos do n.º 1 do preceito em análise, quando condenar em dívida de valor, proceder oficiosamente à sua actualização em montante superior ao valor do pedido do autor [99].

É claro que isto não impede, como do próprio aresto resulta, que o autor não possa, oportunamente, ampliar o pedido.

2. Dispõe o art. 569.º do Código Civil que quem exigir a indemnização não necessita de indicar a importância exacta em que avalia os danos, nem o facto de ter pedido determinado quantitativo o impede, no decurso da acção, de reclamar quantia mais elevada, se o processo vier a revelar danos superiores aos que foram inicialmente previstos.

Uma primeira leitura desta disposição poderia levar a supor que ela constituiria excepção à regra do n.º 1 do art. 661.º, na medida em que viria a permitir uma condenação em quantidade superior à que se tivesse pedido. Mas não é assim. O preceito é terminante em consentir à parte *reclamar* quantia mais elevada. Sem essa *reclamação,* que processualmente se traduzirá numa ampliação do pedido, não poderá o tribunal condenar em quantia superior à referida no pedido inicial. Parece que esta situação não foi encarada pela ilustre Comissão Revisora do Código, dada a redacção que continuam a ter os arts. 272.º e 273.º. No entanto, parece incontestável que, face àquele art. 569.º do Código Civil, o pedido, *nas acções de indemnização,* pode ser ampliado enquanto estiver pendente a causa, mesmo sem acordo da parte contrária. É o que se infere do seu texto. Deveria ter-se feito a correspondente modificação na lei de processo.

Nas acções de indemnização fundadas em responsabilidade civil, veja-se o disposto no art. 647.º quanto à designação do julgamento.

3. A condenação no que se liquidar em execução de sentença é de proferir tanto no caso de ter sido formulado pedido genérico, como no de ter sido apresentado pedido específico e não ter sido possível determinar o objecto ou a quantidade da condenação [100].

---

[99] *D.R.,* de 26/11/96. E no mesmo sentido o ac. de 25/2/97, no *D.R.,* 1.ª série, de 9/4/97.

[100] Alberto dos Reis, *Cód. Proc. Civ. An.,* vol. V, pág. 71.

Capítulo V — Da sentença   **ART. 662.º**

4. Dispõe o art. 565.º do Código Civil que devendo a indemnização ser fixada em execução de sentença pode o tribunal condenar desde logo o devedor no pagamento de uma indemnização, dentro do quantitativo que considere provado.

Esta disposição, que foi uma novidade no nosso direito positivo no Código de 1961, criou assim a possibilidade de ser arbitrada ao lesado uma indemnização provisória, ainda antes de se apurar todo o quantitativo da indemnização.

Trata-se de uma medida semelhante à dos alimentos provisórios [101], cuja aplicação pode ser de grande utilidade e alcance, conhecidas, como são, as demoras a que estão sujeitas as acções desta natureza, do que resulta ficarem desprovidas de qualquer amparo material, durante anos e anos, as vítimas de determinados factos ilícitos [102]. Veja-se o art. 565.º do Código Civil.

ARTIGO 662.º

(Julgamento no caso de inexigibilidade da obrigação)

1 — O facto de não ser exigível, no momento em que a acção foi proposta, não impede que se conheça da existência da obrigação, desde que o réu a conteste, nem que este seja condenado a satisfazer a prestação no momento próprio.

2 — Se não houver litígio relativamente à existência da obrigação, observar-se-á o seguinte:

***a)* O réu é condenado a satisfazer a prestação ainda que a obrigação se vença no decurso da causa ou em data posterior à sentença, mas sem prejuízo do prazo neste último caso;**

***b)* Quando a inexigibilidade derive da falta de interpelação ou do facto de não ter sido pedido o pagamento no domicílio do devedor, a dívida considera-se vencida desde a citação.**

---

[101] Vaz Serra, *Obrigação de indemnização* (*Bol. Min. Just.*, 84.º-256); Pires de Lima e Antunes Varela, *Código Civil Anotado,* vol. 1.º, pág. 402.

[102] Bastará terem-se presentes as acções de indemnização a que deram causa, entre nós, a derrocada da Gibalta e o desmoronamento da cobertura da estação do Cais de Sodré, para se ter como comprovada a justeza desta asserção.

ART. 662.º *Livro III, Título II — Do processo de declaração*

3 — Nos casos das alíneas _a)_ e _b)_ do número anterior, o autor é condenado nas custas e a satisfazer os honorários do advogado do réu.

Foi-se, ao que nos parece, um pouco longe de mais, no desejo de garantir o princípio da economia processual, ao formular este artigo, que nos vem directamente do Código de 1939.

Quem vem a juízo demandar outrem para que cumpra obrigação que ainda não é exigível, deve, evidentemente, ver declarada improcedente a sua pretensão. Não pareceria razoável abrir excepções a esta regra. Mas o nosso legislador pensou na hipótese de se propor acção de condenação, existindo a obrigação mas não estando esta ainda vencida, ou não sendo exigível por outra razão. Para o caso desta constatação se fazer no despacho liminar ou no despacho saneador, não ditou qualquer norma especial, e daí que essa verificação, naqueles momentos, deva conduzir, respectivamente, ao indeferimento _in limine_ e à declaração da improcedência do pedido; só quando for na sentença final que venha a decidir-se que a obrigação não está vencida é que tem lugar a aplicação deste preceito. Se a obrigação era inexigível à data da propositura da acção, mas se tornou exigível no decurso desta (porque a citação para a acção substituiu a interpelação, ou por qualquer outro motivo), o réu que pretenda gozar dos benefícios que lhe são reconhecidos pelo n.º 2 deve logo oferecer o pagamento ou requerer o depósito da prestação em dívida, para não ficar em mora.

É pressuposto da aplicação do n.º 2 não haver litígio quanto à _existência_ da obrigação; se o réu contesta a existência desta, as custas ficam, então sujeitas ao regime geral, o que não quer dizer que não possam ser imputadas, no todo ou em parte, ao autor. A Relação de Coimbra, no seu acórdão de 24 de Maio de 1960 (_Jur. Rel.,_ ano 6.º, pág. 656), julgou não ser aplicável o § único do art. 662.º (hoje n.º 2 do art. 662.º) ao caso de a obrigação ser contestada com a alegação de a importância em dívida ser inferior à do pedido. O princípio está certo, mas a aplicação que dele se fez já não nos parece correcta. Em reconvenção os réus haviam deduzido pedido de condenação dos autores a pagar-lhes determinada quantia, estes haviam contestado com a alegação de que a quantia em dívida era menor e que a obrigação não era ainda exigível. Tendo-se reconhecido na sentença que a obrigação era do

Capítulo V — Da sentença **ART. 663.º**

montante pedido pelos reconvintes, mas que só em parte estava vencida, não havia, efectivamente, lugar à aplicação do n.º 2 do art. 662.º, mas não era de concluir daí, como concluiu o acórdão, que as custas deviam ser imputadas, na sua totalidade, aos reconvindos; o que havia a fazer, nesta hipótese, era aplicar a regra geral (art. 446.º), e condenar uns e outros nas custas, conforme a parte em que haviam decaído.

ARTIGO 663.º

(Atendibilidade dos factos jurídicos supervenientes)

1 — Sem prejuízo das restrições estabelecidas noutras disposições legais, nomeadamente quanto às condições em que pode ser alterada a causa de pedir, deve a sentença tomar em consideração os factos constitutivos, modificativos ou extintivos do direito que se produzam posteriormente à proposição da acção, de modo que a decisão corresponda à situação existente no momento do encerramento da discussão.

2 — Só são, porém, atendíveis os factos que, segundo o direito substantivo aplicável, tenham influência sobre a existência ou conteúdo da relação controvertida.

3 — A circunstância de o facto jurídico relevante ter nascido ou se haver extinguido no decurso do processo é levada em conta para o efeito da condenação em custas.

1. Para que os factos supervenientes sejam atendíveis, nos termos desta disposição, é necessário que eles se repercutam na causa de pedir invocada na acção, isto é, que sejam aptos a constituir, modificar ou extinguir o *direito invocado* pelo autor, e não, *outro direito*, para cuja actuação terá o interessado de introduzir nova demanda.

Os nossos tribunais superiores têm entendido, relativamente a este preceito, que tendo uma sociedade comercial não registada intentado uma acção, o seu registo durante a pendência da causa

— 187 —

ART. 663.º *Livro III, Título II — Do processo de declaração*

lhe atribui capacidade judiciária ([103]); que a perda da posse, verificada posteriormente à dedução dos embargos, é facto atendível e conduz à improcedência destes ([104]). Por outro lado tem sido afirmado que os factos supervenientes a que o preceito alude, não podem ser atendidos se tiverem como efeito postergar o direito adquirido em virtude de factos anteriormente ocorridos ([105]); que o preceito não pode ser aplicado quando produza alteração da causa de pedir ([106]); que não podem ser considerados na sentença os factos que, ocorridos depois de instaurada a acção, não hajam sido alegados pela parte a que interessam ([107]); que o limite estabelecido pelo n.º 1 se reporta apenas à 1.ª instância, e não aos tribunais de recurso ([108]).

2. Uma vez que o juiz, como regra, só pode servir-se, para decidir, dos factos articulados pelas partes, é necessário que estas utilizem os articulados supervenientes a que se referem os arts. 506.º e 507.º quando pretendam a atendibilidade de quaisquer factos produzidos depois de proposta a acção, a não ser que se trate de factos notórios ou de que o tribunal tenha conhecimento no exercício das suas funções, ou no caso de se entender comprovado o uso anormal do processo.

3. Escreveu-se em observação ao artigo correspondente do Projecto do Código de 61: «A atendibilidade dos factos supervenientes, amplamente admitida na antiga redacção do preceito, aparece condicionada no novo texto por duas ordens de limitações. A primeira refere-se aos outros preceitos da lei adjectiva, designadamente às regras sobre a modificação da causa de pedir, que indirectamente estabeleçam quaisquer restrições à atendibilidade dos factos futuros e que cumpre respeitar.

Depois, remete-se expressamente para o terreno do direito substantivo (onde o problema tem a sua sede própria), o ponto de saber se o facto posterior tem ou não alguma influência sobre a existência ou o conteúdo da pretensão deduzida pelo autor.

([103]) Ac. S.T.J., de 5/5/72, no *B.M.J.*, n.º 217, pág. 147.

([104]) Ac. S.T.J., de 26/7/60, na *Rev. Trib.*, ano 79.º-12; e *B.M.J.*, n.º 99-784.

([105]) Ac. S.T.J., de 16/5/75, no *B.M.J.*, n.º 247, pág. 112.

([106]) Ac. S.T.J., de 11/10/77, no *B.M.J.*, n.º 270, pág. 219.

([107]) Ac. S.T.J., de 6/10/83, no *B.M.J.*, n.º 330, pág. 469.

([108]) Ac. Rel. Lxa., de 5/11/92, no *B.M.J.*, n.º 421, pág. 481.

Capítulo V — Da sentença ART. 665.º

Só depois de solucionada, em sentido afirmativo, esta questão prévia, é que importa saber se o facto posterior é atendível naquele processo» ([109]).

4. Quanto ao n.º 3, veja-se o art. 447.º e correspondente anotação.

ARTIGO 664.º

(Relação entre a actividade das partes e a do juiz)

O juiz não está sujeito às alegações das partes no tocante à indagação, interpretação e aplicação das regras de direito; mas só pode servir-se dos factos articulados pelas partes, sem prejuízo do disposto no artigo 264.º.

Quanto à determinação das normas legais a aplicar na decisão, a actividade do juiz não sofre qualquer limitação (*jura novit curia*) ([110]); quanto aos factos, porém, deve abster-se de se pronunciar sobre os que não forem alegados pelas partes (*secundum allegata et probata partium judicare debet*), excepto se forem notórios, se o tribunal tiver conhecimento deles por virtude do exercício das suas funções (art. 514.º), ou se os dever invocar para declarar anormal o uso do processo.

ARTIGO 665.º

(Uso anormal do processo)

Quando a conduta das partes ou quaisquer circunstâncias da causa produzam a convicção segura de que o

---

([109]) *Projecto do Código de Processo Civil,* no *Bol. Min. Just.,* n.º 123, pág. 121.

([110]) Repare-se que a exigência de, em certos recursos, ser especificada a norma violada [arts. 690.º, n.º 3, 721.º, n.º 2 e 755.º, n.º 1, *b)*], constituindo, sem dúvida, um ónus de alegação, não representa excepção à regra contida na primeira parte deste preceito, cujo destinatário é o juiz. Feita aquela especificação, o tribunal é livre para julgar, em matéria de direito, interpretando e aplicando a lei como melhor entender.

— 189 —

ART. 665.º *Livro III, Título II — Do processo de declaração*

autor e o réu se serviram do processo para praticar um acto simulado ou para conseguir um fim proibido por lei, a decisão deve obstar ao objectivo anormal prosseguido pelas partes.

Trata do processo simulado e do processo fraudulento. As partes estão conluiadas para usar do processo, não para obter o fim normal deste, que é o da justa composição da lide, mas para conseguirem um resultado real diferente do resultado aparente (processo simulado), ou um objectivo proibido por lei (processo fraudulento) [111].

Para obstar ao objectivo ilegal prosseguido pelas partes deve o juiz competente para decidir a causa anular o processo [112]. O conhecimento do vício, na pendência do processo, é oficioso, e tanto cabe à 1.ª e 2.ª instância como ao Supremo Tribunal no julgamento da revista (arts. 716.º e 726.º). Da colocação do preceito em anotação infere-se que o dever que ele impõe é para ser exercido na decisão a proferir sobre o mérito da causa. Que os factos de que o tribunal pode servir-se para aplicação desta norma não têm de constar da selecção da matéria de facto nem precisam de ter sido articulados pelas partes, vê-se claramente da actual redacção do art. 264.º.

Depois de terminada a causa, a simulação processual pode ser invocada em recurso de oposição de terceiro, nos termos do art. 778.º; as próprias partes não são, porém, admitidas, por lei, a argui-la, fora do caso especial regulado pelo preceito excepcional do art. 301.º [113] [114].

---

[111] Alberto dos Reis, *Código de Processo Civil Anotado*, vol. V, pág. 101.

[112] Alberto dos Reis, *ob. loc. cit., Comentário ao Cód. de Proc. Civ.*, vol. II, pág. 17; Manuel de Andrade, *Noções Elementares de Proc. Civ.*, pág. 280; Cândida das Neves, *O recurso de revisão em processo civil*, no *Bol. Min. Just.*, 134.º-236 e segs.; Anselmo de Castro, *Lições de Processo Civil*, III, 57.

[113] Cfr. ac. Rel. Porto, de 15-2-1956 (*Jur. Rel.* 2.º-199).

[114] V., sobre simulação processual o ac. Rel. Coimbra, de 8-2-1963 (*Bol. Min. Just.*, 128.º-505 e *Rev. Trib.*, 81.º-238) e o ac. S.T.J., de 28/5/74, no *B.M.J.*, n.º 237, 255.

Capítulo V — Da sentença   **ART. 666.º**

SECÇÃO II

Vícios e reforma da sentença

ARTIGO 666.º

**(Extinção do poder jurisdicional
e suas limitações)**

1 — Proferida a sentença, fica imediatamente esgotado o poder jurisdicional do juiz quanto à matéria da causa.

2 — É lícito, porém, ao juiz rectificar erros materiais, suprir nulidades, esclarecer dúvidas existentes na sentença e reformá-la, nos termos dos artigos seguintes.

3 — O disposto nos números anteriores, bem como nos artigos subsequentes, aplica-se, até onde seja possível, aos próprios despachos.

Já os praxistas ensinavam que a sentença fazia terminar o ofício do juiz [115], por aplicação da regra contida nas Ordenações de que «depois que o julgador der a sentença e a publicar, não tem mais poder de a revogar» [116]. Isto entende-se referido apenas ao poder jurisdicional de decidir o litígio, como é óbvio, continuando o juiz com competência para se pronunciar quanto ao eventual desenvolvimento posterior do processo. A regra sofre algumas limitações: rectificações de erros materiais, suprimento de nulidades, esclarecimento de dúvidas e reforma nos termos do art. 669.º, assim como comporta a excepção da reparação do agravo (art. 744.º) e a modificabilidade das decisões que fixem alimentos (Cód. Civ., art. 2012.º; Cód. Proc. Civ., art. 671.º, n.º 2).

---

[115] Pereira e Sousa, *Primeiras Linhas sobre o Processo Civil*, § CCLXXX.
[116] Ord., Livro 3.º, tit. 66, 6.

— 191 —

ART. 667.º *Livro III, Título II — Do processo de declaração*

ARTIGO 667.º
(Rectificação de erros materiais)

1 — Se a sentença omitir o nome das partes, for omissa quanto a custas, ou contiver erros de escrita ou de cálculo ou quaisquer inexactidões devidas a outra omissão ou lapso manifesto, pode ser corrigida por simples despacho, a requerimento de qualquer das partes ou por iniciativa do juiz.

2 — Em caso de recurso, a rectificação só pode ter lugar antes de ele subir, podendo as partes alegar perante o tribunal superior o que entendam de seu direito no tocante à rectificação.

Se nenhuma das partes recorrer, a rectificação pode ter lugar a todo o tempo, cabendo agravo do despacho que a fizer.

1. A omissão do nome das partes, que era no Código de 1939 causa de nulidade da sentença (art. 668.º, n.º 1), passou a estar sujeita ao regime da rectificação prevista neste artigo; também aqui se incluiu a hipótese da *omissão* quanto a custas, que o diploma anterior tratava (art. 669.º) segundo o regime do suprimento das nulidades. A omissão quanto a custas significa a total ausência de pronúncia quanto à imputação do seu pagamento. É diferente a situação pressuposta na alínea *b)* do art. 669.º: aí houve condenação em custas, mas o condenado, considerando ilegal essa decisão, impugna-a perante o próprio juiz que a proferiu. Por isso, se a omissão pode ser corrigida por simples despacho, a ilegalidade da condenação só pode ser emendada mediante *reforma* da condenação proferida.

2. Se for interposto recurso da sentença ou despacho, a rectificação tem de ser requerida até ser ordenada a subida dos autos ao tribunal superior; a decisão proferida quanto à rectificação poderá ser apreciada pelo tribunal para que se recorre, se alguma das partes alegar sobre essa matéria, quer o pedido de rectificação tenha sido atendido, quer tenha sido negado.

Se não houver recurso, a rectificação pode ser solicitada a todo o tempo, cabendo agravo do despacho que a atender; do despacho que a desatenda não há recurso.

Capítulo V — Da sentença   **ART. 668.º**

A competência para corrigir pertence ao órgão que proferiu a decisão onde se verificar a omissão, erro ou inexactidão: o juiz singular ou o tribunal colectivo, conforme os casos.

3. Os erros ou inexactidões a que se refere o preceito são apenas aqueles que respeitam à expressão material da vontade do julgador, e não os erros que possam ter influído na formação daquela vontade ([117]).

ARTIGO 668.º

(Causas de nulidade da sentença)

1— É nula a sentença:

a) **Quando não contenha a assinatura do juiz;**

b) **Quando não especifique os fundamentos de facto e de direito que justificam a decisão;**

c) **Quando os fundamentos estejam em oposição com a decisão;**

d) **Quando o juiz deixe de pronunciar-se sobre questões que devesse apreciar ou conheça de questões de que não podia tomar conhecimento;**

e) **Quando condene em quantidade superior ou em objecto diverso do pedido.**

2 — A omissão prevista na alínea *a)* do número anterior pode ser suprida oficiosamente ou a requerimento de qualquer das partes, enquanto for possível colher a assinatura do juiz que proferiu a sentença.

Este declarará no processo a data em que apôs a assinatura.

3 — As nulidades mencionadas nas alíneas *b)* a *e)* do n.º 1 só podem ser arguidas perante o tribunal que proferiu a sentença se esta não admitir recurso ordinário; no caso contrário, o recurso pode ter como fundamento qualquer dessas nulidades. A nulidade prevista na alí-

---

([117]) Neste sentido: acs. S.T.J., de 20/1/77, no *B.M.J.*, n.º 263, pág. 210; de 19/3/81, no *B.M.J.*, n.º 305, pág. 230; de 3/4/91, na *A.J.*, ano 18.º, pág. 11; de 2/3/94, no *B.M.J.*, n.º 435, pág. 710.

ART. 668.º *Livro III, Título II — Do processo de declaração*

nea *a)* do mesmo número pode ser sempre arguida no tribunal que proferiu a sentença.

4 — Arguida qualquer das nulidades da sentença em recurso dela interposto, é lícito ao juiz supri-la, aplicando-se, com as necessárias adaptações e qualquer que seja o tipo de recurso, o disposto no artigo 744.º.

1. É taxativa a enumeração, feita por este preceito, dos casos que determinam nulidade da sentença; para os acórdãos há que ter em conta, ainda, o disposto na parte final do art. 716.º. Outro tipo de invalidade (mais grave) da sentença é o da sua inexistência jurídica [118].

2. Desde que a sentença esteja assinada, não pode invocar-se a nulidade prevista na alínea *a)* do n.º 1. A questão de saber se o juiz que proferiu a sentença, e a assinou, era aquele a quem competia fazê-lo, de harmonia com as leis da orgânica judiciária, é outro problema, que não pode confundir-se com o da invalidade da sentença.

3. A falta de motivação a que alude a alínea *b)* do n.º 1 é a total omissão dos fundamentos de facto ou dos fundamentos de direito em que assenta a decisão; uma especificação dessa matéria apenas incompleta ou deficiente não afecta o valor legal da sentença [119].

4. A oposição referida na alínea *c)* do n.º 1 é a que se verifica no processo lógico, que das premissas de facto e de direito que o julgador tem por apuradas, este extrai a decisão a proferir. Não é, por isso, relevante, para este efeito, a contradição que se diga existir entre os factos que a sentença dá como provados e outros já apurados no processo. Poderá haver nesse caso erro de julgamento, mas não nulidade da decisão [120].

---

[118] Veja-se: Alberto dos Reis, *Cód. Proc. Civ. An.*, V, 113 e segs.; Paulo Cunha, *Processo Comum de Declaração*, II, 358; Ac. Sup. Trib. Just., de 1-4-1964, no *Bol. Min. Just.*, 136.º-232.

[119] Acs. S.T.J., de 3/7/73, no *B.M.J.*, n.º 229, pág. 155; de 15/11/85, no *B.M.J.*, n.º 351, pág. 304; de 1/3/90, no *B.M.J.*, n.º 395, pág. 479.

[120] Acs. S.T.J., de 21/10/88, no *B.M.J.*, n.º 380, pág. 444; de 29/11/89, *A.J.*, 3.º, pág. 20; de 9/12/93, no *B.M.J.*, n.º 432, pág. 342; de 20/4/95, na *Col. Jur. / S.T.J.*, ano III, t. 2, pág. 57.

Capítulo V — Da sentença   **ART. 668.º**

5. A nulidade prevista na alínea *d)* do n.º 1 está directamente relacionada com o comando que se contém no n.º 2 do art. 660.º, servindo de cominação ao seu desrespeito. Em anotação a esse preceito já alinhámos algumas considerações sobre esta matéria. É a nulidade mais frequentemente invocada nos tribunais, pela confusão que constantemente se faz entre «questões» a decidir e «argumentos» produzidos na defesa das teses em presença [121]. Deve evitar-se este erro. Também não integra o apontado vício a omissão de pronúncia sobre questões efectivamente suscitadas pelas partes quando a sua apreciação se encontre prejudicada pela solução encontrada para alguma ou algumas delas [122].

6. O disposto na alínea *e)* do n.º 1 está em relação directa com o preceituado no n.º 1 do art. 661.º. Condenando em quantia superior ou em objecto diverso, o juiz excede o limite imposto por lei ao seu poder de condenar, com infracção do princípio dispositivo que assegura à parte circunscrever o *thema decidendum* [123].

7. Para a falta de assinatura do juiz estabelece o código que a respectiva nulidade pode ser suprida, a requerimento de qualquer das partes ou oficiosamente a todo o tempo em que possa ainda colher-se a assinatura do juiz que lavrou a sentença. Havendo arguição não se torna necessária a audiência da parte contrária, como se depreende do disposto no n.º 1 do art. 670.º. Endendeu-se que essa audiência, dada a flagrância da falta, seria inútil [124].

Quanto ao regime de invocação das outras nulidades há que distinguir se a decisão arguida de nula admite, ou não, recurso ordinário: se admite, a arguição só pode fazer-se no recurso, passando a constituir um dos fundamentos deste; se não admite, a arguição far-se-á perante o tribunal que proferiu a decisão, e com observância do disposto no n.º 1 do art. 670.º [125].

---

[121] Acs. S.T.J., de 29/11/84, no *B.M.J.,* n.º 341, pág. 413; de 11/11/87, no *B.M.J.,* n.º 371, pág. 374; de 14/11/90, no B.T.E., 2.ª série, n.os 10-11-12/93; de 27/1/93, na ADSTA, 379, pág. 815.

[122] Ac. S.T.J., de 7/11/89, no *B.M.J.,* n.º 391, pág. 565.

[123] Acs. S.T.J., de 19/6/62, no *B.M.J.,* n.º 118, pág. 434; de 22/6/62, no *B.M.J.,* n.º 118, pág. 496.

[124] *Projectos de Revisão,* III, 186.

[125] Se a decisão admite recurso ordinário, a arguição não pode fazer-se perante o tribunal que a proferiu, ainda que a parte declare não querer recorrer. É que a lei não condiciona a possibilidade dessa arguição à circunstância de *não*

ART. 669.º *Livro III, Título II — Do processo de declaração*

8. O n.º 4 foi aditado a este preceito pelo Dec.-Lei n.º 329-A/95. Mercê dele o juiz pode sanar qualquer das nulidades de sentença arguidas em recurso que dela se interpuser, solução que paralelamente se adopta para o caso da reforma da sentença, nos termos prevenidos no art. 669.º, n.º 2.

ARTIGO 669.º

(Esclarecimento ou reforma da sentença)

1 — Pode qualquer das partes requerer no tribunal que proferiu a sentença:

a) O esclarecimento de alguma obscuridade ou ambiguidade que ela contenha;

b) A sua reforma quanto a custas e multa.

2 — É ainda lícito a qualquer das partes requerer a reforma da sentença quando:

a) Tenha ocorrido manifesto lapso do juiz na determinação da norma aplicável ou na qualificação jurídica dos factos;

b) Constem do processo documentos ou quaisquer elementos que, só por si, impliquem necessariamente decisão diversa da proferida e que o juiz, por lapso manifesto, não haja tomado em consideração.

3 — Cabendo recurso da decisão, o requerimento previsto no número anterior é feito na própria alegação, aplicando-se, com as alterações necessárias, o disposto no n.º 4 do artigo 668.º.

1. A *obscuridade* da sentença é a imperfeição desta que se traduz na sua ininteligibilidade; a *ambiguidade* verifica-se quando

---

haver recurso, mas antes à de *não ser admissível* este, o que claramente representa situação muito diferente. Poderá então a parte recorrer *só* para obter a anulação do julgado? A resposta tem de ser afirmativa. Eram hipóteses destas que o Código de 39 pretendeu evitar, tornando obrigatória, em todos os casos, uma primeira arguição da nulidade perante o tribunal que proferira a decisão. Entendeu-se, porém, que esse sistema se prestava a manobras dilatórias, e voltou-se ao regime do art. 989.º do Código de 1876.

Capítulo V — Da sentença **ART. 669.º**

à decisão, no passo considerado, podem razoavelmente atribuir-se dois ou mais sentidos diferentes.

Não é apenas a parte decisória que é susceptível de padecer destes vícios, que podem afectar, por igual, os fundamentos do julgado [126].

Poderá pedir-se aclaração de decisão aclaratória?

Alberto dos Reis defendia que sim [127], mas a jurisprudência tem resolvido em sentido oposto [128], e esta solução parece a melhor, pelo menos à luz do senso comum, visto que, a entender de outro modo, estaria encontrado o meio de protelar indefinidamente o trânsito de um despacho ou de uma sentença, dado o que se preceitua no art. 677.º.

2. Ao contrário do que acontece na aclaração, a reforma quanto a custas e multa, uma vez atendida, produz verdadeira *modificação* do julgado nessa matéria. Trata-se, assim, de uma excepção à regra enunciada pelo n.º 1 do art. 666.º. A falta do pedido de reforma não impede que, em recurso, se aprecie o julgado quanto a custas e multa.

3. Ao pedido de *esclarecimento*, por *obscuridade* ou *ambiguidade,* e da *reforma* da sentença *quanto a custas*, o legislador da reforma de 95/96 incluiu aqui, no n.º 2, uma nova forma de aperfeiçoamento das decisões ainda não transitadas, a que suponho que se poderá chamar a reforma da sentença em matéria decisória fundada em *manifesto lapso* do juiz na determinação da norma aplicável ou na legalidade do julgado. Cremos que não foi feliz esta inovação. Este conceito do «lapso manifesto» em matéria de direito substantivo é muito vago, e vai permitir que se sustente que tal ocorre na interpretação de muitas leis em que, como é sabido, se têm sustentado soluções diametralmente opostas. O partidário de uma delas considera que os defensores de outras teses estão manifestamente enganados, principalmente quando a invocação do erro grosseiro do juiz em matéria decisória tem, no novo sistema, a virtualidade de abrir até ao Supremo a via do recurso, quando,

---

[126] Neste sentido veja-se o acórdão do Sup. Trib. Just., de 17-10-1961 (*Bol. Min. Just.,* 110.º-424; *Rev. Trib.,* 80.º-18).

[127] *Código de Processo Civil Anotado,* V, 152.

[128] Acs. Sup. Trib. Just., de 21-1-1941 (*Gaz. Rel. Lxa.,* 54.º-310; de 1-3-1957 (Sum. no *Bol. Min. Just.,* 65.º-543); e de 4/7/90 (*B.M.J.,* n.º 399, pág. 450).

ART. 670.º *Livro III, Título II — Do processo de declaração*

pelo valor da acção, a causa não deveria passar da 1.ª instância (art. 670.º, n.º 4).

4. Vejamos, então, quando é de atender a reforma quanto à decisão da causa.

A lei exige, para isso, a verificação alternativa de dois requisitos: *a)* ter o juiz errado *manifestamento* no enquadramento jurídico que fez da questão a decidir, de modo a ter determinado como norma aplicável uma norma legal que o não é; ou, *b)* ter o juiz deixado de considerar documentos ou outros elementos probatórios existentes no processo que, só por si, *impunham* uma decisão diversa da proferida.

ARTIGO 670.º

(Processamento subsequente)

1 — Arguida alguma das nulidades previstas nas alíneas *b)* a *e)* do n.º 1 do artigo 668.º ou pedida a aclaração da sentença ou a sua reforma, nos termos do artigo anterior, a secretaria, independentemente de despacho, notificará a parte contrária para responder e depois se decidirá.

2 — Do despacho que indeferir o requerimento de rectificação, esclarecimento ou reforma não cabe recurso. A decisão que deferir considera-se complemento e parte integrante da sentença.

3 — Se alguma das partes tiver requerido a rectificação ou aclaração da sentença, o prazo para arguir nulidades ou pedir a reforma só começa a correr depois de notificada a decisão proferida sobre esse requerimento.

4 — No caso a que se refere o n.º 2 do artigo anterior, a parte prejudicada com a alteração da decisão pode recorrer, mesmo que a causa esteja compreendida na alçada do tribunal; neste caso, o recurso não suspende nunca a exequibilidade da sentença.

O prazo para a parte contrária ao requerente responder é o de 10 dias (art. 153.º).

Capítulo V — Da sentença   **ART. 671.º**

Não há recurso do despacho de indeferimento quanto ao pedido de esclarecimentos e a reforma quanto a custas, mas o trânsito desse despacho não obsta à apreciação da matéria pelo tribunal superior, no recurso que vier a interpor-se da respectiva sentença. Se o pedido tiver sido o da reforma da sentença na parte decisória *por manifesto lapso do juiz* a parte prejudicada pela decisão pode sempre recorrer, independentemente da causa estar compreendida na alçada do tribunal (n.º 4), acrescentamento feito ao preceito pelo Dec.-Lei n.º 180/96.

SECÇÃO III
Efeitos da sentença

ARTIGO 671.º
(Valor da sentença transitada em julgado)

1 — Transitada em julgado a sentença, a decisão sobre a relação material controvertida fica tendo força obrigatória dentro do processo e fora dele nos limites fixados pelos artigos 497.º e seguintes, sem prejuízo do que vai disposto sobre os recursos de revisão e de oposição de terceiro. Têm o mesmo valor que esta decisão os despachos que recaíam sobre o mérito da causa.

2 — Mas se o réu tiver sido condenado a prestar alimentos ou a satisfazer outras prestações dependentes de circunstâncias especiais quanto à sua medida ou à sua duração, pode a sentença ser alterada desde que se modifiquem as circunstâncias que determinaram a condenação.

1. Refere-se ao caso julgado *material*, isto é, ao efeito imperativo atribuído à decisão com trânsito (art. 677.º) que tenha recaído sobre a relação jurídica substancial.

O caso julgado material «consiste em a definição dada à relação controvertida se impor a todos os tribunais (e até a quaisquer outras autoridades) — quando lhes seja submetida a mesma relação, quer a título principal (repetição da causa em que foi proferida a decisão), quer a título prejudicial (acção destinada a fazer valer outro efeito dessa relação). Todos têm de acatá-la, julgando em conformidade, sem nova discussão» ([129]).

([129]) Manuel de Andrade, *Noções Elementares de Processo Civil*, I, 28.

ART. 671.º *Livro III, Título II — Do processo de declaração*

Esta força obrigatória reconhecida ao caso julgado material repousa essencialmente na necessidade de assegurar estabilidade às relações jurídicas, não permitindo que litígios, entre as mesmas partes e com o mesmo objecto, se repitam indefinidamente, em prejuízo da paz jurídica, que ao Estado, como defensor do interesse público, compete assegurar. E é pela imposição, aos litigantes, desse comando jurídico indiscutível, que constitui a decisão transitada sobre o mérito da causa, que o Estado prossegue essa finalidade.

2. Que parte da sentença adquire, com o trânsito desta, força obrigatória dentro e fora do processo?

É o problema dos limites objectivos do caso julgado.

No século XIX predominou a doutrina de Savigny, que via a sentença como um todo incindível, constituído pela conclusão e pelos motivos *objectivos* que lhe serviam de causa. Nesta concepção só se excluíam os motivos *subjectivos,* isto é, as razões ou argumentos que levaram o juiz a estabelecer os motivos objectivos da decisão.

Esta visão do âmbito do caso julgado pode considerar-se hoje abandonada, tendo sido substituída na doutrina, e até no direito positivo de alguns Estados europeus ([130]), pelo princípio oposto, de que apenas tem autoridade de caso julgado a *conclusão* ou *dispositivo* do julgado.

Crê-se que a posição predominante actual, principalmente devida à influência de uma parte da doutrina italiana, com apoio da jurisprudência, é favorável a uma mitigação deste último conceito, no sentido de, considerando embora o caso julgado restrito à parte dispositiva do julgamento, alargar a sua força obrigatória à resolução das questões que a sentença tenha tido necessidade de resolver como premissa da conclusão firmada. Seguiu essa orientação a legislação brasileira (Cód. Proc. Civ., art. 287.º).

Que pensar do problema à face da nossa lei?

O Código actual, eliminando o § único do art. 660.º e a alínea *b)* do art. 96.º da lei anterior, à luz dos quais era de sustentar estar admitida a extensão do caso julgado à decisão das questões cuja resolução fosse necessária ao conhecimento do objecto da acção, fê-lo confessadamente no propósito de «não tocar no problema e

---

([130]) *V.g.*, Código alemão, §§ 280.º e 322.º.

Capítulo V — Da sentença ART. 671.º

deixar à doutrina o seu estudo mais aprofundado e à jurisprudência a sua solução, caso por caso, mediante os conhecidos processos de integração da lei» [131]. A nós afigura-se-nos, ponderadas as vantagens e os inconvenientes das duas teses em presença, que a economia processual, o prestígio das instituições judiciárias, reportado à coerência das decisões que proferem, e o prosseguido fim de estabilidade e certeza das relações jurídicas, são melhor servidos por aquele critério eclético, que sem tornar extensiva a eficácia do caso julgado a todos os motivos objectivos da sentença, reconhece todavia essa autoridade à decisão daquelas questões preliminares que forem antecedente lógico indispensável à emissão da parte dispositiva do julgado. Em anotação (n.º 3) ao artigo 660.º indicamos um exemplo que nos parece ilustrativo da bondade desta solução, especialmente quando houver apreciação explícita da questão tida como preliminar [132].

3. Para além dos limites objectivos do caso julgado há a considerar os limites subjectivos deste.

Em princípio a sentença só tem força de caso julgado entre as partes. Era já a doutrina das Ordenações: «A sentença não aproveita nem empece mais que às pessoas entre que é dada» [133].

É claro que todos estão obrigados a reconhecer o caso julgado *entre as partes*; o que não podem, em regra, é ser *prejudicados* por ele, entendendo-se tal prejuízo como um prejuízo de natureza jurídica e não um mero prejuízo de facto. Por exemplo, o herdeiro pode ser prejudicado de *facto* pelas decisões obtidas contra o autor da herança, e no entanto está obrigado a cumpri-las; o credor é prejudicado *de facto* pelo caso julgado que reconhece novas dívidas do seu devedor, mas não pode impedir que esses efeitos prejudiciais se produzam. Em qualquer destes casos não chega a haver desvio da regra acima enunciada: o herdeiro não pode dizer-se que seja juridicamente prejudicado por sentenças anteriores à sucessão, referentes a relações de que não era ainda sujeito; assim como o credor não pode entender-se prejudicado por sentenças a favor de outros credores, porque os diversos créditos contra um único devedor são perfeitamente compatíveis entre si.

---

[131] Anteprojecto, no *Bol. Min. Just.*, n.º 123, pág. 120.
[132] Contra: Anselmo de Castro, *Lições de Processo Civil,* I, 363.
[133] Liv. 3.º, tit. 81, pr.

ART. 671.º *Livro III, Título II — Do processo de declaração*

Haveria prejuízo jurídico se a sentença pudesse negar o *direito* de terceiros, como aconteceria no caso da relação reconhecida como existente ou inexistente num processo ter como sujeito um terceiro alheio ao litígio, ou se a relação existente entre as partes for praticamente incompatível com uma relação da qual os terceiros pretendam ser sujeitos. Nestas hipóteses o caso julgado não deve prejudicar os terceiros, isto é, não pode ser-lhes oposto com a possibilidade de afectar a sua posição jurídica.

Dada a normal indiferença dos terceiros relativamente à *res inter alios judicata*, compreende-se que o direito processual moderno tenha admitido, através de incidentes da instância (intervenção principal, intervenção acessória e oposição), a quem tenha interesse em que uma sentença abranja também um terceiro, o modo de estender a este a eficácia da decisão.

Os terceiros, face à sentença, podem encontrar-se numa destas situações: *a)* terceiros completamente indiferentes; *b)* terceiros que são titulares de uma relação jurídica incompatível com a relação nela resolvida, e que, portanto, seriam juridicamente prejudicados se tivessem de reconhecer o caso julgado; *c)* terceiros que são titulares de uma relação compatível com a relação resolvida, mas que são, de facto, prejudicados com o caso julgado ([134]).

Na primeira situação o problema não se põe: se os terceiros são completamente indiferentes, é manifesto que nem sequer é de encarar a extensibilidade a eles do caso julgado que se formou.

Na segunda situação entende a doutrina que o caso julgado não pode afectar os terceiros que são sujeitos duma relação ou posição jurídica independente e incompatível com a das partes. É o caso da sentença julgando procedente uma acção de reivindicação proposta por *A* contra *B*, a qual não impede ninguém, excepto *B*, de reivindicar a mesma propriedade, em acção dirigida contra *A*.

Na terceira situação agrupam-se as relações com multiplicidade de interessados, e as relações conexas. Aí, na terminologia do Prof. Andrade, os terceiros são sujeitos de uma relação paralela ou concorrente, ou de uma relação subordinada à das partes. «Dizem-se relações paralelas as de conteúdo semelhante. Assim, por ex., nas obrigações parciárias (entre nós geralmente chamadas conjuntas). Dizem-se concorrentes as relações de conteúdo único. Exemplo frisante seria o dos arts. 186.º do Cód. Com. e 396.º do

---

([134]) Cfr., quanto a esta exposição, Chiovenda, *Instituciones de Derecho Procesal Civil*, I, § 18, n.º 132 a 135.

Capítulo V — Da sentença **ART. 672.º**

Cód. de Proc., por onde se vê que qualquer sócio da respectiva sociedade pode intentar uma acção de anulação de deliberações sociais. Nas relações paralelas a eficácia da sentença não se estende além das partes (cfr. art. 359.º). Nas relações concorrentes, onde existam, como a relação não pode cindir-se, como não pode subsistir senão entre todos os interessados, ou a lei exige a presença de todos (litisconsórcio necessário; cfr. n.º 48), ou então — conforme a doutrina prevalente — a sentença entre as partes tem de vincular os outros interessados. Uma relação é subordinada ou dependente de outra quando não pode existir nem subsistir sem ela». [...] «Aqui, em princípio, a sentença favorável proferida sobre a relação principal aproveita certamente ao terceiro, porque a relação de que este é sujeito não pode existir ou manter-se sem a relação litigada e definida entre as partes. Ex.: julgada improcedente a acção proposta contra o devedor, pode o fiador defender-se com a respectiva sentença [...] ([135]).

A nossa lei regula especialmente o efeito do caso julgado nas questões de estado (art. 674.º).

4. O n.º 2 abre excepção ao princípio da imutabilidade do caso julgado, fundado na base circunstancial de certas decisões, que são, já de si, para valer enquanto se conservarem os pressupostos de facto que justificam a condenação. Vejam-se, quanto a alimentos os arts. 2003.º e segs. do Código Civil, e designadamente o art. 2012.º.

ARTIGO 672.º

(Caso julgado formal)

Os despachos, bem como as sentenças, que recaiam unicamente sobre a relação processual têm força obrigatória dentro do processo, salvo se por sua natureza não admitirem o recurso de agravo.

1. Tanto no caso julgado material como no caso julgado formal a decisão atinge o carácter de *imodificável* quando já não é possível impugná-la por meio de recurso ordinário; a diferença entre essas duas figuras está em que no primeiro caso esse efeito se projecta para além do processo em que foi proferida a sentença ou despacho

---

([135]) *Ob. cit.*, n.º 166, II.

ART. 673.º *Livro III, Título II — Do processo de declaração*

que transitou, desde que se verifiquem os requisitos a que alude o art. 498.º, enquanto que no segundo caso só impede que, no mesmo processo, se decida em sentido diferente a questão já apreciada.

Porquê esta diversidade de tratamento?

A própria lei o refere: é que no caso julgado material se conheceu da relação material controvertida, enquanto que no caso julgado formal a pronúncia só respeita à relação processual; ora para esta última hipótese, já não parece efectivamente que a segurança jurídica imponha uma imutabilidade que pode ser contrária ao direito e à justiça, bastando assegurar, através do fenómeno da preclusão, a ordem e a disciplina do processo considerado.

2. Se o despacho nada decide, como acontece com os de mero expediente, ou se a decisão é proferida no uso legal de poder discricionário, como esses actos, por sua natureza, não admitem recurso ordinário (art. 679.º), é claro que se não verifica a preclusão e não pode formar-se, com base neles, caso julgado formal.

3. Como aplicações do conceito de caso julgado formal podem ver-se, entre os mais recentes, os acs. do Sup. Trib. Just., de 6/10/87 [136]; 25/10/90 [137], de 16/4/91 [138]; de 5/11/92 [139]; de 28/6/94 [140]; de 18/12/96 [141].

ARTIGO 673.º

(Alcance do caso julgado)

A sentença constitui caso julgado nos precisos limites e termos em que julga: se a parte decaiu por não estar verificada uma condição, por não ter decorrido um prazo ou por não ter sido praticado determinado facto, a sentença não obsta a que o pedido se renove quando

---

[136] *B.M.J.*, n.º 370, pág. 567.

[137] *B.M.J.*, n.º 400, pág. 631.

[138] *A.J.*, 18.º, pág. 17.

[139] *B.M.J.*, n.º 421, pág. 338.

[140] *Col. Jur. / S.T.J.*, ano II, t. 2, pág. 159.

[141] *Col. Jur. / S.T.J.*, ano IV, t. 3, pág. 212.

Capítulo V — Da sentença   **ART. 674.º**

a condição se verifique, o prazo se preencha ou o facto se pratique.

A primeira parte do preceito alude à extensão objectiva do caso julgado, sendo aplicáveis aqui as considerações que já fizemos na nota 2 ao art. 671.º; nem sempre é fácil interpretar a decisão de modo a *precisar* o que se julgou, uma vez que as questões postas são, com muita frequência, várias, e a parte dispositiva da sentença, julgando a acção *procedente* ou *improcedente* tem de ser integrada com as soluções dadas aos problemas que constituiam o encadeamento lógico da demanda ou da oposição deduzida a esta. Com razão observava Manuel de Andrade que os limites objectivos do caso julgado são traçados pelos elementos identificadores da relação ou situação jurídica substancial definida pela sentença: os sujeitos, o objecto e a fonte ou título constitutivo [142].

ARTIGO 674.º

(Efeitos do caso julgado nas questões de estado)

Nas questões relativas ao estado das pessoas o caso julgado produz efeitos mesmo em relação a terceiros quando, proposta a acção contra todos os interessados directos, tenha havido oposição, sem prejuízo do disposto, quanto a certas acções, na lei civil.

1. Na nota 3 ao art. 671.º deixamos referidos os princípios gerais que regem o problema da extensão do caso julgado a terceiros. O presente preceito encara, em especial, os efeitos, para com terceiros, do caso julgado nas questões relativas ao estado das pessoas. Os antecendentes legislativos desta norma são o art. 2503.º, § único, do Código Civil de 1867, e o art. 674.º do Código de Processo Civil de 1939. Não faremos aqui, dada a índole prática desta anotação, referência às dúvidas que suscitou a interpretação do primeiro daqueles preceitos [143]. Vamos, por isso, analisar directamente os termos da disposição actual.

---

[142] *Ob. cit.*, n.º 166.

[143] Referidas no exaustivo estudo de Vaz Serra, «*Caso julgado e legitimidade passiva em questões de estado das pessoas, especialmente em acções de investigação de paternidade ilegítima*», na *Rev. Leg. Jur.*, ano 97.º, n.º 3272 e segs., com muito larga citação de doutrina e de jurisprudência. Ver, também, Alberto dos Reis, *Código de Processo Civil Anotado*, vol. V, págs. 180 e segs.

— 205 —

ART. 674.º *Livro III, Título II — Do processo de declaração*

2. Notaremos, em primeiro lugar, que no preceito em anotação se contém uma regra geral quanto à eficácia do caso julgado nas questões sobre o estado das pessoas, verificado que seja certo condicionalismo, e a ressalva desse mesmo regime relativamente a determinadas acções dessa natureza, para as quais o legislador ditou normas específicas.

Vejamos, em primeiro lugar, o conteúdo daquela regra.

Duas são as condições legais para que ao caso julgado constituído em *acções de estado* seja de reconhecer eficácia *erga omnes*: *a)* que a acção tenha sido proposta contra *todos os interessados directos*; *b)* que, nela, tenha havido *oposição* ao pedido.

A expressão «interessados directos» deu origem a largo debate ([144]), principalmente no que se refere ao estudo da legitimidade passiva nas acções de investigação de maternidade e de paternidade; não merece a pena ocupar-nos dessa matéria, neste lugar, visto que, para tais acções, existem hoje o preceito expresso do art. 1819.º do Código Civil, a que adiante faremos referência.

Cremos que, em tese geral, aquela expressão deve entender-se referida aos «portadores do principal interesse oposto ao do Autor; o sujeito, os sujeitos ou o outro sujeito (ou respectivos sucessores) do estado jurídico controvertido» ([145]). As dificuldades que têm surgido situam-se exactamente na definição daquela titularidade, o que é problema a resolver em face do direito material controvertido (se não houver regra própria de legitimação), e já não respeita propriamente à questão de eficácia do caso julgado que este preceito contempla.

Também o requisito de ter «havido oposição» tem suscitado alguns reparos. Observa-se, em primeiro lugar, que, em virtude daquela exigência, o Autor não terá meio de conseguir uma sentença válida *erga omnes* se os Réus (ou o Réu) não deduzirem oposição, por má vontade, ou por incúria, ou pelo convencimento da sua improcedência — tudo eventualidades que não lhe são imputáveis ([146]). Isto é perfeitamente assim, mas o legislador entendeu que a conveniência de o Autor obter um caso julgado provido de eficácia *erga omnes* devia, nesta hipótese, ceder perante

---

([144]) *Rev. Leg. Jur.*, ano 100.º, págs. 286 e 291; Antunes Varela, na mesma *Revista*, ano 102.º, pág. 325, em anotação ao acórdão do Sup. Trib. Just., de 26 de Julho de 1968.

([145]) Manuel de Andrade, *Noções* (ed. 1963), pág. 292.

([146]) *Autor* e *ob. cits.*, pág. 291.

Capítulo V — Da sentença   ART. 674.º

a necessidade de garantir a veracidade do litígio de que emerge a definição do estado, dados os múltiplos vínculos jurídicos que dessa definição podem resultar. Mas se a lei exige que a acção seja dirigida contra *todos* os interessados directos, não exige que a oposição seja deduzida por *todos* eles; bastará, portanto, que um deles a conteste, para que o requisito se deva ter por preenchido; quando se fala em contestação pensa-se em oposição deduzida em termos que assegurem o exercício do princípio do contraditório.

Os «terceiros» a que o preceito alude são os titulares de uma relação conexa com a relação resolvida, cujos direitos podem ser atingidos pela sentença, mas que, por não serem interessados directos, não têm de ser, obrigatoriamente, demandados na acção de estado; todavia, como já se salientou, nalgumas acções a lei abre excepção a esta eficácia automática ou reflexa, dispondo que, para alguns desses terceiros, a eficácia do caso julgado dependerá da circunstância de terem sido demandados, como acontece na hipótese prevista no n.º 2 do art. 1819.º do Código Civil.

Para os «terceiros» que sejam titulares de relação jurídica incompatível com a relação resolvida é que nos parece que nunca produzirá efeitos o caso julgado constituído em acção (mesmo de estado) em que não tenham sido demandados; é o que decorre dos princípios gerais que ficaram expostos em anotação ao art. 671.º (nota 3).

3. O art. 1819.º do Código Civil regula a legitimidade passiva nas acções de investigação de maternidade, preceito que é aplicável, com as necessárias adaptações, à acção de investigação de paternidade, por força do art. 1873.º do mesmo diploma legal.

Se o pretenso progenitor for vivo, ao tempo da propositura da acção, é ele — e só ele — quem tem legitimidade para contradizer o pedido. Se o pretenso progenitor já tiver a esse tempo falecido, a acção tem de ser dirigida contra o cônjuge sobrevivo não separado judicialmente de pessoas e bens, e também, sucessivamente, contra os descendentes, ascendentes ou irmãos. Na falta destas pessoas, será nomeado curador especial (art. 1819.º Cód. Civ.).

Quando existam herdeiros ou legatários cujos direitos sejam atingidos pela procedência da acção (situação acima considerada)

ART. 674.º-A *Livro III, Título II — Do processo de declaração*

a sentença não produzirá efeitos contra eles se não tiverem sido também demandados (Cód. Civ., art. 1819.º, n.º 2) [147].

4. Anselmo de Castro entendia [148] que o art. 674.º, que estamos anotando, deveria ser pura e simplesmente eliminado, não só porque toda a matéria da legitimidade e dos efeitos das acções sobre o estado das pessoas foi objecto de regras próprias no Código Civil, como também porque essa regulamentação foi tão diversa, que daquele artigo nada pode ficar subsistindo.

Não parece que se possa aderir a este entendimento.

Desde logo porque há acções sobre o estado das pessoas acerca das quais nada se regulou na especialidade quanto a esta matéria (*v.g.* acções de divórcio e de anulação de casamento); depois, porque as regras de legitimidade passiva que o Código Civil enunciou, nos artigos a que fizemos referência, nada alteram do que dispõe este art. 674.º, limitando-se a esclarecer quem deve ser havido como interessado directo em *certas* acções de estado; finalmente porque a última parte dos citados preceitos nada mais faz, a nosso ver, do que abrir excepções à regra de eficácia absoluta do caso julgado contida no preceito anotando. Cremos, por isso, que não houve o propósito de *substituir* o comando do art. 674.º do Código de Processo, que deve entender-se vigente em tudo o que naquelas normas especiais não foi regulado.

ARTIGO 674.º-A

(Oponibilidade a terceiros da decisão penal condenatória)

A condenação definitiva proferida no processo penal constitui, em relação a terceiros, presunção ilidível no que se refere à existência dos factos que integram os pressupostos da punição e os elementos do tipo legal, bem como dos que respeitam às formas do crime, em quaisquer acções civis em que se discutam relações jurídicas dependentes da prática da infracção.

---

[147] São as soluções adoptadas pelo Código Civil após as alterações que lhe foram introduzidas pela reforma operada pelo Dec.-Lei n.º 496/77, de 25 de Novembro.

[148] *Do Código Civil para o Código de Processo Civil*, na *Rev. Dir. Est. Soc.*, ano XIII, n.ºs 3 e 4, V, 3.

Capítulo V — Da sentença · ART. 674.º-A

1. Os arts. 153.º e 154.º do Código de Processo Penal de 1929 regulavam especificadamente a eficácia, em acção cível, das sentenças, condenatórias e absolutórias, proferidas em acções penais.

O Código de Processo Penal de 1987, actualmente em vigor, não contém essa regulamentação, limitando-se a dispor, no seu art. 84.º que «a decisão penal, ainda que absolutória, que conhecer do pedido civil constitui caso julgado nos termos em que a lei atribui eficácia de caso julgado às sentenças civis».

Ficou, assim, por determinar a eficácia a atribuir às decisões penais, condenatórias ou absolutórias, de ilícitos penais, que sejam também fontes de direito a indemnização por responsabilidade civil quando os pedidos respectivos não tenham sido formulados na jurisdição criminal, no enxerto da acção civil ali permitido, mas não obrigatório.

Foi para preencher essa lacuna na lei que o legislador veio aditar ao Código de Processo Civil estes artigos 674.º-A e 674.º-B.

2. O art. 674.º-A regula o caso de ter havido condenação pelo ilícito criminal e não ter sido exercido, nessa acção, o direito de pedir a indemnização.

Que eficácia deve atribuir-se a esse caso julgado na acção cível que venha subsequentemente a propor-se?

Ao contrário do que acontecia com a lei anterior — segundo a qual a decisão condenatória definitiva constituia caso julgado quanto à existência e qualificação do facto punível e quanto à determinação dos seus agentes — presentemente a *decisão condenatória* transitada constitui apenas presunção ilidível quanto aos pressupostos da punição, aos elementos típicos legais e às formas do crime (arts. 10.º a 30.º do Cód. Penal).

Se uma pessoa for condenada com trânsito, por exemplo, como autor de um homicídio por negligência, não tendo sido apreciada a questão da responsabilidade civil decorrente desse facto, nem por isso, na acção cível que venha a propor-se, poderá ter-se como apurada a culpa por parte do devedor, gozando o credor a esse respeito de uma presunção *juris tantum* de que o autor do facto agiu com negligência, presunção que pode, portanto, ser ilidida.

— 209 —

ART. 675.º *Livro III, Título II — Do processo de declaração*

ARTIGO 674.º-B

(Eficácia da decisão penal absolutória)

1 — A decisão penal, transitada em julgado, que haja absolvido o arguido com fundamento em não ter praticado os factos que lhe eram imputados, constitui, em quaisquer acções de natureza civil, simples presunção legal da inexistência desses factos, ilidível mediante prova em contrário.

2 — A presunção referida no número anterior prevalece sobre quaisquer presunções de culpa estabelecidas na lei civil.

1. Veja-se a anotação que fizemos ao artigo anterior.

2. A doutrina consignada neste preceito corresponde à que se continha no Cód. Proc. Penal de 1929 e que o código actual não reproduziu.

3. Temos, assim, que a decisão penal que tiver absolvido o réu *com fundamento em este não ter praticado os factos que lhe eram imputados* constitui presunção legal ilidível da *inexistência desses factos*. Com este âmbito restrito é que funciona a presunção. Para evitar dúvidas que houve no passado a lei atribui a esta presunção prevalência sobre qualquer presunção de culpa admitida pela lei civil.

ARTIGO 675.º

(Casos julgados contraditórios)

1 — Havendo duas decisões contraditórias sobre a mesma pretensão, cumprir-se-á a que passou em julgado em primeiro lugar.

2 — É aplicável o mesmo princípio à contradição existente entre duas decisões que, dentro do processo, versem sobre a mesma questão concreta da relação processual.

É preceito que vem já do Código de 1876 (art. 1075.º, § único).

— 210 —

Capítulo VI — Dos recursos **ART. 676.º**

O Prof. Alberto dos Reis dava, da razão de ser da norma, esta explicação: Formado o caso julgado, a situação jurídica que ele declarou e definiu torna-se imutável; portanto, não pode tal situação ser alterada por caso julgado posterior. O novo caso julgado, destruindo o benefício que o caso julgado anterior assegurara à parte vencedora, é contrário à ordem jurídica, é, por assim dizer, um facto processual ilícito, e não deve, por isso, subsistir [149].

A alteração introduzida no texto de 39 foi, apenas, de redacção, para tornar claro que a oposição tanto pode verificar-se entre dois casos julgados materiais, como entre dois casos julgados formais. Era, aliás, o que já se vinha entendendo.

CAPÍTULO VI

Dos recursos

SECÇÃO I

Disposições gerais

ARTIGO 676.º

(Espécies de recursos)

1 — As decisões judiciais podem ser impugnadas por meio de recursos.

2 — Os recursos são ordinários ou extraordinários: são ordinários a apelação, a revista e o agravo; são extraordinários a revisão e a oposição de terceiro.

1. Os recursos, em sentido técnico-jurídico, são os meios específicos de impugnação de decisões judiciais, através dos quais se obtém o reexame da matéria apreciada pela decisão recorrida, umas vezes antes do seu trânsito em julgado (recursos ordinários), outras vezes depois dele (recursos extraordinários) [150].

---

[149] *Cód. Proc. Civ. An.,* V, 193.

[150] Sobre a noção de *recurso* veja-se: Alberto dos Reis, *Cód. Proc. Civ. An.,* vol. V, pág. 211; Paulo Cunha, *Processo Comum de Declaração,* tomo II, pág. 376; Palma Carlos, *Direito Processual Civil* (Lições ao 5.º ano jurídico de 1970-71), pág. 5.

— 211 —

ART. 676.º *Livro III, Título II — Do processo de declaração*

2. O código de 1939 incluia, entre os recursos ordinários, o de *queixa*, destinado a impugnar o despacho ou acórdão que não admitisse determinado recurso. A Comissão Redactora do projecto do Código actual sugeriu que se mudasse aquela designação para a de «recurso hierárquico», que, a seu ver, traduzia com mais exactidão o verdadeiro significado de tal recurso ([151]). Mas o legislador foi mais longe, e entendendo que a providência em que a *queixa* se traduzia não tinha a autonomia *funcional* necessária para a elevar à categoria de um recurso próprio, eliminou-a do elenco daqueles recursos, consevando-a sob a veste de reclamação, com o mesmo objecto e finalidade, como pode ver-se do disposto nos arts. 688.º e 689.º.

A Reforma de 1967 limitou-se a destacar do primitivo art. 676.º o seu n.º 3, com o qual se redigiu o actual art. 678.º, ao que parece só com o propósito de manter a numeração dos artigos do código, afectada pela supressão do primitivo art. 676.º, que tratava da hipoteca judicial, matéria de que se ocuparam os arts. 710.º e 711.º do novo Código Civil.

A reforma processual de 1995 suprimiu, do elenco dos recursos ordinários, o recurso para o tribunal pleno em consequência da revogação do art. 2.º do Código Civil.

3. Da redacção do preceito anotando resulta que visando os recursos a modificar as decisões recorridas, e não a criar decisões sobre matéria nova, não podem tratar-se neles questões que não tenham sido suscitadas perante o tribunal recorrido. Este princípio que é geralmente aceite ([152]) tem tido algumas aplicações indevidas pela sua extensão a hipóteses de conhecimento oficioso; aí é obviamente desnecessária a alegação das partes, e, portanto, o tribunal de recurso pode conhecer de todas essas questões, quer elas se refiram à relação processual, quer à relação material controvertida ([153]).

([151]) *Projectos de Revisão*, II, 8.

([152]) Vejam-se, entre os mais recentes, os acórdãos do Supremo Tribunal de Justiça de 16/12/87, no *B.M.J.*, n.º 372, pág. 385; de 29/11/89, na *A.J.*, 3.º, pág. 89; de 20/2/91, na *A.J.*, 16.º, 17.º; de 12/6/91, no *B.M.J.*, n.º 408, pág. 421; de 25/2/93, na *Col. Jur./S.T.J.*, ano I, t. 1, pág. 150; de 18/1/94, no *B.M.J.*, n.º 433, pág. 536.

([153]) Neste sentido: ac. S.T.J., de 27/7/65, no *B.M.J.*, n.º 149, pág. 297; de 6/1/88, no *B.M.J.*, n.º 373, pág. 462; de 7/1/93, no *B.M.J.*, n.º 423, pág. 539.

Capítulo VI — Dos recursos ART. 678.º

ARTIGO 677.º
(Noção de trânsito em julgado)

A decisão considera-se passada ou transitada em julgado, logo que não seja susceptível de recurso ordinário ou de reclamação nos termos dos artigos 668.º e 669.º.

Fornece a noção do trânsito em julgado.

O Código de 1961 melhorou a redacção do preceito do § único do art. 677.º do Código de 1939, de harmonia com a crítica que já lhe era feita pelo próprio Autor do Projecto desse diploma [154], passando a aludir à insusceptibilidade de reclamação fundada nos vícios a que se referem os arts. 668.º e 669.º. A fórmula adoptada é, realmente, mais perfeita e rigorosa.

ARTIGO 678.º
(Decisões que admitem recurso)

1 — Só é admissível recurso ordinário nas causas de valor superior à alçada do tribunal de que se recorre desde que as decisões impugnadas sejam desfavoráveis para o recorrente em valor também superior a metade da alçada desse tribunal; em caso, porém, de fundada dúvida acerca do valor da sucumbência, atender-se-á somente ao valor da causa.

2 — Mas se tiver por fundamento a violação das regras de competência internacional, em razão da matéria ou da hierarquia ou a ofensa de caso julgado, o recurso é sempre admissível, seja qual for o valor da causa.

3 — Também admitem sempre recurso as decisões respeitantes ao valor da causa, dos incidentes ou dos procedimentos cautelares, com o fundamento de que o seu valor excede a alçada do tribunal de que se recorre.

4 — É sempre admissível recurso, a processar nos termos dos artigos 732.º-A e 732.º-B, do acórdão da

---

[154] *Ob. cit.*, vol. V, pág. 217.

ART. 678.º *Livro III, Título II — Do processo de declaração*

Relação que esteja em contradição com outro, dessa ou de diferente Relação, sobre a mesma questão fundamental de direito e do qual não caiba recurso ordinário por motivo estranho à alçada do tribunal, salvo se a orientação nele perfilhada estiver de acordo com a jurisprudência já anteriormente fixada pelo Supremo Tribunal de Justiça.

5 — Independentemente do valor da causa e da sucumbência, é sempre admissível recurso para a Relação nas acções em que se aprecie a validade ou a subsistência de contratos de arrendamento para habitação.

6 — É sempre admissível recurso das decisões proferidas contra jurisprudência uniformizada pelo Supremo Tribunal de Justiça.

1. Em matéria cível a alçada dos tribunais da Relação é de 3.000.000$00 e a dos tribunais de 1.ª instância é de 750 000$00 (Lei Org. Func. Trib. Judiciais, art. 24.º, n.º 1).

2. Se a decisão for proferida em causa que, pelo seu valor, esteja compreendida na respectiva alçada, a regra que o n.º 1 deste preceito formula é a da inadmissibilidade do recurso ordinário, regra aplicável mesmo que o valor da causa seja superior à alçada, desde que a decisão que se pretende impugnar não tenha sido desfavorável para o recorrente em valor superior a metade do valor da referida alçada. Este segundo requisito é inoperante sempre que haja *fundada dúvida* quanto ao valor da sucumbência, caso em que vigora, pura e simplesmente, o critério do valor da alçada [155].

A regra enunciada no n.º 1 tem várias excepções, umas são as previstas nos n.os 2 a 6 desta norma, outras são as prescritas por lei para casos especiais (*v.g..,* o n.º 1 do art. 475.º).

3. A primeira excepção contemplada no n.º 2 deste artigo é a de o recurso ter como fundamento «a violação das regras de competência internacional, em razão da matéria ou da hierarquia».

---

[155] A admissibilidade dos recursos por efeito das alçadas é regulada pela lei em vigor ao tempo em que foi instaurada a acção (Lei Org. Trib. Jud., art. 24.º, n.º 3). Este preceito pôs termo a uma prolongada divergência jurisprudencial nessa matéria.

O Código de 39 continha já esta excepção, assim expressa: «se o recurso tiver por fundamento a incompetência absoluta do tribunal». Esta redacção prestava-se ao entendimento de que a excepção só funcionaria quando a pronúncia emitida fosse no sentido da competência, e não quando julgasse em sentido inverso, interpretação consentida efectivamente pela letra da lei, mas que não coincidia com o pensamento que informara a norma [156]. Foi para obviar a esse inconveniente que se adoptou a nova fórmula, que «tem a vantagem de tornar mais clara a ideia de que a excepção nela contida tanto se aplica ao caso do tribunal inferior se julgar incompetente, como ao de, infringindo igualmente qualquer das regras de competência internacional, em razão da matéria ou da hierarquia, se considerar competente» [157].

Cabe notar que quando o recurso for recebido por virtude de qualquer das excepções previstas nos n.ºs 2 e 3 deste artigo, o objecto do recurso fica restrito à apreciação da matéria que justificou a sua admissão, sendo vedado conhecer de questões que sejam estranhas a esse tema [158].

4. Se o fundamento do recurso for a ofensa de caso julgado, será então necessário que essa ofensa se impute à decisão recorrida. Se esta reconheceu que a decisão de um tribunal inferior ofendeu caso julgado, já não é operante o disposto do n.º 2 para abrir a via do recurso ordinário para outro tribunal.

Recorrendo-se com este fundamento bastará dizer-se, no requerimento de interposição, que se recorre por haver ofensa de caso julgado, ou terá de se fazer logo uma prévia justificação da admissibilidade do recurso?

No sentido da primeira daquelas soluções se pronunciou a Comissão Revisora do Código actual, pela pena do seu ilustre Relator, Dr. Lopes Navarro; o Prof. Alberto dos Reis, por sua vez, opinava em sentido contrário [159].

---

[156] Alberto dos Reis, *Cód. Proc. Civ. An.*, V, 224 e 225.

[157] *Observações ao Projecto*, no *Bol. Min. Just.*, n.º 123, pág. 131.

[158] Nesse sentido cfr. os acórdãos do Sup. Trib. Just., de 26-2-1954 (*Rev. Leg. Jur.*, 87.º-47; *Bol. Min. Just.*, 41.º-253), de 1-6-1954 (*Bol. Min. Just.*, 43.º-402), de 13-3-1956 (*Bol. Min. Just.*, 55.º-307).

[159] *Ob. cit.*, vol. V, pág. 236.

ART. 678.º *Livro III, Título II — Do processo de declaração*

Por nós cremos que a simples invocação, em abstracto, de ofensa a caso julgado, é insuficiente. Estando, como se está, no campo da excepção, é exigível que o requerente *identifique* o julgado cuja força obrigatória entende que a decisão ofendeu, fazendo prova da sua existência, o que permitirá apreciar da seriedade do fundamento invocado para abrir a via do recurso. Isso nos parece necessário e suficiente ([160]).

5. Com a redacção dada ao n.º 3, que subsituiu o § único do art. 678.º do Código anterior, pretendeu-se «acentuar que a *recorribilidade* da decisão não vai necessariamente até ao Supremo: não passará da Relação se o valor atribuído à causa pelo recorrente não exceder a alçada desse tribunal» ([161]).

6. As excepções dos n.ºs 2 e 3 são aplicáveis no processo sumaríssimo.

7. Como já observámos na nota dois ao art. 676.º, foram suprimidos da nossa ordem jurídica os «Assentos do Supremo Tribunal de Justiça» a que se referia o art. 2.º do Código Civil. Para substituir, de algum modo, o efeito uniformizador da jurisprudência, que eles desempenhavam, o legislador adoptou um novo paradigma do *recurso de revista*, com intervenção do plenário das secções civis do Supremo, que designou «revista ampliada» e regulou nos arts. 732.º-A e 732.º-B. É a essa situação que se refere o n.º 4 do artigo anotando, permitindo o recurso quando houver decisões contraditórias, nas Relações, sobre a mesma questão fundamental de direito. Se o caso for o de contrariedade do decidido em qualquer instância relativamente a jurisprudência já uniformizada pelo Supremo, também haverá sempre recurso, mas então ao abrigo do n.º 6 do preceito que estamos a analizar.

8. O n.º 1 do art. 57.º do R.A.U. (Dec.-Lei n.º 321-B/90) determina que a *acção de despejo* admite sempre recurso para a relação, independentemente do valor da causa. O n.º 5 do artigo agora em apreço dispõe que, independentemente do valor da causa e da sucumbência, é sempre admissível recurso para a Relação nas

---

([160]) Ac. S.T. J., de 9/7/91, no *B.M.J.*, n.º 409, pág. 706.
([161]) *Observações,* no *B.M.J.*, n.º 123, pág. 131.

Capítulo VI — *Dos recursos*   **ART. 679.º**

acções em que se aprecie a validade ou a subsistência de contratos de arrendamento para habitação.

No art. 57.º da R.A.U. a excepção funciona quando se tratar de acção de despejo; aqui a excepção aplica-se a qualquer espécie de acção, desde que a matéria versada seja a validade ou a subsistência de contrato de arrendamento para habitação.

ARTIGO 679.º

(Despachos que não admitem recurso)

Não admitem recurso os despachos de mero expediente nem os proferidos no uso legal de um poder discricionário.

1. Os despachos de mero expediente destinam-se a prover ao andamento regular do processo, sem interferir no conflito de interesses entre as partes. O artigo em exame declara irrecorríveis os despachos de mero expediente, mas cabe advertir que o faz na suposição de que eles foram proferidos de harmonia com a lei; se o não foram, isto é, se para determinado processo mandaram praticar ou admitiram que se praticassem, actos ou termos que a lei não prevê para ele, ou prevê que se pratiquem com um condicionalismo diferente daquele que no caso se verifica, já o despacho admitirá recurso. A razão é simples: é que os litigantes têm direito a que o processo se desenvolva dentro do paradigma da lei, que constitui garantia da defesa da sua posição processual, como meio adequado que se julgou ser para a declaração do direito material em causa, ou para a sua efectivação; deturpado esse modelo, haverá prejuízo processual para as partes, o que as legitima a impugnar o respectivo acto por via do recurso ordinário, quando este, nos termos gerais, for admissível.

2. Dizem-se actos praticados no uso de poder discricionário os despachos que decidam matéria confiada ao prudente arbitrio do julgador, permitindo a este a livre escolha quer da oportunidade da sua prática, quer da solução a dar a certo caso concreto. É o contrário do que acontece ao exercício dos poderes vinculados, em que se trata de aplicar a um caso concreto a vontade objectivada na lei, de tal modo que o autor do acto *deve* pronunciar-se sobre o pedido em determinado prazo e tem de resolver a pretensão no sentido em que a lei dispuser.

ART. 679.º   *Livro III, Título II — Do processo de declaração*

Exemplo de actos judiciais a praticar no uso de poder discricionário: a requisição, feita pelo tribunal, de informações, pareceres técnicos, plantas, fotografias, desenhos, objectos ou outros documentos necessários ao esclarecimento da verdade (art. 535.º); a inspecção judicial destinada a esclarecer qualquer facto que interesse à decisão da causa (art. 612.º); a inquirição, por iniciativa do tribunal, de pessoa não oferecida como testemunha, mas que se reconhece ter conhecimento de factos importantes para a decisão da causa (art. 645.º, n.º 1).

Não deve, porém, confundir-se *poder discricionário*, com simples *arbitrariedade*.

É que o uso do poder discricionário é sempre reconhecido em vista à satisfação de um determinado fim; esse *fim*, que justifica a concessão daquele poder, limita a liberdade que é inerente à discricionaridade, de tal modo que a sua falta, no caso concreto, afecta a validade do respectivo acto [162]. Não nos parece, por isso, perfeitamente exacto, salvo o devido respeito, o conceito que sobre esta matéria, expunha o Prof. Alberto dos Reis, ao escrever: «Poder discricionário quer dizer poder absolutamente livre, subtraído a quaisquer limitações objectivas ou subjectivas (*Rev. de Leg., 79.º,* pág. 107). A lei que confere poder discricionário é uma *norma em branco*: a vontade do juiz é que preenche a norma, é que, em cada caso concreto, lhe molda o conteúdo» [163]. Basta rever os exemplos acima apontados para nos apercebermos do exagero da fórmula. Em todos eles, ao lado da concessão do poder discricionário, se indica o *fim* para que este é concedido: a necessidade de esclarecer a verdade, na requisição do art. 535.º; a utilidade de o juiz se esclarecer sobre qualquer facto, na realização da inspecção judicial a que alude o art. 612.º; e a descoberta da verdade material, em ordem à melhor decisão da causa, na inquirição prevista no art. 645.º. Não se trata, portanto, de poderes *absolutamente livres*, nem de *normas em branco*. Aqueles fins limitam a legalidade dos respectivos actos; se estes forem, pois, praticados visando a obtenção de outros fins, o juiz age fora dos limites do poder discricionário que aquelas normas lhe conferem, e as decisões, que a esse respeito

---

[162] Cfr., no sentido da doutrina exposta no texto, Marcelo Caetano, *Manual de Direito Administrativo,* 8.ª ed., vol. I, pág. 443.

[163] *Cód. Proc. Civ. An.,* V, 253. Adelino da Palma Carlos parece aderir, nas suas citadas Lições, pág. 12, a este entendimento.

— 218 —

Capítulo VI — Dos recursos   **ART. 680.º**

tomar, são passíveis de recurso ordinário, nos termos gerais. É que então o uso de poder discricionário não poderá dizer-se *legal*.

ARTIGO 680.º

(Quem pode recorrer)

1 — Os recursos, exceptuada a oposição de terceiro, só podem ser interpostos por quem, sendo parte principal na causa, tenha ficado vencido.

2 — Mas as pessoas directa e efectivamente prejudicadas pela decisão podem recorrer dela, ainda que não sejam partes na causa ou sejam apenas partes acessórias.

1. A regra é a de que só tem legitimidade para recorrer a *parte principal* que tenha ficado *vencida*.

Já nos referimos várias vezes ao conceito de «parte» [164]. O Prof. Andrade escrevia sobre a distinção entre partes principais e partes acessórias: «Partes principais são o demandante e o demandado (um ou vários). A sua posição não está dependente da de outros particulares. Aliás, a mais daquelas entre as quais o processo foi iniciado, podem sobrevir outras, quer em substituição do Réu primitivo (arts. 323.º, n.º 2, e 328.º), quer ao lado deste ou em posição paralela à do Autor (arts. 330.º, 333.º e 351.º-353.º) quer ainda numa posição contrária à de ambos (*ad infringendum iura competitoris*) enquanto pretendem ser seu o direito entre eles pleiteado (arts. 342.º e 344.º). Pode falar-se aqui em intervenientes principais. [...] Além das partes principais, podem passar a ter intrvenção no processo (em posição também distinta da dos outros sujeitos) os chamados *assistentes*, que nele farão figura de partes acessórias. São portadores de certos interesses subordinados ao de alguma das partes principais, que a lei admite a intervirem no processo apenas para coadjuvar essa parte, mantendo-a numa posição subalterna em relação à do mesmo pleiteante (arts. 335.º e segs.). Pode falar-se aqui de intervenção *assistencial* ou *acessória*» [165].

A parte principal diz-se vencida quando for prejudicada [166] pela decisão; é o exame desta que há-de revelar a existência ou

---

[164] Em especial na anotação aos arts. 5.º, 25.º e 55.º.

[165] *Ob. cit.*, pág. 77. Hoje a referência seria aos arts. 320.º a 350.º.

[166] Acs. S.T.J., de 24/10/67, no *B.M.J.*, n.º 170, pág. 240; e de 10/2/89, no *B.M.J.*, n.º 384, pág. 559.

ART. 680.º *Livro III, Título II — Do processo de declaração*

inexistência deste prejuízo, que, combinado com aquela qualidade, a legitima para recorrer. Se a decisão lhe não foi desfavorável, não pode recorrer dela, ainda que o julgador se tenha baseado em razões jurídicas diferentes das alegadas pelo interessado, e mesmo que tenha recusado expressamente a procedência de fundamentos por aquele invocados [167]. Mas esse prejuízo não tem de ser total; a parte pode considerar-se vencida quando, obtendo embora a declaração do seu direito, a respectiva decisão não lhe reconhece todos os efeitos jurídicos pretendidos, como é o caso de o autor haver pedido a condenação do réu em quantia certa e a sentença o ter condenado no que se liquidasse em execução de sentença [168]. Outro caso-limite é o da absolvição da instância; se o réu alegou excepção dilatória, a decisão que o absolva da instância é, para ele, irrecorrível; se, porém, tiver sustentado a inexistência do direito do autor, e a consequente improcedência da acção, a sentença que *apenas* o absolva da instância já pode ser impugnada, por ele, com o recurso ordinário que no caso couber [169].

2. No n.º 2 admite-se a recorrer quem não é parte principal na causa; mas, nesse caso, exige-se-lhe que tenha sido *directa e efectivamente* prejudicado pela decisão [170].

O Código de 1939 admitia a recorrer «as pessoas directamente prejudicadas por uma decisão», ainda que não fossem parte na causa, ou fossem partes acessórias nela. Ponderando a conveniência de tornar claro que aquele prejuízo tem de ser não só *directo* mas também *imediato*, a Comissão Redactora do Projecto do Código actual propôs a fórmula: «as pessoas para quem a decisão importe prejuízo directo, não eventual» [171]; finalmente o legislador adoptou a expressão «as pessoas directa e efectivamente prejudicadas pela decisão», justificando-a deste modo: «Consagra-se expressamente na lei a doutrina de que não basta um prejuízo

---

[167] Ac.s S.T.J., de 28/11/50, no *B.M.J.*, n.º 22, pág. 222; e de 17/7/59, na *Rev. Trib.*, ano 77.º, pág. 380.

[168] Ac. Sup. Trib. Just., de 27-1-61 (*Rev. Trib.*, 79.º- 115.º e *Bol. Min. Just.*, 103.º-606)

[169] Neste sentido o ac. Sup. Trib. Just., de 21-10-60 (*Rev. Trib.*, 79.º-24 e *Bol. Min. Just.*, 100.º-539).

[170] Sobre esta matéria podem ver-se os acórdãos do S.T.J. de 21-11-79 (*B.M.J.*, n.º 291, pág. 420.º; e 7-12-93 (*B.M.J.*, n.º 432, pág. 298).

[171] *Projectos de Revisão*, II, págs. 11 e 82.

Capítulo VI — Dos recursos **ART. 681.º**

directo para legitimar a interposição de recurso por quem não pode considerar-se *parte principal vencida.* Há casos em que o prejuízo proveniente da decisão, embora seja *directo* (no sentido de que não é simplesmente mediato ou reflexo) é, todavia, *eventual, longínquo, incerto, apenas provável* ou *possível.* A nova redacção dada ao n.º 2 significa que um prejuízo dessa natureza não basta para legitimar a posição do recorrente» ([172]).

A circunstância da pessoa prejudicada pela decisão ter tido ou não ter tido intervenção no processo, parece, à face da letra e do espírito da norma, indiferente para aplicação desta ([173]); o elemento histórico mostra que a evolução se fez nesse sentido.

3. Será o presente artigo aplicável ao Ministério Público?

Não se vêem razões para responder negativamente; quando a lei quis exceptuá-lo do regime geral, disse-o expressamente, como fez no n.º 4 do art. 681.º.

Os arts. 5.º e 6.º do Estatuto do Ministério Público regula a intervenção do M.P. nos processos como parte principal e como parte acessória. Aplica-se-lhes, portanto, o regime deste art. 680.º. O que acontece é existirem casos especiais de legitimação anómala do Ministério Público para recorrer, como sucede no requerimento para revista ampliada (art. 732.º-A, n.º 2), no agravo do despacho de cumprimento da carta rogatória (art. 186.º, n.º 3), e na revisão de sentença estrangeira (art. 1102.º, n.º 2).

ARTIGO 681.º

(Perda do direito de recorrer e renúncia ao recurso)

1 — É lícito às partes renunciar aos recursos; mas a renúncia antecipada só produz efeito se provier de ambas as partes.

2 — Não pode recorrer quem tiver aceitado a decisão depois de proferida.

([172]) *Bol. Min. Just.,* 123.º-132.

([173]) Neste sentido: A. dos Reis, *ob. cit.,* V, 274; em sentido contrário: Sá Carneiro, *Rev. Trib.,* 64.º-217 e Gonçalves Dias, *Rev. Just.,* 31.º-89.

ART. 681.º *Livro III, Título II — Do processo de declaração*

3 — A aceitação da decisão pode ser expressa ou tácita. A aceitação tácita é a que deriva da prática de qualquer facto inequivocamente incompatível com a vontade de recorrer.

4 — O disposto nos números anteriores não é aplicável ao Ministério Público.

5 — O recorrente pode, por simples requerimento, desistir livremente do recurso interposto.

1. Parecem bastante discutíveis as soluções contidas neste preceito.

Prevêem-se duas espécies de renúncia ao recurso: a antecipada e a posterior à decisão.

Quanto à primeira, não se entende como podem as partes renunciar a um direito que não sabem se virão a ter, um direito, portanto, puramente eventual e dependente de ficarem vencidas; por outro lado, afigura-se-nos que sendo os recursos admitidos em razão do interesse geral de estabelecer meios de aperfeiçoamento das decisões judiciais, que a instância única não serve, não poderá considerar-se como pertencendo à disponibilidade das partes afastar, antecipadamente, o funcionamento do sistema.

Quanto à segunda não vemos em que é que ela se poderá distinguir da aceitação do julgado, única modalidade que nos parece dever ter sido regulada.

2. A renúncia antecipada tem de ser sempre expressa. O Prof. Palma Carlos defendia a solução contrária, com fundamento no preceituado pelo art. 1524.º, segundo o qual a concessão, aos árbitros, da faculdade de julgarem segundo a equidade, envolve necessariamente a renúncia aos recursos. Mas parece que, neste caso, se trata, antes, de um *efeito* que a lei directamente atribui à autorização concedida aos árbitros para julgarem segundo a equidade, hipótese em que, não ficando estes, sujeitos à aplicação do direito constituído e decidindo conforme lhes parecer justo, são escolhidos como *únicos* julgadores do litígio. Quer dizer, adopta-se, então, uma forma de julgamento que é, por si, incompatível com o fim prosseguido pelo recurso ordinário. Será lícito extrair desta regra particular, só aplicável ao tribunal arbitral, a conclusão de que o preceito genérico do art. 681.º comporta a forma tácita da renúncia antecipada em processo civil? Cremos que não.

— 222 —

Capítulo VI — Dos recursos   ART. 682.º

3. As causas de perda do direito ao recurso a que se refere o preceito em anotação só são operantes em relação aos recursos ordinários. Tanto a renúncia como a aceitação podem ser parciais, isto é, só serem eficazes quanto a uma parte da decisão, se esta for divisível. A renúncia posterior ao julgado e a aceitação deste devem ter-se como condicionais para os efeitos do disposto no n.º 4 do art. 682.º, a não ser que se afaste, expressa ou tacitamente, a aplicação deste preceito.

4. O n.º 5 do preceito foi-lhe acrescentado pelo Dec.-Lei n.º 329--A/95, e trata de uma hipótese diferente da perda do direito de recorrer ou da sua renúncia, a da desistência do recurso. Enquanto que naqueles casos se trata de *direito de recorrer*, aqui o recurso foi interposto e recebido e é na pendência dele que o recorrente desiste da instância. Essa desistência é evidentemente livre. Com a referência a «simples requerimento» o legislador parece ter querido subscrever a posição dos que têm defendido que a desistência da instância do recurso pode fazer-se por requerimento do mandatário provido apenas de procuração com poderes gerais de representação em juízo.

ARTIGO 682.º

(Recurso independente e recurso subordinado)

1 — Se ambas as partes ficarem vencidas, cada uma delas terá de recorrer se quiser obter a reforma da decisão na parte que lhe seja desfavorável; mas o recurso por qualquer delas interposto pode, nesse caso, ser independente ou subordinado.

2 — O recurso independente é interposto dentro do prazo e nos termos normais; o recurso subordinado pode ser interposto dentro de 10 dias, a contar da notificação do despacho que admite o recurso da parte contrária.

3 — Se o primeiro recorrente desistir do recurso ou este ficar sem efeito ou o tribunal não tomar conhecimento dele, caduca o recurso subordinado, sendo todas as custas da responsabilidade do recorrente principal.

4 — Salvo declaração expressa em contrário, a renúncia ao direito de recorrer ou a aceitação, expressa ou tácita, da decisão por parte de um dos litigantes não

ART. 682.º *Livro III, Título II — Do processo de declaração*

obsta à interposição do recurso subordinado, desde que a parte contrária recorra da decisão.

5 — Se o recurso independente for admissível, o recurso subordinado também o será, ainda que a decisão impugnada seja desfavorável para o respectivo recorrente em valor igual ou inferior a metade da alçada do tribunal de que se recorre.

1. O recurso subordinado só é afectado pela insubsistência do principal nos três casos previstos no n.º 3 [174], e não em qualquer outra hipótese, designadamente quando a este tiver sido negado provimento.

O Supremo tem julgado que existindo recurso principal e subordinado, e versando este sobre questão prévia da que constitui objecto daquele, o tribunal deve conhecer primeiramente do recurso subordinado. A proposição é lógica, mas com a advertência de que, antes de mais, o tribunal deve assegurar-se de que se não verifica qualquer das razões que prejudicam a subsistência do recurso principal acima aludidas; só depois poderá fazer aquela opção, porque só então se porá a questão da prioridade do *conhecimento* de qualquer dos recursos.

2. Já nos referimos ao preceito do n.º 4 na anotação ao artigo anterior. É disposição que condiciona os efeitos da renúncia e da aceitação. Foi introduzida pelo legislador de 1961, e veio assim justificada: «A única novidade da nova redacção do artigo consiste em facultar a interposição do recurso subordinado à parte que anteriormente tenha renunciado ao recurso ou que, expressa ou tacitamente, tenha aceitado a decisão. Essa decisão — de conformação com o *veredictum* do tribunal — assenta normalmente sobre a persuasão de que a outra parte se conformará também com ele. Se essa pressuposição se não verifica, parece equitattivo conceder àquela parte a faculdade de interpor, se quiser, um recurso subordinado. Ressalva-se, entretanto, a hipótese de a parte ter agido com a intenção de renunciar ao recurso ou aceitar a decisão, qualquer que fosse a atitude da parte contrária. É essa a ressalva compreendida nas palavras introdutórias do n.º 4» [175].

---

[174] Ac. S.T.J., de 20/6/58, no *B.M.J.*, n.º 78, pág. 331.
[175] *Observações*, no *B.M.J.*, n.º 123, pág. 134.

— 224 —

Capítulo VI — Dos recursos

ART. 683.º

3. O n.º 5, acrescentado pela reforma processual de 95, quis libertar o recurso subordinado da medida da sucumbência prevista no n.º 1 do art. 678.º como requisito geral da impugnação. Compreende-se que, subindo de qualquer modo o processo para apreciação do recurso principal, se não seja tão exigente como para a interposição deste.

ARTIGO 683.º

(Extensão do recurso aos compartes não recorrentes)

1 — O recurso interposto por uma das partes aproveita aos seus compartes no caso de litisconsórcio necessário.

2 — Fora do caso de litisconsórcio necessário o recurso interposto aproveita ainda aos outros:

a) **Se estes, na parte em que o interesse seja comum, derem a sua adesão ao recurso;**

b) **Se tiverem um interesse que dependa essencialmente do interesse do recorrente;**

c) **Se tiverem sido condenados como devedores solidários, a não ser que o recurso, pelos seus fundamentos, respeite unicamente à pessoa do recorrente.**

3 — A adesão ao recurso pode ter lugar, por meio de requerimento ou de subscrição das alegações do recorrente, até ao início dos vistos para julgamento.

4 — Com o acto de adesão, o interessado faz sua a actividade já exercida pelo recorrente e a que este vier a exercer. Mas é lícito ao aderente passar, em qualquer momento, à posição de recorrente principal, mediante o exercício de actividade própria; e se o recorrente desistir, deve ser notificado da desistência para que possa seguir com o recurso como recorrente principal.

5 — O litisconsorte necessário, bem como o comparte que se encontre na situação das alíneas *b)* ou *c)* do n.º 2, podem assumir em qualquer momento a posição de recorrente principal.

1. Se entre as partes vencidas existir litisconsórcio necessário (art. 28.º), a regra enunciada pelo preceito é simples: o recurso

ART. 683.º *Livro III, Título II — Do processo de declaração*

interposto por uma delas aproveita às outras; qualquer delas pode intervir no processo do recurso e a decisão deste produz, para recorrentes e não recorrentes, os mesmos efeitos.

Se o litisconsórcio for voluntário, o princípio consagrado é exactamente o oposto; o recurso só aproveita a quem o interpõe, princípio que, todavia, admite as 3 excepções indicadas no n.º 2, para os casos de interesse comum (recurso adesivo), interesse dependente e solidariedade passiva.

2. Ao recurso por adesão se referem (em sistematização imperfeita) a alínea *a)* do n.º 2, e os n.ᵒˢ 3 e 4 do preceito em anotação.

Aqui o interesse é *divisível*; não se justificaria, portanto, que o recurso interposto por um dos vencidos aproveitasse necessariamente aos outros; mas como aquele interesse é também *comum* (art. 27.º), já se compreende que esse aproveitamento se verifique quando os não recorrentes dêem a sua adesão ao recurso interposto. Essa adesão deve ser dada, em requerimento, até ao termo do prazo que o recorrente tem para alegar, não importando a data em que a alegação venha efectivamente a ser entregue. O aderente pode converter-se em recorrente principal bastando, para isso, que aja, no processo, nessa qualidade, formulando, por exemplo, alegações próprias.

Para o caso de o recorrente principal desistir do recurso, há a distinguir: se o aderente já passou a intervir como recorrente principal, não há qualquer providência a tomar; se se manteve inactivo depois da adesão, terá de ser notificado para, em 10 dias, fazer seguir, querendo, o recurso, como recorrente principal.

3. A previsão da alínea *b)* do n.º 2 parece inútil. Se, realmente, o interesse do recorrente é prejudicial em relação ao do não recorrente (caso, por exemplo, do interesse do devedor em relação ao interesse do fiador) é manifesto que o reconhecimento, em recurso, da inexistência da obrigação principal, há-de aproveitar ao titular passivo da obrigação dependente. «Desde que desaparece uma relação principal, é dos princípios elementares — e dos princípios elementares do direito *substantivo* — que caducam automaticamente todas as relações *acessórias, subordinadas* ou *dependentes*. Haverá casos excepcionais em que assim não sucede: mas é ainda ao direito substantivo que compete apontar semelhantes excepções» ([176]).

([176]) *Observações,* no *Bol. Min. Just.,* n.º 123.º, pág. 135.

Capítulo VI — Dos recursos   **ART. 684.º**

4. Em relação à alínea *c)* do n.º 2 parecem oportunas duas notas. A primeira a chamar a atenção para o facto de que não é qualquer relação de solidariedade que justifica o funcionamento do preceito, mas só a condenação como *devedores* solidários de recorrente e não recorrentes; se se tratar, por exemplo, de credores solidários, todos vencidos pela decisão, o recurso interposto por um deles não aproveita aos outros credores. A segunda, para fazer ressaltar que a excepção da mesma alínea é inaplicável aos casos em que, embora os vencidos sejam devedores solidários, o recorrente invoque uma razão *pessoal* (*v.g.* a da sua incapacidade) para fundar o recurso.

5. A reforma de 95 acrescenta ao preceito o seu actual n.º 5 para tornar claro que quer o litisconsorte necessário, quer qualquer comparte que se encontre nas situações previstas nas alíneas *b)* e *c)* do n.º 2 podem assumir em qualquer momento a posição de recorrente principal. Era a solução que já defendíamos em fase da redacção primitiva.

ARTIGO 684.º

(Delimitação subjectiva e objectiva do recurso)

1 — Sendo vários os vencedores, todos eles devem ser notificados do despacho que admite o recurso; mas é lícito ao recorrente, salvo no caso de litisconsórcio necessário, excluir do recurso, no requerimento de interposição, algum ou alguns dos vencedores.

2 — Se a parte dispositiva da sentença contiver decisões distintas, é igualmente lícito ao recorrente restringir o recurso a qualquer delas, uma vez que especifique no requerimento a decisão de que recorre.

Na falta de especificação, o recurso abrange tudo o que na parte dispositiva da sentença for desfavorável ao recorrente.

3 — Nas conclusões da alegação, pode o recorrente restringir, expressa ou tacitamente, o objecto inicial do recurso.

4 — Os efeitos do julgado, na parte não recorrida, não podem ser prejudicados pela decisão do recurso nem pela anulação do processo.

ART. 684.º *Livro III, Título II — Do processo de declaração*

1. O n.º 1 permite ao recorrente limitar a eficácia do recurso a algum ou a alguns dos vencedores, se entre estes não existir litisconsórcio necessário. A exclusão, do recurso, de qualquer dos vencedores, só pode ser feita no requerimento de interposição do recurso, não estando sujeita a qualquer fórmula. Os recorridos serão notificados do despacho que admitir o recurso; os excluídos serão notificados do facto da exclusão.

2. Os n.ᵒˢ 2 e 3 deste artigo regulam a delimitação objectiva do recurso. Estes preceitos estão relacionados com o n.º 2 do art. 660.º, e designadamente com a interpretação a fazer do termo «questões», ali empregado. Interessa, por isso, reler a nota 2 àquele artigo. As «decisões distintas» a que o texto legal se refere são os vários *julgados* que o despacho, sentença ou acórdão podem, em si, conter. Se algumas vezes é fácil concluir pela singularidade ou pela pluralidade de decisões contidas no mesmo acto decisório, outras vezes essa averiguação é muito difícil de fazer. Para estes últimos casos é que será de grande utilidade ter presente quais as questões que as partes submeteram à apreciação do tribunal, visto que a cada uma destas «questões» deve corresponder uma «decisão». O melindre do problema está na tendência que o intérprete terá sempre de confundir entre as «questões a decidir» e o «efeito ou efeitos jurídicos» que, com a acção, se pretendem ver declarados ou reconhecidos. Quer dizer, o pedido pode ser único, e todavia implicar a decisão de várias questões de direito, que nem sempre correspondem a uma mesma causa de pedir.

É pois para a hipótese de o julgado conter mais do que uma decisão, que o n.º 2 do artigo em análise permite a restrição do recurso a alguma ou a algumas delas. O Código de 39 dizia: «Se a decisão contiver partes distintas», onde agora se lê: «Se a parte dispositiva da sentença contiver decisões distintas». O propósito foi mostrar «claramente que a limitação objectiva do recurso — cuja admissibilidade se continua a reconhecer — se há-de processar dentro apenas da parte *dispositiva* da sentença» ([177]).

A este respeito caberá também anotar que esta expressão «parte dispositiva da sentença» não deverá ser tomada em sentido formal, como apenas referida à parte final da sentença, onde, em geral, o juiz, depois de ter posto e decidido as várias questões que

---

([177]) *Observações*, no *Bol. Min. Just.*, 123.º-136.

Capítulo VI — Dos recursos **ART. 684.º-A**

deve apreciar, conclui dizendo: «Por estes fundamentos julgo procedente (ou improcedente) a acção, e, em consequência...». Não será, talvez, muito perfeita esta maneira de concluir, mas a verdade é que ela é uniformemente usada e a prática tem tendência em identificar essa declaração final com a parte dispositiva do julgado. Não é assim, como supomos resultar das considerações que deixamos feitas. Neste aspecto não sabemos se a redacção de 61 não terá — embora com excelente intenção — agravado um pouco mais a dificuldade, que o texto anterior não continha, ao falar na decisão com várias partes.

3. Onde e como se faz a restrição? Em primeiro lugar pode restringir-se o objecto do recurso no requerimento de interposição, especificando-se aí a parte da decisão de que se recorre. Essa restrição também pode ser feita *nas conclusões* da alegação do recorrente, mas, então, explícita ou implicitamente, isto é, declarando que só se impugna certa parte do julgado, ou pelo simples facto de só se atacar a solução dada a determinadas questões. Um ponto há a destacar:·se o objecto do recurso foi restringido no requerimento de interposição, as conclusões da alegação têm de respeitar a restrição feita: podem aumentá-la, no sentido de excluírem, ainda, decisões que se haviam especificado como integrando o seu objecto, mas não podem já reduzi-la, ocupando-se de matérias a que a especificação inicial não aludia. Isto se conclui da referência, feita pelo n.º 3, ao objecto *inicial* do recurso, que é indubitavelmente o que se define no acto da interposição.

4. O n.º 4 deste preceito, ao afirmar a estabilidade das decisões não recorridas, exclui, em processo civil, a *reformatio in pejus*, isto é, não permite que a posição do recorrente seja agravada por virtude do recurso que ele interpôs ([178]).

ARTIGO 684.º-A

**(Ampliação do objecto do recurso a requerimento
do recorrido)**

1 — No caso de pluralidade de fundamentos da acção ou da defesa, o tribunal de recurso conhecerá do fun-

---

([178]) Ac. S.T.J., de 16/3/89, no *B.M.J.,* n.º 385, pág. 552.

ART. 684.º-A *Livro III, Título II — Do processo de declaração*

damento em que a parte vencedora decaiu, desde que esta o requeira, mesmo a título subsidiário, na respectiva alegação, prevenindo a necessidade da sua apreciação.

2 — Pode ainda o recorrido, na respectiva alegação e a título subsidiário, arguir a nulidade da sentença ou impugnar subsidiariamente a decisão proferida sobre pontos determinados da matéria de facto, não impugnados pelo recorrente, prevenindo a hipótese de procedência das questões por este suscitadas.

3 — Na falta dos elementos de facto indispensáveis à apreciação da questão suscitada, pode o tribunal de recurso mandar baixar os autos, a fim de se proceder ao julgamento no tribunal onde a decisão foi proferida.

1. Este preceito foi aditado ao Código pela reforma processual de 95/96. O propósito foi o de resolver algumas questões que se punham quanto ao objecto de recurso, designadamente as que provinham do novo âmbito de cognição atribuído ao tribunal de 2.ª instância pela mesma reforma.

Vejamos sinteticamente os pontos tratados e as soluções adoptadas.

2. A situação de que se ocupa o n.º 1 vinha já da legislação anterior.

Vamos supor que o autor intenta uma acção ordinária para o réu ser condenado a pagar-lhe certa importância, fundado no cumprimento de um contrato de compra e venda de coisas móveis, ou no princípio do enriquecimento sem causa. Na sentença final julga-se não se verificar o não locupletamento à custa alheia, mas sim o incumprimento de um contrato de compra e venda, e com esse fundamento julga-se a acção procedente e condena-se o réu no pedido. Recorre o réu sustentando que não chegou a haver contrato de compra e venda, por falta de requisitos essenciais deste negócio, pelo que não pode ser condenado a pagar um preço que se diz ter sido nele convencionado. O recorrido vê-se nesta situação: interessa-lhe que a questão do enriquecimento sem causa seja reexaminado pelo tribunal *ad quem*, mas não pode recorrer nessa matéria, porque não foi minimamente vencido na parte decisória do julgado. É então que se justifica que o recorrido lance mão do disposto no n.º 1 do preceito em anotação, requerendo ao tribunal

Capítulo VI — Dos recursos **ART. 685.º**

que, no caso de se julgar procedente a argumentação do recorrente, antes de conceder provimento ao recurso, se entre na apreciação do outro fundamento em que se alicerçava o pedido, e que a 1.ª instância afastou. Esta possibilidade de ampliar o âmbito do recurso é inteiramente de aplaudir.

3. A situação a que se refere o n.º 2 do artigo pode figurar-se assim: *A* demanda *B* pedindo a condenação deste a pagar-lhe determinada importância, preço de uma venda que diz ter-lhe feito; *B* opõe a prescrição e a acção é julgada improcedente com esse fundamento. Se *A* recorre, *B* pode, na alegação, arguir a nulidade da sentença (art. 668.º) ou impugnar a decisão de certos pontos da matéria de facto, não impugnados pelo recorrente, para o caso de proceder a argumentação deste no recurso.

4. Na hipótese de pedido de ampliação haverá sempre lugar a aplicação do disposto no n.º 5 do art. 698.º.

O n.º 3 do preceito em apreço regula como fazer o apuramento da matéria de facto cuja averiguação se torne necessária em face da ampliação requerida.

ARTIGO 685.º

(Prazo de interposição)

1 — O prazo para a interposição dos recursos é de dez dias, contados da notificação da decisão; se a parte for revel e não dever ser notificada nos termos do artigo 255.º, o prazo corre desde a publicação da decisão.

2 — Tratando-se de despachos ou sentenças orais, reproduzidos no processo, o prazo corre do dia em que foram proferidos, se a parte esteve presente ou foi notificada para assistir ao acto; no caso contrário, o prazo corre nos termos do n.º 1.

3 — Quando, fora dos casos previstos nos números anteriores, não tenha de fazer-se a notificação, o prazo corre desde o dia em que o interessado teve conhecimento da decisão.

4 — Se a revelia da parte cessar antes de decorridos os 10 dias posteriores à publicação, tem a sentença ou despacho de ser notificado e começa o prazo a correr da data da notificação.

— 231 —

ART. 686.º *Livro III, Título II — Do processo de declaração*

1. Refere-se ao prazo de interposição dos *recursos ordinários.* O termo *a quo* desse prazo é, em regra, a data da notificação da decisão de que se recorre.

Destaca a lei nesta matéria duas situações que especialmente regula: *a)* a de a parte ser revel e não dever ser notificada nos termos do art. 255.º; *b)* a da natureza oral da decisão que se pretende impugnar.

No primeiro caso, a parte não constitui mandatário, nem reside na sede do tribunal nem aí escolheu domicílio para receber notificações, nem teve qualquer intervenção no processo. Encontra-se em estado de revelia absoluta e a consequência é não lhe deverem ser feitas notificações. As decisões consideram-se então notificadas no dia seguinte àquele em que os autos tiverem dado entrada na secretaria.

Para o caso das decisões orais, reproduzidas no processo, estabelece o preceito estes termos iniciais: *o dia em que foram proferidos,* se a parte assistiu ao acto, ou foi notificada para assistir a ele; *a data da notificação,* se a parte não assistiu ao acto, nem foi notificada para assistir a ele devendo a decisão, por força da lei ou por despacho do juiz ser-lhe notificada; *da data do conhecimento efectivo* fora daquele condicionalismo.

Tendo havido pedido de rectificação, aclaração ou reforma da decisão, será de observar o disposto no art. 686.º.

2. Aludimos, até agora, ao início do prazo. Vejamos o que deve entender-se quanto à sua contagem. Como se sabe o regime da contagem dos prazos, na falta de disposição legal em contrário, encontra-se hoje unificado, quer se trate de prazos fixados por lei, quer pelos tribunais, quer por qualquer outra autoridade (Cód. Civ., art. 296.º). Tal regime é o do art. 279.º do Código Civil.

Deverá ter-se em conta, ainda, quanto ao termo final de qualquer prazo, o disposto na alínea *e)* do citado art. 279.º do Código Civil, e quanto ao decurso e termo dos prazos judiciais, o que preceituam os arts. 143.º, 144.º e 145.º deste Código de Processo.

ARTIGO 686.º

(Interposição do recurso, quando haja rectificação, aclaração ou reforma da sentença)

1 — Se alguma das partes requerer a rectificação aclaração ou reforma da sentença, nos termos dos arti-

Capítulo VI — Dos recursos   **ART. 687.º**

gos 667.º e do n.º 1 do artigo 669.º, o prazo para o recurso só começa a correr depois de notificada a decisão proferida sobre o requerimento.

2 — Estando já interposto recurso da primitiva sentença ou despacho ao tempo em que, a requerimento da parte contrária, é proferida nova decisão, rectificando, esclarecendo ou reformando a primeira, o recurso fica tendo por objecto a nova decisão; mas é lícito ao recorrente alargar ou restringir o âmbito do recurso em conformidade com a alteração que a sentença ou despacho tiver sofrido.

1. O preceito só é aplicável à rectificação de erros materiais, ao esclarecimento de alguma obscuridade ou ambiguidade da sentença, e à reforma desta quanto a custas e multa.

A reforma substancial da sentença, a que alude o n.º 2 do art. 669.º, é requerida na própria alegação, pelo que não interfere com o prazo de interposição do recurso.

2. O diferimento do prazo de que trata o n.º 1 tanto aproveita ao requerente como à parte contrária.

A restrição prevista na segunda parte do n.º 2 poderá fazer-se nas conclusões da alegação (art. 684.º, n.º 3); o alargamento do âmbito do recurso parece que deverá ser declarado, em requerimento, nos 10 dias imediatos à notificação da nova decisão, por ser esse o prazo que a parte teria de utilizar se não tivesse já recorrido.

ARTIGO 687.º

(Interposição do recurso — Despacho do requerimento)

1 — Os recursos interpõem-se por meio de requerimento, dirigido ao tribunal que proferiu a decisão recorrida e no qual se indique a espécie de recurso interposto e, nos casos previstos nos n.ºs 2, 4 e 6 do artigo 678.º e na parte final do n.º 2 do artigo 754.º, o respectivo fundamento.

2 — Tratando-se de despachos ou sentenças orais, reproduzidos no processo, o requerimento de interposição pode ser ditado para a acta.

— 233 —

ART. 687.º *Livro III, Título II — Do processo de declaração*

3 — Junto o requerimento ao processo, será indeferido quando se entenda que a decisão não admite recurso, ou que este foi interposto fora de tempo, ou que o requerente não tem as condições necessárias para recorrer. Mas não pode ser indeferido com o fundamento de ter havido erro na espécie de recurso: tendo-se interposto recurso diferente do que competia, mandar-se-ão seguir os termos do recurso que se julgue apropriado.

4 — A decisão que admita o recurso, fixe a sua espécie ou determine o efeito que lhe compete não vincula o tribunal superior, e as partes só a podem impugnar nas suas alegações.

5 — No caso previsto no n.º 1 do artigo 725.º, a decisão de deferir o requerido altera o despacho previsto no número anterior.

1. Pôs-se perante a Comissão Revisora do Código de 39 a questão de saber qual a consequência de o recorrente não indicar, no requerimento de interposição, a *espécie* do recurso interposto. O Autor do Projecto respondeu que não lhe parecia dever cominar--se qualquer sanção. Sendo irrelevante o erro da espécie ([179]), também deve ser irrelevante a omissão. O juiz pode convidar a parte a declarar que espécie de recurso quer interpor; pode, em vez disso, mandar seguir logo os termos do recurso que julgar adequado. A Comissão Revisora aprovou esta doutrina ([180]).

2. Quando o valor esteja contido na alçada do tribunal mas o recurso seja admissível por se fundar em violação das regras de competência internacional, em razão da matéria e da hierarquia, ou a ofensa de caso julgado, ou, ainda, para uniformização da jurisprudência, é necessário que do respectivo requerimento conste o fundamento que se invoca.

3. O registo de entrada de qualquer documento é regulado pelo disposto no art. 28.º do Regulamento da Lei de Org. e Func. dos Trib. Jud. (Dec.-Lei n.º 186-A/99, de 31/5, alt. Dec.-Lei n.º 290/99, de 30/7) e fixa a sua entrada nos serviços.

([179]) Como se vê que é em face do disposto na segunda parte do n.º 2.
([180]) Alberto dos Reis, *Código de Processo Civil Anotado,* vol. V, pág. 335.

Capítulo VI — Dos recursos   **ART. 688.º**

4. O indeferimento da interposição só pode fundar-se na *irre-corribilidade* da decisão, na *extemporaneidade* do requerimento, ou na *ilegitimidade do recorrente*. O meio de o impugnar é a reclamação a que se refere o art. 688.º.

A decisão que admite o recurso, fixa a sua espécie e determina o seu efeito, vincula o tribunal *a quo*, mas não vincula o tribunal *ad quem*, que dessas matérias pode conhecer, oficiosamente ou por arguição dos recorridos (arts. 701.º a 704.º); não constituindo caso julgado é manifesto que do despacho de admissão não cabe recurso autónomo, embora as partes o possam impugnar nas suas alegações, como é expresso em dispor o n.º 4 do artigo em anotação.

ARTIGO 688.º

**(Reclamação contra o indeferimento
ou retenção do recurso)**

1 — Do despacho que não admita a apelação, a revista ou o agravo e bem assim do despacho que retenha o recurso, pode o recorrente reclamar para o presidente do tribunal que seria competente para conhecer do recurso.

2 — A reclamação, dirigida ao presidente do tribunal superior, é apresentada na secretaria do tribunal recorrido, dentro de 10 dias, contados da notificação do despacho que não admita ou retenha o recurso. O recorrente exporá as razões que justificam a admissão ou a subida imediata do recurso e indicará as peças de que pretende certidão.

3 — A reclamação é autuada por apenso e apresentada logo ao juiz ou relator, para ser proferida decisão que admita ou mande seguir o recurso ou que mantenha o despacho reclamado; no último caso, a decisão proferida sobre a reclamação pode mandar juntar certidão doutras peças que entenda necessárias.

4 — Se o recurso for admitido ou mandado subir imediatamente, o apenso é incorporado no processo principal; se for mantido o despacho reclamado, é notificada a parte contrária para responder, em 10 dias, junta certidão das peças indicadas pelas partes e pelo tribunal e remetido o apenso ao tribunal superior.

ART. 688.º Livro III, Título II — Do processo de declaração

5 — Se, em vez de reclamar, a parte impugnar por meio de recurso qualquer dos despachos a que se refere o n.º 1, mandar-se-ão seguir os termos próprios da reclamação.

1. É o «recurso de queixa» previsto no art. 689.º Código anterior, com a modificação que lhe foi introduzida pelo Dec.-Lei n.º 38 387, de 8-8-51, a qual alargou o seu âmbito às decisões que retivessem o agravo quando se sustentasse que a subida deste devia ser imediata.

O Código de 61 excluiu esta providência do elenco dos recursos ordinários e passou a designá-la como reclamação contra o indeferimento ou retenção do recurso; nesta mudança de nomenclatura está a principal alteração efectuada, uma vez que o regime é essencialmente o mesmo.

A modificação foi assim justificada:

«Acabou-se com a designação de recurso de *queixa*, que tem sido criticada e que não é, de facto, muito feliz. Deixou mesmo de dar-se a esta impugnação o nome de *recurso*.

É certo que a sua *estrutura* é em grande parte a de um recurso.

Mas no aspecto funcional carece manifestamente de autonomia própria de um *recurso*. É sempre uma *impugnação* que se *enxerta* num recurso.

Essa carência de autonomia será mais transparente no caso de o próprio tribunal inferior fazer *amende honorable* e mandar seguir o recurso, que primeiro indeferira: o processo segue, quando assim seja, praticamente quase como se logo *ab initio* o recurso tivesse sido admitido e nenhuma interrupção nele se houvesse registado.

Mas não deixa de se revelar também na própria hipótese de, mantendo o juiz a decisão proferida, a impugnação subir ao presidente do tribunal de recurso. Basta reflectir no valor atribuído à decisão que este profere. Essa decisão não vincula o tribunal de recurso, que pode entender que o recurso, a despeito da decisão proferida pelo seu presidente, não era de admitir (art. 689.º, n.º 2).

Este carácter *provisório* da decisão do presidente não se compreenderia se estivessemos em face de um verdadeiro recurso para ele interposto do despacho de inadmissibilidade proferido pelo tribunal inferior; mas aceita-se perfeitamente, em face da natureza puramente *instrumental ou acessória* que a impugnação reveste dentro do recurso que se pretendia fazer seguir.

Capítulo VI — Dos recursos   **ART. 690.º**

Por isso, em homenagem à *estrutura* da providência, dá-se-lhe o nome (genérico) de impugnação; mas não chega a chamar-se-lhe recurso sequer, em face da fisionomia que as coisas revestem num plano funcional» [181].

2. À não admissão dos recursos extraordinários de revisão (art. 771.º) e de oposição de terceiro (art. 778.º) não se aplica a reclamação de que trata este artigo. O meio de impugnar essa decisão será o agravo. Era o que já se entendia à face do Código anterior.

3. Se em vez de usar a *reclamação* contra o despacho que não admitir o recurso ordinário, a parte *recorrer* desse despacho, o juiz, ou o relator, mandarão seguir os termos da reclamação.

ARTIGO 689.º

(Julgamento da reclamação)

1 — Recebido o processo no tribunal superior, é imediatamente submetido à decisão do presidente, que, dentro de 10 dias, resolverá se o recurso deve ser admitido ou subir imediatamente. Se o presidente não se julgar suficientemente elucidado, pode requisitar, por ofício, os esclarecimentos ou as certidões que entenda necessários.

2 — A decisão do presidente não pode ser impugnada, mas, se mandar admitir ou subir imediatamente o recurso, não obsta a que o tribunal ao qual o recurso é dirigido decida em sentido contrário.

3 — As partes são logo notificadas da decisão proferida na reclamação, baixando o processo para ser incorporado na causa principal, e lavrando o juiz ou o relator despacho em conformidade com a decisão superior.

ARTIGO 690.º

(Ónus de alegar e formular conclusões)

1 — O recorrente deve apresentar a sua alegação, na qual concluirá, de forma sintética, pela indicação dos

---

[181] *Observações*, no *Bol. Min. Just.*, n.º 123.º, pág. 140.

ART. 690.º *Livro III, Título II — Do processo de declaração*

fundamentos por que pede a alteração ou anulação da decisão.

2 — Versando o recurso sobre matéria de direito, as conclusões devem indicar:

a) As normas jurídicas violadas;

b) O sentido com que, no entender do recorrente, as normas que constituem fundamento jurídico da decisão deviam ter sido interpretadas e aplicadas;

c) Invocando-se erro na determinação da norma aplicável, a norma jurídica que, no entendimento do recorrente, devia ter sido aplicada.

3 — Na falta de alegação, o recurso é logo julgado deserto.

4 — Quando as conclusões faltem, sejam deficientes, obscuras, complexas ou nelas se não tenha procedido às especificações a que alude o n.º 2, o relator deve convidar o recorrente a apresentá-las, completá-las, esclarecê-las ou sintetizá-las, sob pena de não se conhecer do recurso, na parte afectada; os juízes-adjuntos podem sugerir esta diligência, submetendo-se a proposta a decisão da conferência.

5 — A parte contrária é notificada da apresentação do aditamento ou esclarecimento pelo recorrente, podendo responder-lhe no prazo de 10 dias.

6 — O disposto nos n.ºs 1 a 4 deste artigo não é aplicável aos recursos interpostos pelo Ministério Público, quando recorra por imposição da lei.

1. O preceito ocupa-se dos ónus de *alegar* e de *concluir*. Esta regra não é aplicável ao Ministério Público quando este recorra por imposição da lei. O Código de 39 não continha esta excepção que, no entanto, a doutrina e a jurisprudência rapidamente elaboraram. Escreveu-se, a esse respeito, na justificação do Anteprojecto do Código actual: «A jurisprudência, não obstante o silêncio da lei, tem sido unânime no sentido de exceptuar o Ministério Público das regras estabelecidas neste artigo quando os recursos são interpostos por dever de ofício. O Prof. Doutor José Alberto dos Reis segue a mesma orientação (*Revista de Legislação e Jurisprudência*,

— 238 —

Capítulo VI — Dos recursos   **ART. 690.º**

ano 84.º, pág. 278). É esta também a nossa opinião. Mas entendemos que se deve fazer ainda uma restrição. O Ministério Público recorre por dever de ofício, por imposição da lei, ou por ordem superior. Só na primeira hipótese é que o Ministério Público deve ficar dispensado do dever de alegar. Se o recurso é interposto por ordem superior, o agente do Ministério Público terá de alegar e concluir convenientemente; compete-lhe expor o ponto de vista do superior hierárquico, embora possa afirmar que a argumentação não é sua. No texto que agora se propõe consigna-se expressamente a excepção, relativamente aos recursos interpostos pelo Ministério Público, mas com esta restrição» ([182]). E o mesmo sentido se atribuíu à excepção nas *observações* que acompanharam a publicação do Projecto: «A ressalva consignada relativamente ao Ministério Público apenas se aplica aos casos em que o recurso é imposto por lei — e não também àqueles em que recorre, ainda por dever de ofício, mas por determinação do superior hierárquico. Nestes últimos, incumbe ao agente do Ministério Público fazer suas as razões ou fundamentos que determinam a interposição do recurso e por isso as deve expor na alegação ([183]).

2. O preceito não é aplicável aos recursos extraordinários.

3. As conclusões consistem: *a)* na indicação da norma jurídica violada; *b)* na exposição do sentido em que as normas jurídicas que servem de fundamento à decisão deviam ter sido interpretadas e aplicadas; e, quando se invocar erro na norma aplicável, *c)* a indicação da norma jurídica que devia ter sido aplicada.

Esta especificação é de fazer em todos os recursos ordinários ([184]).

4. Faltando a alegação, o Código de 39 dispunha que o tribunal superior não conheceria do recurso. Ao elaborar-se o novo diploma entendeu-se que esta solução dava origem a um processamento demasiado complicado, além de que, na prática, tinha o grande inconveniente de obrigar à subida dos agravos não ale-

---

([182]) *Projectos de Revisão*, II, 22.
([183]) *B.M.J.*, n.º 123, pág. 144.
([184]) Quando se tratar de impugnação da decisão de facto, é aplicável o art. 690.º-A.

ART. 690.º-A *Livro III, Título II — Do processo de declaração*

gados, só para que o tribunal superior declarasse não conhecer do seu objecto. Adoptou-se, por isso, a solução da *deserção* ser julgada no tribunal onde se verifique a falta, por simples despacho do juiz ou do relator (art. 292.º, n.º 3) ([185]).

Quanto à falta de conclusões ou da especificação, nelas, da lei violada, o Código de 39 mandava o juiz ou o relator convidar o advogado a indicar os fundamentos do recurso ou a especificar a lei violada, sob pena de se não tomar conhecimento deste. No Código de 61 a falta das conclusões ou da especificação passaram a determinar logo o não conhecimento do recurso; só a deficiência ou obscuridade das conclusões ou da especificação davam causa ao convite para as completar ou esclarecer. Mas a Reforma de 67, operada pelo Dec.-Lei n.º 47 690, embora tivesse só em vista a adptação da lei de processo à nova formulação do nosso direito civil, aproveitou, ao que parece, essa oportunidade para voltar ao regime anterior, equiparando os casos de falta de conclusões ou de especificação da norma violada ao de serem deficientes ou obscuras as conclusões apresentadas, sujeitando todos esses casos à solução moderada do convite para suprimento da omissão ou aperfeiçoamento do texto. Nos tribunais superiores o convite faz-se por iniciativa do relator, ou por sugestão de qualquer dos juízes adjuntos, devendo, neste último caso, ser resolvido em conferência. O n.º 5 respeita o princípio do contraditório e evita que qualquer litigante malicioso seja tentado a *esquecer-se* de formular conclusões, para vir a apresentá-las mais tarde, sem resposta da parte contrária. O prazo é o de 10 dias.

ARTIGO 690.º-A

**(Ónus a cargo do recorrente que impugne
a decisão de facto)**

1 — Quando se impugne a decisão proferida sobre a matéria de facto, deve o recorrente obrigatoriamente especificar, sob pena de rejeição:

a) Quais os concretos pontos de facto que considera incorrectamente julgados;

([185]) Hoje art. 291.º, n.º 4.

— 240 —

Capítulo VI — Dos recursos **ART. 690.º-A**

b) Quais os concretos meios probatórios, constantes do processo ou de registo ou gravação nele realizada, que impunham decisão sobre os pontos da matéria de facto impugnados diversa da recorrida.

2 — No caso previsto na alínea *b)* do número anterior, quando os meios probatórios invocados como fundamento do erro na apreciação das provas tenham sido gravados, incumbe ainda ao recorrente, sob pena de rejeição do recurso, indicar os depoimentos em que se funda, por referência ao assinalado na acta, nos termos do disposto no n.º 2 do artigo 522.º-C.

3 — Na hipótese prevista no número anterior, incumbe à parte contrária proceder, na contra-alegação que apresente, à indicação dos depoimentos gravados que infirmem as conclusões do recorrente, também por referência ao assinalado na acta, ao abrigo do disposto no n.º 2 do artigo 522.º-C.

4 — O disposto nos números 1 e 2 é aplicável ao caso de o recorrido pretender alargar o âmbito do recurso, nos termos do n.º 2 do artigo 684.º-A.

5 — Nos casos referidos nos n.ºs 2 a 4, o tribunal de recurso procederá à audição ou visualização dos depoimentos indicados pelas partes, excepto se o juiz relator considerar necessária a sua transcrição, a qual será realizada por entidades externas para tanto contratadas pelo tribunal.

(Redacção do Dec.-Lei n.º 183/2000, de 10/8).

Este preceito foi aditado ao Código pelo Dec.-Lei n.º 39/95, tendo sido alterada a redacção dos n.ºs 2, 3 e 5 pelo Dec.-Lei n.º 183//2000. É aplicável ao ónus de alegar por parte de quem impugna a decisão de facto, ou daquele que, usando da faculdade reconhecida ao recorrido pelo n.º 2 do art. 684.º-A, pretenda a ampliação do âmbito do recurso.

ART. 692.º *Livro III, Título II — Do processo de declaração*

SECÇÃO II

Apelação

SUBSECÇÃO I

Interposição e efeitos do recurso

ARTIGO 691.º

(De que decisões pode apelar-se)

1 — O recurso de apelação compete da sentença final e do despacho saneador que decidam do mérito da causa. 2 — A sentença e o despacho saneador que julguem da procedência ou improcedência de alguma excepção peremptória decidem do mérito da causa.

1. Refere-se aos recursos a interpor em 1.ª instância [186] no processo comum ordinário de declaração, como aliás acontece com os preceitos seguintes.

A regra é a de que a apelação cabe da decisão que aprecie o mérito da causa, quer seja sentença final, quer seja despacho saneador com o conteúdo indicado no art. 510.º, n.º 1, *b)*.

2. É novo o texto do n.º 2, que substitui uma enumeração de decisões que se consideravam apeláveis à luz do critério da maior dificuldade de apreciação da matéria decidida, o qual se julgou de abandonar.

A actual redacção do n.º 2 não deixa dúvidas de que à decisão que aprecie alguma excepção peremptória, julgando-a quer procedente, quer improcedente, na 1.ª instância, corresponde o recurso de apelação.

ARTIGO 692.º

(Efeito da apelação)

1 — A interposição do recurso de apelação suspende a exequibilidade da decisão recorrida, salvo nos casos previstos no número seguinte.

---

[186] Os recursos que competem dos acórdãos das Relações são, normalmente, a revista e o agravo; só excepcionalmente cabe a apelação (art. 1090.º, n.º 1).

Capítulo VI — Dos recursos   ART. 692.º

2 — A parte vencedora pode requerer que à apelação seja atribuído efeito meramente devolutivo:

a) **Quando a sentença se funde em escrito assinado pelo réu;**

b) **Quando a sentença ordene demolições, reparações ou outras providências urgentes;**

c) **Quando arbitre alimentos, fixe a contribuição do cônjuge para as despesas domésticas ou condene em indmnização cuja satisfação seja essencial para garantir o sustento ou habitação do lesado;**

d) **Quando a suspensão da execução seja susceptível de causar à parte vencedora prejuízo considerável. A parte vencida pode, neste caso, evitar a execução, desde que declare, quando ouvida, que está pronta a prestar caução.**

1. Os recursos têm sempre efeito devolutivo, no sentido de que todos eles *devolvem* ou *diferem* ao tribunal superior o conhecimento das questões que constituem o seu objecto. Acontece, porém, que, algumas vezes, só têm esse efeito; outras vezes acumulam com ele o de suspender a executoriedade da decisão recorrida ou a marcha do processo. É o que acontece com a apelação interposta do tribunal da comarca, que tem, normalmente, esse efeito, só deixando de o ter em qualquer dos casos previstos nas quatro alíneas do n.º 2 deste preceito. As excepções à regra de que a apelação interposta dos tribunais de comarca tem efeito *suspensivo* têm vindo a sofrer restrições cada vem mais rigorosas como pode ver-se do exame dos arts. 996.º do Código de 1876 e 692.º do Código de 39. Neste último diploma ainda se consideravam as excepções correspondentes a ter sido a sentença proferida em acções fundadas nos contratos de depósito, transporte, albergaria e pousada, serviço doméstico, serviço salariado e empreitada, especificação que o diploma actual abandonou, por se ter entendido que a fórmula maleável da alínea *d)* do n.º 2, aliada à faculdade que confere ao apelado o n.º 2 do art. 693.º, chegam para acudir, em termos suficientes, aos casos ali compreendidos. A não atribuição do efeito suspensivo nas hipóteses a que aludem taxativamente as alíneas *a)* a *c)* do n.º 2 explicam-se, quanto à primeira, pela razão de quase certeza que a existência do título confere à decisão; quanto às duas últimas, pela cir-

ART. 693.º *Livro III, Título II — Do processo de declaração*

cunstância de se tratar de direitos a que só a execução imediata do julgado assegura efectiva satisfação.

2. Relativamente à alínea *a)* do n.º 2 observa-se que a sua aplicação deve ser muito pouco frequente dada a força executiva reconhecida pela alínea *c)* do art. 46.º aos documentos particulares assinados pelo devedor. Pode, porém, acontecer que o credor prefira usar a acção declarativa.

3. A reforma de 67, tendo em conta o disposto no n.º 3 do art. 1676.º do Código Civil, acrescentou à redacção primitiva do preceito a expressão «ou fixe a contribuição do cônjuge para as despesas domésticas». Por sua vez a reforma de 95, tendo agora em vista o arbitramento de reparação provisória, nos casos de indemnização por morte ou lesão corporal, a que alude o art. 403.º, aditou à mesma alínea: «ou condene em indemnização cuja satisfação seja essencial para garantir o sustento ou habitação do lesado».

Justificam-se plenamente as excepções abertas à regra do efeito suspensivo da apelação.

ARTIGO 693.º

(Declaração do efeito devolutivo e exigência de caução)

1 — A atribuição do efeito meramente devolutivo é requerida nos 10 dias subsequentes à notificação do despacho que admita a apelação, pedindo-se logo a extracção do traslado, com indicação das peças que, além da sentença, este deva abranger.

2 — Não querendo ou não podendo obter a execução provisória da sentença, pode o apelado requerer, dentro do prazo estipulado no número anterior, que o apelante preste caução, se não estiver já garantido por hipoteca judicial; a caução pode também ser requerida no prazo de 10 dias, a contar da notificação do despacho que não atribuir à apelação efeito meramente devolutivo.

Como resulta do disposto no n.º 2 do art. 692.º o juiz não pode, ao admitir a apelação, atribuir-lhe qualquer efeito; no prazo de 10 dias, a contar da notificação do despacho que admitiu o recurso, o apelado pode requerer que ao recurso seja atribuído efeito *mera-*

— 244 —

Capítulo VI — Dos recursos   **ART. 695.º**

mente devolutivo, caso em que pedirá se extraia traslado, indicando *logo* as peças do processo que além da decisão, ele deve abranger, ou requerer que o apelante preste caução, se não estiver já garantido por hipoteca judicial. Se o apelado nada requer naquele prazo, o juiz, então, pronuncia-se quanto ao efeito do recurso; se requereu o efeito meramente devolutivo e o juiz o declara, o que equivale a afastar o efeito suspensivo dele, nesse despacho se ordenará que se extraia traslado, que servirá de suporte ao eventual pedido de execução; se requereu aquele efeito, mas o juiz declarou o efeito suspensivo, ainda o apelado poderá, em 10 dias, requerer a prestação de caução.

ARTIGO 694.º

**(Termos a seguir na declaração
do efeito devolutivo)**

1 — Requerida a declaração do efeito meramente devolutivo, é ouvido o apelante.

2 — A decisão proferida só pode ser impugnada na respectiva alegação.

3 — Sendo deferido o requerimento, é imediatamente extraído o traslado, que é pago pelo requerente.

O prazo para o apelante responder é o de 10 dias.

ARTIGO 695.º

(Apelações interpostas de decisões parciais)

1 — A apelação interposta do despacho saneador que, decidindo do mérito da causa, não ponha termo ao processo, apenas subirá a final.

2 — Na hipótese prevista no número anterior, a apelação subirá, porém, imediatamente e em separado quando, sendo a decisão proferida cindível relativamente às questões que subsistem para apreciação, alguma das partes alegue, em qualquer estado do processo, que a retenção do recurso lhe causa prejuízo considerável; neste caso, é aplicável à execução provisória da decisão

ART. 695.º *Livro III, Título II — Do processo de declaração*

o disposto nos artigos anteriores, com as necessárias adaptações.

1. Na primeira vigência do Código de 1961 dividiam-se as opiniões quanto ao recurso próprio a usar nas decisões do despacho saneador que, decidindo do mérito da causa, não pusessem fim ao processo. Havia quem entendesse que o recurso próprio era o de agravo só sendo de usar a apelação nos recursos interpostos dos despachos saneadores quando estes pusessem fim ao processo; pelo contrário era sustentada a opinião de que, conhecendo esse despacho da matéria referente ao mérito da causa, o recurso a impugnar a decisão seria sempre o de apelação. A reforma de 95 tomou posição no problema ao declarar, no n.º 2 do art. 691.º, que mesmo quando no saneador se julgue improcedente alguma excepção peremptória, o recurso que dele cabe é a apelação. Ficava, porém, por regular, o regime de subida dessa apelação, que não podia seguir aquele que era normalmente atribuído a esse recurso: subida imediata, nos próprios autos. É essa regulamentação que veio fazer este novo preceito.

2. Vamos figurar duas situações em que o despacho saneador, pronunciando-se sobre o mérito (parcial) da causa, não põe fim ao processo.

Primeira situação: *A* demanda *B*, pedindo a condenação deste a pagar-lhe certa quantia, fundado em contrato que diz ter celebrado com ele. *B* contesta a acção, invocando a nulidade do contrato e, subsidiariamente, o incumprimento da obrigação. No despacho saneador julga-se improcedente a questão da nulidade do contrato e manda-se prosseguir o processo para averiguar quanto ao incumprimento da obrigação.

Segunda situação: *A* demanda *B* formulando contra este dois pedidos. No saneador conhece-se de um desses pedidos, e manda-se prosseguir o processo quanto ao outro.

Em qualquer destes casos qual o regime de subida da apelação?

Responde o artigo em anotação: em regra subirá a final, mas na segunda hipótese, isto é, quando a decisão proferida for cindível relativamente às questões que subsistem para apreciação, e a parte alegar fundadamente que a retenção do recurso lhe causará prejuízo considerável, a apelação subirá imediatamente e em separado, hipótese em que, quanto ao *efeito*, se aplicará o disposto nos arts. 693.º e 694.º, com as necessárias adaptações.

Capítulo VI — Dos recursos   **ART. 698.º**

ARTIGO 696.º

(Avaliação para fixação da caução)

Se houver dificuldades na fixação da caução a que se referem a alínea *d)* do n.º 2 do artigo 692.º e o n.º 2 do artigo 693.º, calcular-se-á o seu valor mediante avaliação feita por um único perito nomeado pelo juiz.

1. A caução pode ser prestada por qualquer dos meios previstos no art. 623.º do Código Civil; o processo é o dos arts. 981.º a 990.º deste Código de Processo.

2. O art. 696.º do Código anterior dispunha que, no caso do art. 693.º, se o apelante não prestasse a caução no prazo que lhe fosse designado, podia o apelado requerer hipoteca ou arresto para sua garantia. O preceito foi, então, suprimido, por essa matéria passar a ser regulada na parte do Código que tratava da prestação da caução. Hoje a regra figura no art. 625.º do Código Civil.

ARTIGO 697.º

(Traslado para se processar o incidente da caução)

1 — Se a prestação da caução ou a falta dela der causa a demora excedente a 10 dias, extrair-se-á traslado para se processar o incidente e a apelação seguirá os seus termos.

2 — O traslado só compreende, além da sentença, as peças que sejam indispensáveis, designadas por despacho.

O traslado a que o preceito se refere, e que só é extraído na situação especial que nele se contempla, tem o fim específico de servir de suporte ao processamento do incidente, não se confundindo, por isso, com o traslado a que alude o n.º 1 do art. 693.º, o qual, como já frisámos, servirá de base à execução.

SUBSECÇÃO II

Apresentação das alegações e expedição do recurso

ARTIGO 698.º

(Deferimento do recurso e prazo para as alegações)

1 — No despacho em que defira o requerimento de interposição do recurso, o juiz solicita ao conselho dis-

— 247 —

ART. 698.º *Livro III, Título II — Do processo de declaração*

trital da Ordem dos Advogados a nomeação de advogado aos ausentes, incapazes e incertos, se não puderem ser representados pelo Ministério Público.

2 — O recorrente alega por escrito no prazo de 30 dias, contados da notificação do despacho de recebimeno do recurso, podendo o recorrido responder, em idêntico prazo, contado da notificação da apresentação da alegação do apelante.

3 — Se tiverem apelado ambas as partes, o primeiro apelante tem ainda, depois de notificado da apresentação da alegação do segundo, direito a produzir nova alegação, no prazo de 20 dias, mas somente para impugnar os fundamentos da segunda apelação.

4 — Se houver vários recorrentes ou vários recorridos, ainda que representados por advogados diferentes, o prazo das respectivas alegações é único, incumbindo à secretaria providenciar para que todos possam proceder ao exame do processo durante o prazo de que beneficiam.

5 — Se a ampliação do objecto do recurso for requerida pelo recorrido nos termos do artigo 684.º-A, pode ainda o recorrente responder à matéria da ampliação, nos 20 dias posteriores à notificação do requerimento.

6 — Se o recurso tiver por objecto a reapreciação da prova gravada, são acrescidos de 10 dias os prazos referidos nos números anteriores.

1. O facto das alegações terem passado a ser sempre apresentadas no tribunal de que se recorre obrigou o legislador a formular este preceito, transpondo para o juiz do tribunal *a quo* o cumprimento de deveres que a regulamentação anterior atribuía ao relator do tribunal *ad quem*. Está nesse caso a solicitação a que se refere o n.º 1, e que deve ser entendida em combinação com os arts. 15.º, n.º 2 e 16.º, n.º 2 deste diploma.

2. Os prazos em que devem alegar o recorrente e o recorrido passaram a ser fixados por lei, com igualdade.

3. O código de 39 nada dispunha acerca do caso para alegar quando houvesse pluralidade de apelantes ou de apelados.

— 248 —

Capítulo VI — Dos recursos   **ART. 699.º**

A comissão revisora notou essa omissão e propôs que se adoptasse, para a hipótese, a solução do prazo distinto e sucessivo, desde que os recorrentes ou recorridos fossem representados por advogados diferentes, o que foi aprovado e ficou constituindo o n.º 2 do primitivo artigo 705.º. A reforma de 95, porém, adoptou a solução do prazo único, como se vê do n.º 4 do preceito em apreço.

4. O n.º 3 encara outra realidade: a de terem apelado ambas as partes.

Neste caso as alegações serão apresentadas pela ordem seguinte:

Em primeiro lugar alega, no prazo de 30 dias, o primeiro apelante, devendo considerar-se tal o que primeiro interpôs recurso (segundo a ordem de apresentação do respectivo requerimento).

Seguidamente alegará o segundo, também em 30 dias, a contar da notificação da apresentação do primeiro recorrente, para sustentar a sua apelação e contraminutar a do litigante contrário.

Finalmente — e com o prazo de 20 dias — é admitido o primeiro recorrente a alegar, contrariando o recurso em que é recorrido.

ARTIGO 699.º

(Expedição do recurso)

Findo o prazo para apresentação das alegações, o recurso que não deva considerar-se deserto é expedido para o tribunal superior, com cópia dactilografada da decisão impugnada, sem prejuízo do disposto no n.º 4 do artigo 668.º e no n.º 3 do artigo 669.º.

Este preceito é novo. Foi introduzido no Código pela reforma processual 95/96, em razão de ter passado a ser obrigatória a apresentação das alegações no tribunal *a quo*.

Agora, portanto, ou as alegações são apresentadas no prazo fixado por lei, caso em que o recurso é expedido, ou não são apresentadas no prazo e o recurso é logo julgado deserto (art. 291.º, n.º 2).

A expedição do recurso não prejudica, porém, que o juiz supra nulidades de sentença que tenham sido alegadas.

ART. 700.º *Livro III, Título II — Do processo de declaração*

SUBSECÇÃO III

Julgamento do recurso

ARTIGO 700.º

(Função do relator — Reclamação para a conferência)

1 — O juiz a quem o processo for distribuído fica sendo o relator, incumbindo-lhe deferir a todos os termos do recurso até final, designadamente:

a) Ordenar a realização das diligências que considere necessárias;

b) Corrigir a qualificação dada ao recurso, o efeito atribuído à sua interposição, o regime fixado para a sua subida, ou convidar as partes a aperfeiçoar as conclusões das respectivas alegações, nos termos do n.º 4 do artigo 690.º;

c) Declarar a suspensão da instância;

d) Autorizar ou recusar a junção de documentos e pareceres;

e) Julgar extinta a instância por causa diversa do julgamento ou julgar findo o recurso, pelo não conhecimento do seu objecto;

f) Julgar os incidentes suscitados;

g) Julgar sumariamente o objecto do recurso, nos termos previstos no artigo 705.º.

2 — Na decisão do objecto do recurso e das questões a apreciar em conferência intervêm, pela sua ordem, os juízes seguintes ao relator. A designação de cada um destes juízes fixa-se no momento em que o processo lhe for com vista e subsiste ainda que o relator seja substituído.

3 — Salvo o disposto no artigo 688.º, quando a parte se considere prejudicada por qualquer despacho do relator, que não seja de mero expediente, pode requerer que sobre a matéria do despacho recaia um acórdão; o relator deve submeter o caso à conferência, depois de ouvida a parte contrária.

4 — A reclamação deduzida é decidida no acórdão que julga o recurso, salvo quando a natureza das questões

Capítulo VI — Dos recursos   **ART. 700.º**

suscitadas impuser decisão imediata; neste caso, o relator mandará o processo a vistos por dez dias, sem prejuízo do disposto no n.º 2 do artigo 707.º.

5 — Do acórdão da conferência pode recorrer, nos termos gerais, a parte que se considere prejudicada, mas, se o recurso houver de prosseguir, o agravo só subirá a final.

1. Como o Tribunal da Relação é um tribunal colectivo, era necessário designar o juiz a quem ficaria pertencendo o encargo de dirigir o processamento do recurso; esse juiz estava indicado que fosse o relator, isto é, aquele que é designado, pela distribuição, para elaborar o projecto da decisão do tribunal, sob a forma de acórdão. Essa distribuição faz-se de harmonia com o disposto nos arts. 223.º a 227.º. Mas havia ainda que remediar uma aparente incongruência: como é que o despacho do relator, que não pode deixar de ser a expressão de uma vontade individual, havia de ser considerada como *decisão* do órgão colectivo, que era o único em 2.ª instância a deter o poder jurisdicional? Foi para conciliar a necessária *brevidade* na preparação do recurso com a ressalva da *competência* do tribunal, que se criou este meio processual, designado por *reclamação para a conferência,* através do qual a parte que se sentir prejudicada pela decisão do relator pode conseguir que, sobre a matéria, se pronunciem os juízes que hão-de proferir a decisão final, obtendo, ao mesmo tempo, desse modo, uma decisão recorrível. O prazo para reclamar para a conferência é o de 10 dias (art. 153.º).

A parte final do n.º 1, especificando algumas das funções atribuídas ao relator, foi introduzida no preceito pelo Dec.-Lei n.º 329-A/95. Trata-se de uma importante ampliação da competência funcional do relator, que além de «deferir os termos do recurso até final», pode actualmente decidir sozinho da subsistência da instância e até (imagine-se!) julgar só por si o recurso, embora, naturalmente, com reclamação para a conferência ([187]).

No n.º 2 considerou-se conveniente consignar expressamente que a substituição do relator não altera a competência dos juízes adjuntos quando o processo já lhes tiver sido feito com visto. Esta

---

([187]) Veja-se art. 705.º e correspondente anotação.

ART. 701.º *Livro III, Título II — Do processo de declaração*

regra evitará que o processo tenha de transitar para outro juiz depois de ter decorrido uma parte do prazo para o visto ([188]).

A competência do relator mantém-se *até final*; o Código anterior usava a expressão *até ao julgamento*, que deu lugar a algumas dúvidas, embora não muito justificadas; a redacção actual torna claro que o relator continua com competência para deferir mesmo aos termos do processo que forem subsequentes ao julgamento, quer o processo deva baixar ao tribunal recorrido, quer tenha de subir, em recurso, para o Supremo.

A ressalva que o n.º 3 faz ao caso previsto no art. 688.º explica--se por no processo da reclamação contra o indeferimento já se prever a sujeição do assunto à conferência e, assim, a obtenção prévia de uma decisão do próprio tribunal.

A obrigatoriedade da audição da parte contrária e a conveniência de mandar o processo a vistos, quando for caso disso, é também inovação do Código actual, que merece aplauso.

2. Pode reclamar-se para a conferência de todos os despachos do relator, exceptuados os de mero expediente. Cotejando este preceito com o do art. 679.º ocorre logo perguntar se haverá lugar a reclamação dos despachos proferidos no uso legal de um poder discricionário. E a resposta tem de ser afirmativa, porque o poder discricionário (*v.g.*, o de requisitar informações, documentos, etc.) não é, neste caso, concedido ao relator, mas sim ao tribunal, e daí que o critério usado pelo relator possa e deva ser controlado pela *conferência*, isto é, pelo órgão colectivo que é o titular daquele poder. O que acontecerá é que, em regra ([189]), da deliberação da conferência não haverá recurso.

Os arts. 702.º a 704.º fixam os termos processuais a seguir em cada uma dessas situações.

ARTIGO 701.º

(Exame preliminar do relator)

1 — Distribuído o processo, o relator aprecia se o recurso é o próprio, se deve manter-se o efeito que lhe foi atribuído, se alguma circunstância obsta ao conheci-

---

([188]) Lopes Navarro, *Projectos de Revisão*, t. II, pág. 26.

([189]) Veja-se o que escrevemos, em nota ao art. 679.º, quanto à recorribilidade dos despachos dessa natureza.

Capítulo VI — Dos recursos **ART. 701.º**

mento do seu objecto, ou se as partes devem ser convidadas a aperfeiçoar as conclusões das alegações apresentadas.

2 — Pode ainda o relator decidir sumariamente o objecto do recurso, nos termos do artigo 705.º.

1. No Código anterior incumbia-se, neste preceito, ao relator fiscalizar se na 1.ª instância haviam sido cumpridos os preceitos legais relativos à conclusão do processo para sentença final e ao prazo em que esta devia ser proferida, com comunicação, ao Conselho Superior Judiciário, das infracções que não considerasse justificadas. A Comissão Revisora propôs que a verificação do cumprimento daqueles prazos ficasse a cargo do Ministério Público, o que foi aceite por se entender que era solução que melhor se coadunava com as funções tanto do relator como do Ministério Público [190]. Chegou a deslocar-se, para esse efeito, aquela regra, para o art. 707.º, mas a redacção final acabou por praticamente a suprimir. E está bem. Desde que existe um sistema de inspecção regular aos serviços judiciais aquela censura, quer fosse feita pelo relator, quer pelo Ministério Público, sempre seria deslocada. Além do mais, o Presidente da Relação pode fazer essa fiscalização sempre que o entenda conveniente.

2. O relator, neste momento, deve conhecer oficiosamente das questões prejudiciais ao conhecimento do objecto do recurso. A lei indica-lhe expressamente três aspectos a considerar: o da idoneidade do recurso empregado, isto é, se ao caso cabia apelação ou agravo; o de saber se o efeito que lhe foi atribuído (meramente devolutivo ou devolutivo e suspensivo) era o efeito, para a hipótese, previsto na lei; o de averiguar se há qualquer obstáculo ao conhecimento do mérito, isto é, se se verifica circunstância que impeça o tribunal de entrar na apreciação do objecto do recurso. É certo que quanto à espécie do recurso empregado e ao efeito que lhe deve ser atribuído já houve uma pronúncia judicial, por parte do juiz que recebeu o recurso e lhe atribuiu o seu efeito, mas tal apreciação não vincula o tribunal superior, como é expresso em dispor o n.º 4 do art. 687.º.

---

[190] *Observações*, no *Bol. Min. Just.*, 123.º-152.

ART. 703.º *Livro III, Título II — Do processo de declaração*

A reforma de 95/96 acrescentou, no n.º 1, ao elenco das questões a considerar, a de saber se as partes devem ser convidadas a aperfeiçoar as conclusões das alegações apresentadas, quando elas padeçam das imperfeições a que se refere o n.º 4 do art. 690.º.

3. No n.º 2 prevê-se uma espécie de indeferimento liminar do recurso. Veja-se, a esse respeito, o art. 705.º e a correspondente anotação.

ARTIGO 702.º

(Erro na espécie de recurso)

1 — Se o relator entender que o recurso próprio é o agravo, ouvirá, antes de decidir, as partes, no prazo de 10 dias, processando-se os termos subsequentes do recurso conforme a espécie que venha a ser julgada adequada.

2 — Se a questão tiver sido levantada por alguma das partes na sua alegação, o relator ouvirá a parte contrária que não tenha tido oportunidade de responder.

A reforma de 95/96 alterou este artigo, no sentido de assegurar, em todos os casos, a audição prévia das partes, exigência que se não fazia na redacção primitiva. A modificação é de aplaudir. Embora a *espécie* do recurso diga respeito principalmente à distribuição do serviço, a verdade é que à alteração da espécie corresponderá, em muitos casos, alteração do *efeito*, e esse, sim, estará directamente ligado ao direito processual dos litigantes.

ARTIGO 703.º

(Erro quanto ao efeito do recurso)

1 — Se o relator entender que deve alterar-se o efeito do recurso, ouvirá as partes, nos termos previstos no artigo anterior.

2 — Se a questão tiver sido suscitada por alguma das partes na sua alegação, aplica-se o disposto no n.º 2 do artigo anterior.

3 — Decidindo-se que à apelação, recebida no efeito meramente devolutivo, deve atribuir-se efeito suspen-

Capítulo VI — Dos recursos **ART. 704.º**

sivo, expedir-se-á ofício, se o apelante o requerer, para ser suspensa a execução. O ofício conterá unicamente a identificação da sentença cuja execução deve ser suspensa.

4 — Quando, ao invés, se julgue que a apelação, recebida nos dois efeitos, devia sê-lo no efeito meramente devolutivo, o relator mandará passar traslado, se o apelado o requerer: o traslado, que baixa à 1.ª instância, conterá somente o acórdão e a sentença recorrida, salvo se o apelado requerer que abranja outras peças do processo.

O erro quanto ao efeito do recurso, e portanto também a sua alteração, projectam-se no direito dos litigantes, designadamente quanto à possibilidade de ser executada ou não, durante a pendência do recurso, a decisão recorrida. É questão, por isso, que não deve ser apreciada e decidida sem audição das partes quando o problema for suscitado pelo relator, ou sem audiência da parte contrária quando for levantado por alguma delas.

ARTIGO 704.º

(Não conhecimento do objecto do recurso)

1 — Se entender que não pode conhecer-se do objecto do recurso, o relator, antes de proferir decisão, ouvirá cada uma das partes, pelo prazo de 10 dias.

2 — Sendo a questão suscitada pelo apelado, na sua alegação, é aplicável o disposto no n.º 2 do artigo 702.º.

A lei actual não impõe ao relator que faça exposição das razões por que entende que não pode conhecer-se do objecto do recurso, imposição que era feita na redacção primitiva deste preceito. Que deve entender-se desta omissão? Que se dispensa a exposição, ou que a lei não se refere a ela por ser óbvio que tem de ser feita? Inclino-me decididamente para este segundo entendimento. Quando for o relator a suscitar o problema é ele quem deve expor os termos em que ele se apresenta e a solução que lhe corresponde. É sobre essa sucinta exposição que deve ouvir as partes. Sendo a questão suscitada pelo apelado o incidente segue os termos prescritos no n.º 2 do art. 702.º.

— 255 —

ART. 705.º *Livro III, Título II — Do processo de declaração*

ARTIGO 705.º

(Decisão liminar do objecto do recurso)

Quando o relator entender que a questão a decidir é simples, designadamente por ter já sido jurisdicionalmente apreciada, de modo uniforme e reiterado, ou que o recurso é manifestamente infundado, profere decisão sumária, que pode consistir em simples remissão para as precedentes decisões, de que se juntará cópia.

Trata-se de uma inovação criada pela reforma processual 95/96.

Permite-se que o relator, por economia de tempo, se substitua ao tribunal de recurso, conhecendo do objecto da apelação, em duas situações: *a)* ser a questão a decidir *simples,* designadamente por já ter sido apreciada, *uniforme e reiteradamente,* pela jurisprudência dos tribunais; *b)* ser o recurso *manifestamente infundado.* No primeiro caso a decisão pode ser a de conceder ou a de negar provimento; no segundo será sempre a de rejeitar o recurso.

Que pensar desta inovação?

Na nota 1 ao art. 651.º já expusemos a nossa preocupação com medidas que, visando a obter maior rapidez nas decisões, ameaçam sacrificar legítimos direitos dos litigantes. Esta norma parece-me bem exemplificativa desse perigo.

Em primeiro lugar, é duvidoso que o preceito em apreço, substituindo, no julgamento normal da apelação, o colectivo de três juízes, por um juiz singular, não ofenda o princípio da dupla jurisdição que, com a criação das Relações, a nossa ordem jurídica pretendeu assegurar.

Em segundo lugar, o artigo faz depender a sua aplicação da verificação de requisitos bastante difíceis de caracterizar. Fala-se em questão *jurisdicionalmente apreciada,* sem se indicar a hierarquia dos órgãos jurisdicionais que se pronunciaram; exige-se que essa pronúncia tenha sido *reiterada,* conceito subjectivo, difícil de preencher; manda-se julgar sumariamente o recurso quando este for *manifestamente infundado,* esquecendo que nesta matéria (bastará ler os assentos do S.T.J.) o que se apresenta como manifestamente infundado a uns, é, por vezes, manifestamente procedente para outros.

Finalmente (e esta consideração chegaria para rejeitar a medida) o propósito de acelerar a decisão final funciona exactamente

— 256 —

Capítulo VI — Dos recursos **ART. 706.º**

ao contrário. Na verdade, esta providência repentista é situada pelo legislador quando já decorreu, na 1.ª instância, a fase da interposição do recurso, eventualmente com as demoras consequentes à declaração do seu efeito meramente devolutivos, e toda a fase da apresentação das alegações e da expedição do recurso. Só faltam dois vistos de 15 dias e o processo é concluso ao relator, que o fará inscrever em tabela. Ora, como, segundo os termos do preceito em análise, o vencido nessa decisão singular reclamará sempre para a conferência, haverá que ouvir a parte contrária em 10 dias, e dar vista aos juízes adjuntos por igual prazo, do que tudo resulta que sem esta expedita decisão o recurso seria julgado muito mais rapidamente, sem contar que a reclamação e a respectiva resposta vão funcionar como novas alegações.

ARTIGO 706.º

(Junção de documentos)

1 — As partes podem juntar documentos às alegações, nos casos excepcionais a que se refere o artigo 524.º ou no caso de a junção apenas se tornar necessária em virtude do julgamento proferido na 1.ª instância.

2 — Os documentos supervenientes podem ser juntos até se iniciarem os vistos aos juízes; até esse momento podem ser também juntos os pareceres de advogados, professores ou técnicos.

3 — É aplicável à junção de documentos e pareceres, com as necessárias adaptações, o disposto nos artigos 542.º e 543.º, cumprindo ao relator autorizar ou recusar a junção.

É naturalmente excepcional a faculdade de apresentar documentos com a alegação. Com as alegações, por isso, só é permitido juntar: *a)* os documentos supervenientes; *b)* os documentos destinados a provar factos supervenientes; *c)* os documentos que só se tornou necessário exibir em consequência do julgamento da 1.ª instância.

O Código anterior, permitindo a junção de documentos supervenientes posteriormente às alegações, não marcava limite temporal para essa junção. Entendeu-se que o exercício ilimitado dessa

— 257 —

ART. 707.º *Livro III, Título II — Do processo de declaração*

faculdade podia produzir graves perturbações na marcha do processo. Com efeito, permitir que essa junção se fizesse depois de o recurso ter entrado na fase dos vistos obrigaria a repetir estes, ou a deixar sem conhecimento desses documentos os juízes que já tinham examinado o processo, o que seria, no primeiro caso perturbador dos termos normais a observar, e no segundo caso puramente absurdo. A jurisprudência inclinou-se, por isso, para considerar como momento-limite da junção de documentos ou de pareceres, a entrada do processo em vistos, ou seja, na fase do julgamento do recurso. Foi essa prática que o legislador de 61 consagrou ao redigir o n.º 2 deste preceito.

Da decisão a que se refere o n.º 3 cabe reclamação para a conferência.

A Reforma de 67 limitou-se a corrigir as remissões feitas para outros artigos do Código, cuja numeração fora, por ela, alterada.

ARTIGO 707.º

(Preparação da decisão)

1 — Decididas as questões que devam ser apreciadas antes do julgamento do objecto do recurso, se não se verificar o caso previsto no artigo 705.º, o processo vai com vista aos dois juízes-adjuntos, pelo prazo de 15 dias a cada um, e depois ao relator, pelo prazo de 30 dias, a fim de ser elaborado o projecto de acórdão.

2 — Quando a natureza das questões a decidir ou a necessidade de celeridade no julgamento do recurso o aconselhem, pode o relator, com a concordância dos adjuntos, dispensar os vistos ou determinar a sua substituição pela entrega a cada um dos juízes que devam intervir no julgamento de cópia das peças processuais relevantes para a apreciação do objecto da apelação.

3 — Na sessão anterior ao julgamento do recurso, o relator faz entrega aos juízes que nele devem intervir de cópia do projecto de acórdão.

4 — Quando a complexidade das questões a apreciar o justifique, pode o relator elaborar, no prazo de 15 dias, um memorando, contendo o enunciado das questões a decidir e da solução para elas proposta, com indicação sumária dos respectivos fundamentos, de que se dis-

Capítulo VI — Dos recursos   **ART. 707.º**

tribuirá cópia aos restantes juízes com intervenção no julgamento da apelação.

1. No regime anterior ao Código de 39 os autos iam com vista em primeiro lugar ao relator, e só depois, sucessivamente, ao 1.º e ao 2.º adjunto. Aquele diploma modificou esta ordem, com vantagem evidente. É que, assim, o relator tem a matéria em discussão bem lembrada quando apresenta, na conferência, o seu projecto de acórdão, o que não sucedia quando esse projecto era elaborado dois ou três meses antes do julgamento do recurso. A Comissão Revisora do Projecto que viria a ser o Código actual pronunciou-se, aliás, por maioria de um só voto, pela mudança dessa regulamentação: o processo iria primeiro ao visto do relator, que elaboraria um projecto de acórdão, que encerrado em sobrescrito, lacrado e rubricado, acompanharia o processo na vista aos adjuntos e de que estes tomariam conhecimento, voltando a encerrá-lo com as devidas cautelas. Terminados os vistos o processo, independentemente de despacho, entraria em tabela para ser julgado. A sugestão não foi aceite, por se ter entendido que a ordem dos vistos estabelecida pelo Código anterior é a que permite maior celeridade do julgamento.

Actualmente vigora o prazo de 15 dias para o visto dos adjuntos, e o de 30 dias para o visto e elaboração do projecto do acórdão pelo relator.

2. Na vigência do Código anterior sustentava-se que para o julgamento com dispensa de visto eram necessárias duas sessões: aquela em que se resolvia a dispensa, e uma outra para julgamento do recurso ([191]); porque esta prática não era seguida nos tribunais, nem tinha razoável justificação, dispôs-se expressamente que o julgamento, nesse caso, se faria na própria sessão que deliberasse a dispensa. Também se defendia que a faculdade atribuída, nessa matéria, ao relator poderia ser igualmente exercida por qualquer dos adjuntos ([192]); o Projecto chegou a incluir uma proposta nesse sentido, mas o texto da lei não a reproduziu. E parece que essa supressão deve ser entendida como abandono da solução preconizada. Efectivamente não se vê razão de economia processual que

---

([191]) Alberto dos Reis, *Código de Processo Civil Anotado*, vol. V, pág. 452.
([192]) A. e *ob. cits.,* pág. 453.

ART. 708.º   *Livro III, Título II — Do processo de declaração*

justifique a remessa à conferência quando falta apenas o visto de um dos adjuntos.

Actualmente prevê-se (n.º 2) a dispensa do visto pelo relator, ou a sua substituição pela entrega a cada um dos juízes-adjuntos cópia das peças processuais que sejam relevantes para apreciação e decisão do recurso. É uma medida que merece aplauso — com a condição de ser bem feita a selecção das peças processuais a entregar.

3. A entrega prévia, aos juízos adjuntos, de cópia do projecto do acórdão (n.º 3) vai facilitar a estes o estudo do processo, e permitir que as sessões de julgamento sejam mais breves (art. 709.º, n.º 3). Bom será que não substitua, para eles, o exame dos autos.

4. No n.º 4 prevê-se que a apelação contenha questões complexas a decidir e admite-se, para essa situação, que seja elaborado um memorando, com enunciação dessas questões e das soluções para elas indicadas, a distribuir aos juízes adjuntos. Não vejo que se devesse criar para essa situação um trâmite processual. Sendo numerosas e difíceis as questões a apreciar, o que se fazia outrora era dedicar ao julgamento duas sessões, uma em que se expunham as questões e as soluções propostas, outra, na semana imediata, em que se tomavam as decisões. Sem alterar a estrutura do recurso de apelação.

ARTIGO 708.º

(Sugestões dos adjuntos)

1 — Se qualquer dos actos compreendidos nas atribuições do relator for sugerido por algum dos adjuntos, cabe ao relator ordenar a sua prática, se com ela concordar, ou submetê-la à conferência, no caso contrário.

2 — Realizada a diligência, podem os adjuntos ter nova vista, sempre que necessário, para examinar o seu resultado.

A faculdade conferida por este artigo aos adjuntos deve aproximar-se do disposto nos arts. 700.º e 701.º.

Capítulo VI — Dos recursos   **ART. 709.º**

ARTIGO 709.º

(Julgamento do objecto do recurso)

1 — Os juízes, depois de examinarem o processo, põem nele o seu visto, datando e assinando; terminados os vistos, a secretaria faz entrar o processo em tabela para julgamento.

2 — No caso previsto no n.º 2 do artigo 707.º, o processo é inscrito em tabela logo que se mostre decorrido o prazo para o relator elaborar o projecto de acórdão.

3 — No dia do julgamento, o relator faz sucinta apresentação do projecto de acórdão e, de seguida, dão o seu voto os juízes-adjuntos, pela ordem da sua intervenção no processo.

4 — No caso a que alude o n.º 4 do artigo 707.º, concluída a discussão e formada a decisão do tribunal sobre as questões a que se refere o memorando, é o processo concluso ao relator ou, no caso de este ter ficado vencido, ao juiz que deva substituí-lo, para elaboração do acórdão, no prazo de 30 dias.

5 — A decisão é tomada por maioria, sendo a discussão dirigida pelo presidente, que desempata quando não possa formar-se maioria.

As modificações deste preceito são consequência das alterações introduzidas na preparação do julgamento, e de que dão conta os n.ºs 2, 3 e 4 do art. 707.º.

Na elaboração deste Código já o Conselheiro Lopes Cardoso tinha proposto que o relator elaborasse um projecto de acórdão de que se daria prévio conhecimento aos juízes-adjuntos, mas a proposta não passou em face da oposição que lhe fez o Dr. Lopes Navarro, que salientou o perigo de alguns juízes-adjuntos, com esse conhecimento prévio do projecto do acórdão, serem tentados a não fazerem o estudo necessário do processo, além de que seriam sempre influenciados na decisão pela opinião do relator. Essa argumentação impressionou o legislador que considerou gravíssimos os inconvenientes apontados, em comparação com as vantagens que o sistema proposto podia produzir. Faz-se agora a experiência, optando por dar prevalência ao objectivo da celeridade no processado.

— 261 —

ART. 710.º *Livro III, Título II — Do processo de declaração*

ARTIGO 710.º

(Julgamento dos agravos que sobem com a apelação)

1 — A apelação e os agravos que com ela tenham subido são julgados pela ordem da sua interposição; mas os agravos interpostos pelo apelado que interessem à decisão da causa só são apreciados se a sentença não for confirmada.

2 — Os agravos só são providos quando a infracção cometida tenha influído no exame ou decisão da causa ou quando, independentemente da decisão do litígio, o provimento tenha interesse para o agravante.

O § ún. do art. 710.º do Código anterior não se referia à sorte dos agravos interpostos pelo não apelante, nem contemplava a hipótese de haver agravos sobre matéria não influente na decisão da causa, em relação aos quais o agravante tivesse, no entanto, interesse em obter uma decisão. Estas omissões levaram a modificar aquele preceito, mas em termos cujo entendimento não é muito claro.

Assinala-se, em primeiro lugar, que os agravos a que este preceito se refere são os que têm subida diferida.

A hipótese é, portanto esta: sobe uma apelação, e com ela um ou vários agravos que estavam retidos até à subida da apelação. Como se faz essa apreciação conjunta?

A redacção actual obriga a distinguir o caso de os agravos terem sido interpostos pelo *apelante*, do caso dos agravos haverem sido interpostos pelo *não apelante*.

No primeiro caso conhece-se sempre dos agravos, e pela ordem da respecttiva interposição. Se os agravos não merecem, em si, provimento, este é negado, e entra-se no conhecimento da apelação; se os agravos merecem provimento e a infracção que os determinou pode ter influência no exame ou na decisão da causa, o seu provimento prejudica o conhecimento da apelação; se merecem provimento, a infracção não influi no exame e decisão da causa, mas o agravante tem, apesar disso, um interesse legítimo em ver revogado ou alterado o despacho recorrido ([193]), os agravos são

---

([193]) É o caso, por exemplo, de ter sido cominada multa a uma das partes pela junção extemporânea de documento (art. 523.º). Como o documento foi admitido, o

— 262 —

Capítulo VI — Dos recursos **ART. 711.º**

providos, mas não prejudicam o conhecimento da apelação; se mereceriam provimento, porque o despacho foi proferido, por exemplo, em desarmonia com a lei, mas essa infracção não projecta qualquer efeito no exame ou na decisão da causa, nem ofende qualquer outro interesse legítimo do recorrente, a esses agravos deve ser negado provimento, passando-se ao conhecimento da apelação.

No segundo caso há que fazer outra distinção: se o agravo não influi na decisão da causa, mas o seu provimento interessa ao agravante, independentemente circunstância, faz-se a apreciação dele antes de julgar a apelação, no conhecimento da qual a sua resolução não projecta, como é óbvio, qualquer efeito; se o agravo interessa à decisão da causa, o seu conhecimento faz-se depois de julgada a apelação e só se entrará na apreciação dele se a sentença apelada não tiver obtido confirmação ([194]).

Há-de convir-se que o sistema adoptado não é modelo de simplicidade.

Se os agravos tiverem sido interpostos por quem reúna, ao mesmo tempo, as qualidades de apelante e de apelado o regime aplicável deve procurar-se na conjugação das regras acima enunciadas, aplicando-as nas matérias em que cada um dos litigantes tem uma ou outra daquelas posições.

ARTIGO 711.º

(Falta ou impedimento dos juízes)

1 — O relator é substituído pelo primeiro adjunto nas faltas ou impedimentos que não justifiquem segunda distribuição e enquanto esta se não efectuar.

---

provimento ou improvimento do recurso, limitado a apreciar se a multa era devida, não pode influir no exame e decisão da causa, mas o agravante tem interesse em ver provido o agravo, com o provimento do qual ficará isento da sanção.

([194]) É clara a razão da regra. O agravante, neste caso, viu triunfar, na sentença, a tese que defendia. Quando agravou não sabia ainda a sorte final do litígio. Proferida a sentença, faz subir o agravo porque a parte contrária apelou, mas só terá interesse em que se julgue o agravo *se a sentença for alterada ou revogada*. Mantendo-se a sentença, a infracção contra a qual reagiu pela interposição do agravo é irrelevante para ele; não precisa discuti-la ou demonstrá-la; carece de interesse para manter a posição de recorrente, uma vez que o eventual provimento do agravo não pode ter, para ele, qualquer utilidade.

ART. 712.º *Livro III, Título II — Do processo de declaração*

2 — Se a falta ou impedimento respeitar a um dos juízes-adjuntos, a substituição cabe ao juiz seguinte ao último deles.

No correspondente preceito do Código anterior previa-se e regulava-se apenas a falta ou impedimento do relator no dia da sessão de julgamento. Na redacção actual não se faz referência especial ao adiamento do julgamento, por isso parecer inútil, e dá-se maior maleabilidade ao preceito legal, de modo a prever-se a falta ou impedimento, quer do relator, quer do relator, quer de algum adjunto, antes ou depois do julgamento. É ao presidente do tribunal que compete decidir se há-de proceder-se a 2.ª distribuição; enquanto esta se não fizer, o primeiro adjunto do relator irá proferindo os despachos de expediente, que assegurem a marcha normal do processo; é também o presidente quem determinará que o processo seja continuado com vista ao juiz seguinte do adjunto faltoso ou impedido, quando entenda que a demora do afastamento deste o justifica. Mesmo no caso de 2.ª distribuição, mantêm-se os adjuntos que já tiverem tido vista do processo (art. 700.º, n.º 2).

ARTIGO 712.º
(Modificabilidade da decisão de facto)

1 — A decisão do tribunal de 1.ª instância sobre a matéria de facto pode ser alterada pela Relação:

a) **Se do processo constarem todos os elementos de prova que serviram de base à decisão sobre os pontos da matéria de facto em causa ou se, tendo ocorrido gravação dos depoimentos prestados, tiver sido impugnada, nos termos do artigo 690.º-A, a decisão com base neles proferida;**

b) **Se os elementos fornecidos pelo processo impuserem decisão diversa, insusceptível de ser destruída por quaisquer outras provas;**

c) **Se o recorrente apresentar documento novo superveniente e que, por si só, seja suficiente para destruir a prova em que a decisão assentou.**

2 — No caso a que se refere a segunda parte da alínea *a)* do número anterior, a Relação reaprecia as provas em que assentou a parte impugnada da decisão,

— 264 —

Capítulo VI — Dos recursos ART. 712.º

tendo em atenção o conteúdo das alegações de recorrente e recorrido, sem prejuízo de oficiosamente atender a quaisquer outros elementos probatórios que hajam servido de fundamento à decisão sobre os pontos da matéria de facto impugnados.

3 — A Relação pode determinar a renovação dos meios de prova produzidos em 1.ª instância que se mostrem absolutamente indispensáveis ao apuramento da verdade, quanto à matéria de facto impugnada, aplicando-se às diligências ordenadas, com as necessárias adaptações, o preceituado quanto à instrução, discussão e julgamento na 1.ª instância e podendo o relator determinar a comparência pessoal dos depoentes.

4 — Se não constarem do processo todos os elementos probatórios que, nos termos da alínea *a)* do n.º 1, permitam a reapreciação da matéria de facto, pode a Relação anular, mesmo oficiosamente, a decisão proferida na 1.ª instância, quando repute deficiente, obscura ou contraditória a decisão sobre pontos determinados da matéria de facto ou quando considere indispensável a ampliação desta; a repetição do julgamento não abrange a parte da decisão que não esteja viciada, podendo, no entanto, o tribunal ampliar o julgamento de modo a apreciar outros pontos da matéria de facto, com o fim exclusivo de evitar contradições na decisão.

5 — Se a decisão proferida sobre algum facto essencial para o julgamento da causa não estiver devidamente fundamentada, pode a Relação, a requerimento da parte, determinar que o tribunal de 1.ª instância a fundamente, tendo em conta os depoimentos gravados ou registados ou repetindo a produção da prova, quando necessário; sendo impossível obter a fundamentação com os mesmos juízes ou repetir a produção da prova, o juiz da causa limitar-se-á a justificar a razão da impossibilidade.

6 — Das decisões da Relação previstas nos números anteriores não cabe recurso para o Supremo Tribunal de Justiça.

(Redacção do Dec.-Lei n.º 375-A/99, de 20 de Setembro).

ART. 712.º *Livro III, Título II — Do processo de declaração*

1. A grande abertura, que a reforma de 95/96, compreendendo nela o Dec.-Lei n.º 39/95, deu ao sistema do registo das provas, projectou naturalmente os seus efeitos no poder cognitivo do tribunal de 2.ª instância, e daí que se alterasse o julgamento, na relação, em matéria de facto.

2. Nos n.ºs 1 e 2, ocupa-se o preceito das decisões sobre matéria de facto da 1.ª instância que a Relação pode alterar.

A primeira parte da alínea *a)* do n.º 1 prevê a hipótese de o processo em recurso conter todos os elementos de prova que serviram de base à decisão da matéria de facto. É o caso, por exemplo, da prova de um facto acerca do qual só foram ouvidas testemunhas por deprecada. Aqui a Relação dispõe dos *mesmos* elementos probatórios que serviram à formação do juízo expresso na resposta do juiz ou do Colectivo; apreciando a mesma matéria o tribunal de recurso pode alterar a decisão do tribunal da 1.ª instância, dentro do princípio da livre apreciação da prova, que ambas as instâncias devem observar.

Na segunda parte daquela alínea tem-se em conta o facto de terem sido gravados os depoimentos prestados, em que também pode ser eventualmente alterada a decisão sobre a matéria de facto se esta foi impugnada nos termos do art. 690.º-A. Neste caso, a reapreciação das provas será feita nos termos do n.º 2 do preceito em anotação.

Na alínea *b)* prevê-se que o processo contém elementos probatórios cujo valor não pode ser contrariado por qualquer das outras provas produzidas nos autos. Parece evidente que assim deve ser, em obediência ao valor legal das provas. O que será necessário, em todos os casos, é que se verifique essa certeza jurídica produzida pelos elementos de prova existentes no processo. É semelhante a situação prevista na alínea *c)*; a diferença está em que, naquele caso, o elemento decisivo pode ser ou não um documento, e tem de existir já no processo quando a resposta foi dada, enquanto que neste caso, o elemento probatório que permite a alteração é um documento que não existia nos autos quando foi decidida a matéria de facto.

3. No n.º 3 trata este artigo do condicionalismo de que depende determinar a Relação que se proceda à *renovação dos meios de prova* produzidos em 1.ª instância.

— 266 —

Capítulo VI — Dos recursos **ART. 712.º**

4. Mesmo quando não constem do processo todos os elementos probatórios que serviram de base à decisão da matéria de facto, a Relação pode, oficiosamente, anular essa decisão em dois casos: *a)* quando a repute deficiente, obscura ou contraditória sobre determinados pontos; *b)* quando considere indispensável a ampliação da matéria de facto, em ordem a evitar contradições na decisão (n.º 4).

Depois de o tribunal decidir a matéria de facto, poderá o representante de qualquer das partes reclamar contra a deficiência, obscuridade ou contradição das respostas, reclamação que o tribunal apreciará e decidirá, sem possibilidade de nova reclamação ou emprego de recurso próprio (art. 653.º, n.º 4). Mas o assunto não fica encerrado. O tribunal da Relação, tenha ou não havido reclamações, tenha ou não sido suscitado o conhecimento desse vício, pelas partes, no recurso, pode, oficiosamente, entrar na sua apreciação, e verificando que as ditas respostas são deficientes, obscuras ou contraditórias, deve anular a respectiva decisão. A razão deste largo poder de conhecimento do tribunal é fácil de compreender se se tiver em conta que o juízo sobre a correcta aplicação das normas legais se torna impossível de fazer se a matéria de facto apurada não for suficientemente inteligível. O mesmo acontecerá — e por idêntico motivo — quando a Relação constatar que se não procurou averiguar matéria de facto necessária.

5. O n.º 5 deste artigo está relacionado com o disposto no n.º 2 do art. 653.º, servindo de sanção à falta de cumprimento do que ali se dispõe, quanto ao dever de fundamentar as respostas. Porém neste caso, e ao contrário do que escrevemos relativamente à faculdade prevista no n.º 4 do artigo em anotação, o poder conferido à Relação de mandar suprir a falta, *depende de requerimento do interessado,* e só é para ser exercido quando a resposta não fundamentada for essencial para a decisão da causa e não forem indicados, ao menos, os meios concretos de prova que serviram a formar a convicção dos julgadores.

6. Discutiu-se durante algum tempo se o Supremo poderia exercer censura sobre o uso que a Relação fizer dos poderes conferidos pelos n.os 1 e 2 deste preceito. A dúvida estava em saber se, com tal censura, o Supremo não estaria a pronunciar-se sobre matéria de facto, de que lhe é vedado conhecer.

ART. 713.º *Livro III, Título II — Do processo de declaração*

O Dec.-Lei n.º 375-A/99, de 20 de Setembro, aditando a este artigo o seu n.º 6, veio proibir o recurso para o Supremo das decisões sobre essas matérias.

É curioso observar a difícil conciliação deste normativo com a segunda parte do n.º 3 do art. 729.º. Veja-se, a esse respeito, o que escrevemos na nota 4 a esse preceito.

ARTIGO 713.º

(Elaboração do acórdão)

1 — O acórdão definitivo é lavrado de harmonia com a orientação que tenha prevalecido, devendo o vencido, quanto à decisão ou quanto aos simples fundamentos, assinar em último lugar, com a sucinta menção das razões de discordância.

2 — O acórdão principia pelo relatório, em que se enunciam sucintamente as questões a decidir no recurso, exporá de seguida os fundamentos e concluirá pela decisão, observando-se, na parte aplicável, o preceituado nos artigos 659.º a 665.º.

3 — Quando o relator fique vencido relativamente à decisão ou a todos os fundamentos desta, é o acórdão lavrado pelo primeiro adjunto vencedor, o qual deferirá ainda aos termos que se seguirem, para integração, aclaração ou reforma do acórdão.

4 — Se o relator for apenas vencido quanto a algum dos fundamentos ou relativamente a qualquer questão acessória, é o acórdão lavrado pelo juiz que o presidente designar.

5 — Quando a Relação confirmar inteiramente e sem qualquer declaração de voto o julgado em 1.ª instância, quer quanto à decisão, quer quanto aos respectivos fundamentos, pode o acórdão limitar-se a negar provimento ao recurso, remetendo para os fundamentos da decisão impugnada.

6 — Quando não tenha sido impugnada, nem haja lugar a qualquer alteração da matéria de facto, o acórdão limitar-se-á a remeter para os termos da decisão da 1.ª instância que decidiu aquela matéria.

Capítulo VI — Dos recursos   **ART. 714.º**

1. O Código de 39 não admitia a declaração de vencido, mas logo o Estatuto Judiciário de 1944, no § 1.º do seu art. 99.º, veio restabelecer essa faculdade. O Código actual completou a regra constante do § 2.º daquele art. 99.º quanto à substituição do relator, que só se verifica quando este ficar vencido quanto à decisão ou a todos os seus fundamentos. Se ficar vencido quanto a algum ou a alguns dos fundamentos, ou relativamente a uma questão acessória, lavrará o acórdão o juiz que o presidente designar, devendo, então, referir todos os fundamentos que obtiveram vencimento, embora possa, no final, fazer breve declaração do voto que pessoalmente emitiu.

O relator, mesmo quando vencido, mantém a sua competência (art. 700.º, n.º 1) em tudo o que se não refira às matérias indicadas no n.º 3; assim, deve ser ele a despachar sobre a eventual interposição de recurso, para o Supremo Tribunal de Justiça, do acórdão da Relação.

2. A lei quer que os votos de vencido consistam na *sucinta* menção das razões da discordância.

Tem perfeita razão de ser a adjectivação empregada.

Se a admissão do voto se justifica pela violência que representava a obrigatoriedade para o juiz de subscrever uma decisão com que não concordava, serviria muito mal os interesses da justiça uma prática que convertesse aquela transigência com o escrúpulo do juiz vencido em uma crítica à decisão. Com absoluto senso observou a Comissão Revisora que um voto de vencido não é uma réplica ao acórdão. Não tem prestígio nem dignidade um acórdão que possa traduzir uma polémica entre os juízes.

ARTIGO 714.º

(Publicação do resultado da votação)

1 — Se não for possível lavrar imediatamente o acórdão, é o resultado do que se decidir publicado, depois de registado num livro de lembranças, que os juízes assinarão.

2 — O juiz a quem competir a elaboração do acórdão fica com o processo e apresentará o acórdão na primeira sessão.

ART. 715.º　　*Livro III, Título II — Do processo de declaração*

3 — O acórdão tem a data da sessão em que for assinado.

A publicação faz-se pela afixação do resultado do recurso, no átrio do tribunal.

Se no dia da leitura do acórdão, que não pôde ser lavrado a quando do julgamento, não estiver presente algum dos juízes que tenha intervindo nele, observar-se-á o disposto na parte final do n.º 1 do art. 157.º.

O lançamento do resultado do recurso no livro de lembranças só é obrigatório quando o acórdão não é lavrado imediatamente.

ARTIGO 715.º

(Regra da substituição ao tribunal recorrido)

1 — Embora o tribunal de recurso declare nula a sentença proferida na 1.ª instância, não deixará de conhecer do objecto da apelação.

2 — Se o tribunal recorrido tiver deixado de conhecer certa questões, designadamente por as considerar prejudicadas pela solução dada ao litígio, a Relação, se entender que a apelação procede e nada obsta à apreciação daquelas, delas conhecerá no mesmo acórdão em que revogar a decisão recorrida, sempre que disponha dos elementos necessários.

3 — O relator, antes de ser proferida decisão, ouvirá cada uma das partes, pelo prazo de 10 dias.

É aberrativa a norma em análise. Pelo menos quando a nulidade da sentença for declarada com qualquer dos fundamentos previstos nas alíneas b) a d) do n.º 1 do art. 668.º, não há verdadeira decisão da 1.ª instância sobre o fundo da causa. Determinar que, nessas hipóteses, o tribunal da Relação conheça do objecto da apelação, é aceitar a instância única. Sacrificou-se, mais uma vez, nas aras da celeridade, a garantia, que a dupla instância fornece, de uma melhor justiça e de uma mais perfeita defesa dos direitos dos litigantes.

Capítulo VI — Dos recursos **ART. 716.º**

ARTIGO 716.º

(Vícios e reforma do acórdão)

1 — É aplicável à 2.ª instância o que se acha disposto nos artigos 666.º a 670.º, mas o acórdão é ainda nulo quando for lavrado contra o vencido ou sem o necessário vencimento.

2 — A rectificação, aclaração ou reforma do acórdão, bem como a arguição de nulidade, são decididas em conferência.

Quando o pedido ou a reclamação forem complexos ou de difícil decisão, pode esta ser precedida de vista por cinco dias, a cada um dos juízes-adjuntos.

1. O art. 717.º fornece o conceito de acórdão lavrado contra o vencido.

O que deve entender-se por acórdão lavrado sem o necessário vencimento? O art. 709.º, n.º 3 dispõe que a decisão é tomada por maioria, pertencendo ao presidente voto de desempate. Como no julgamento intervêm 3 juízes, é necessário que pelo menos dois deles concordem em dar determinada solução ao recurso, com certa fundamentação, para que se verifique o necessário vencimento. O presidente só intervirá no caso, muito raro, de haver 3 votos divergentes. Se, portanto, o acórdão for tirado por um dos juízes, havendo dois votos de vencido, e sem intervir o presidente, o acórdão padece daquela nulidade: foi lavrado sem o necessário vencimento. O Supremo considerou verificada essa nulidade, na hipótese que tratou no seu acórdão de 13 de Dezembro de 1963. Propusera-se acção de indemnização por acidente rodoviário; a ré excepcionara a caducidade do direito de accionar, excepção que veio a ser julgada improcedente na 1.ª instância. Subindo o recurso, a final, com o interposto da respectiva sentença, foi lavrado acórdão que confirmou o julgado da 1.ª instância, embora considerando que o prazo para propositura daquela acção era de prescrição e não de caducidade; o primeiro adjunto assinou o acórdão com a declaração de que entendia que o prazo era de caducidade, mas que esta se não verificaria pelas razões constantes da decisão recorrida; finalmente o segundo adjunto votou com a declaração de que entendia ser de caducidade o prazo de propositura da acção, prazo que teria começado a correr desde que o sinistrado conheceu todas

— 271 —

ART. 716.º *Livro III, Título II — Do processo de declaração*

as consequências do dano. Acrescenta o acórdão: «É manifesta a disparidade; os três signatários do acórdão adoptam pontos de vista divergentes quanto aos fundamentos da tempestividade da acção, e que correspondem a três correntes doutrinárias. Divergências nos fundamentos de direito que legitimaram o recorrido no seu pedido de tutela jurisdicional. Se admitirmos que fez vencimento a corrente que considera de caducidade o prazo mencionado no art. 56.º, n.º 9, do Código da Estrada — o relator do acórdão estaria vencido, pois não foi esta a tese sustentada no acórdão. E os Desembargadores Adjuntos não estão de acordo quanto à forma de contagem do prazo que entendem ser de caducidade». Com esta fundamentação, e invocando-se o disposto nos arts. 713.º, n.º 3, 716.º, n.º 1 e 731.º do Código de Processo Civil, o Supremo anulou o acórdão recorrido e mandou que o processo baixasse à Relação para se proceder ali à reforma da decisão [195]. Neste caso a falta de vencimento não se referia à *decisão*: todos os juízes estavam de acordo em negar provimento ao recurso, por entenderem que a acção havia sido proposta em tempo; a falta de vencimento respeitava à fundamentação do julgado, uma vez que, a esse respeito, nem se obtivera maioria de votos, nem interviera o presidente a desempatar. Integraria este vício a nulidade específica da última parte do n.º 1 do preceito em análise, ou constituiria a falta de fundamentação prevista na alínea *b)* do n.º 1 do art. 668.º deste Código? A questão não é inteiramente líquida, mas atendendo a que a votação a que se refere o art. 709.º deve incidir não só sobre a decisão do recurso como também sobre os seus fundamentos, somos levados a concordar com a decisão do Supremo.

2. Foi sugerida, no seio da Comissão Revisora, a conveniência de, no caso de arguição de nulidades de acórdão, ser obrigatória a remessa do processo ao visto dos adjuntos. A sugestão foi, porém, rejeitada, por essas reclamações serem, em geral, de fácil decisão e essa regra poder encorajar manobras dilatórias.

Deixou-se, pois, ao critério do relator ordenar aqueles vistos, só o devendo fazer, em casos excepcionais, quando a dificuldade das questões suscitadas aconselhe esse procedimento.

---

[195] *Bol. Min. Just.*, 132.º-343.

ARTIGO 717.º
(Acórdão lavrado contra o vencido)

Considera-se lavrado contra o vencido o acórdão proferido em sentido diferente do que estiver registado no livro de lembranças.

Já observámos, em nota ao artigo 714.º, que o registo do resultado do recurso no livro de lembranças só é obrigatório fazer-se quando o acórdão não for lavrado na própria sessão em que o recurso foi julgado. Se o acórdão foi lavrado nessa sessão, é perfeitamente irrelevante o que se lançar a esse respeito no livro de lembranças, não podendo qualquer divergência notada entre esse lançamento e o que constar do acórdão servir de base à arguição de que este foi lavrado contra o vencido ([196]). Também não servirá a essa arguição a divergência que, porventura, existir entre o que constar da tabela que se afixa após o julgamento, e o que vier a consignar-se no acórdão; a lei é, realmente, expressa em aludir ao registo feito no livro, nada dizendo quanto ao eventual erro da publicação do resultado.

ARTIGO 718.º
(Reforma do acórdão)

1 — Se o Supremo Tribunal de Justiça anular o acórdão e o mandar reformar, intervirão na reforma, sempre que possível, os mesmos juízes.

2 — O acórdão será reformado nos precisos termos que o Supremo tiver fixado.

Nem sempre a procedência da arguição das nulidades previstas no art. 716.º, n.º 1 determina a reforma da decisão pelo tribunal que a tenha proferido. Quando essas nulidades forem algumas das prevenidas nas alíneas c) e e) e na 2.ª parte da alínea d) do art. 668.º, ou quando se mostre que o acórdão foi lavrado contra o vencido, a nulidade será suprida pelo Supremo que declarará em que sentido a decisão deve considerar-se modificada e conhecerá dos outros fundamentos do recurso (art. 731.º).

([196]) Cfr., neste sentido, os acs. do Sup. Trib. Just., de 11-3-1949 (*Bol. Min. Just.,* 12.º-239) e de 26-2-1965 (*Bol.* cit., 144.º-202).

ART. 720.º *Livro III, Título II — Do processo de declaração*

Só se manda baixar o processo se proceder a arguição de alguma das outras nulidades, ou seja, quando no acórdão faltar indevidamente a assinatura de algum dos juízes, quando não se tiverem especificado os fundamentos da decisão, quando houver omissão de pronúncia, quando o acórdão for lavrado sem o necessário vencimento.

No primeiro caso não haverá senão que suprir a falta; nos outros, proceder-se-á à reforma da decisão, lavrando novo acórdão onde se especifiquem os fundamentos do julgado; ou onde se conheça das questões não apreciadas; ou onde se faça novo apuramento da votação quanto à decisão e aos seus fundamentos.

A baixa não determina necessariamente nova distribuição, devendo o processo continuar a ter o mesmo relator e os mesmos adjuntos, se todos servirem ainda no tribunal; só não se encontrando aí em serviço nenhum dos signatários do acórdão anulado é que o recurso terá de ter nova distribuição. É o que parece dever entender-se deste preceito ao mandar intervir na reforma, sempre que possível, os mesmos juízes.

ARTIGO 719.º

(Baixa do processo)

Se do acórdão não for interposto recurso, o processo baixa à 1.ª instância, sem ficar na Relação traslado algum.

A hipótese que o preceito contempla é a de ter sido julgada a apelação e o acórdão haver transitado em julgado.

O Código anterior previa que a baixa fosse ordenada por despacho. Pareceu à Comissão Revisora inútil essa formalidade já abolida em processo penal; pensou-se que a sua eliminação facilitaria e aceleraria a movimentação dos recursos. A sugestão foi aceite.

ARTIGO 720.º

(Defesa contra as demoras abusivas)

1 — Se ao relator parecer manifesto que a parte pretende, com determinado requerimento, obstar ao cumprimento do julgado ou à baixa do processo ou à sua

— 274 —

Capítulo VI — Dos recursos   **ART. 721.º**

remessa para o tribunal competente, levará o requerimento à conferência, podendo esta ordenar, sem prejuízo
do disposto no artigo 456.º, que o respectivo incidente se
processe em separado.

2 — O disposto no número anterior é também aplicável aos casos em que a parte procure obstar ao trânsito em julgado da decisão, através da suscitação de
incidentes, a ela posteriores, manifestamente infun-
dados; neste caso, os autos prosseguirão os seus termos
no tribunal recorrido, anulando-se o processado, se a
decisão vier a ser modificada.

O n.º 2 foi acrescentado ao preceito pela reforma de 95.

Trata-se de uma medida excepcional, de que a lei consente que
se use quando, julgado o recurso, um dos litigantes (necessariamente a parte vencida nele) apresente requerimentos ou suscite
incidentes que obstem *ao cumprimento do julgado,* ou *à baixa do
processo,* ou à sua *remessa para o tribunal competente,* ou ao
trânsito em julgado da decisão.

Em qualquer destes casos; convencendo-se o relator de que as
manobras da parte têm *manifestamente* por finalidade algum
daqueles resultados dilatórios, levará o processo à conferência, que
pode ordenar, além de aplicação de sanções pela má fé, que, nos
três primeiras situações, o incidente se processe em separado
(n.º 1), e na última dessas situações que o processo baixe imediatamente ao tribunal recorrido, onde a decisão poderá ser executada
como se aqueles expedientes dilatórios não tivessem existido, mas
sem prejuízo de ser anulado esse processado uma vez que a decisão
venha a ser modificada.

SECÇÃO III

Recurso de revista

SUBSECÇÃO I

Interposição e expedição do recurso

ARTIGO 721.º

(Decisões que comportam revista)

1 — Cabe recurso de revista do acórdão da Relação
que decida do mérito da causa.

— 275 —

ART. 721.º *Livro III, Título II — Do processo de declaração*

2 — O fundamento específico do recurso de revista é a violação da lei substantiva, que pode consistir tanto no erro de interpretação ou de aplicação, como no erro de determinação da norma aplicável; acessoriamente, pode alegar-se, porém, alguma das nulidades previstas nos artigos 668.º e 716.º.

3 — Para os efeitos deste artigo, consideram-se como lei substantiva as normas e os princípios de direito internacional geral ou comum e as disposições genéricas, de carácter substantivo, emanadas dos órgãos de soberania, nacionais ou estrangeiros, ou constantes de convenções ou tratados internacionais.

1. Relativamente ao recurso de revista há que examinar duas questões: as decisões de que cabe esse recurso, e os fundamentos que permitem a sua apreciação; de ambas se ocupa o preceito em análise.

Só os acórdãos da Relação que tenham decidido do mérito da causa admitem impugnação em recurso de revista.

O fundamento específico do recurso de revista é a violação da lei substantiva no sentido que a esta expressão atribui o n.º 3 do preceito, que a Reforma de 1967 assim redigiu para evitar equívocos que poderiam surgir da aplicação, ao caso, do art. 1.º do novo Código Civil; também aquela norma se referia, quer no Código de 39, quer na redacção primitiva do código actual, aos «usos e costumes quando tenham força de lei», integrando-os, deste modo, no conceito de lei substantiva, mas igualmente aí a Reforma interveio, suprimindo aquela expressão, por se não poderem considerar os usos e costumes, mesmo quando juridicamente atendíveis, como normas de direito ([197]); o que poderá verificar-se é a violação do preceito legal que determine a sua observância.

Não pode conhecer-se do recurso de revista quando se não invoque violação de lei substantiva; mas se essa invocação se faz, então já é possível alegar, acessoriamente, como fundamentos do recurso, também a nulidade do acórdão recorrido, ou a violação de lei processual (art. 721.º, n.º 2 e art. 722.º, n.º 1), fundamentos que, isolados daquele, só justificariam interposição de agravo.

([197]) Cfr., neste sentido, Pires de Lima e Antunes Varela, *Código Civil Anotado,* vol. 2.º, pág. 424.

Capítulo VI — Dos recursos **ART. 722.º**

2. «Entre as hipóteses de violação da lei substantiva faz-se expressa menção, não só dos erros de interpretação e de aplicação, a que já se referia o texto anterior, mas também os erros de determinação da lei ou norma aplicável, para abranger os casos a que o Prof. Alberto dos Reis acertadamente alude sob a rubrica da *pesquisa da norma jurídica* (Código Anotado, vol. VI, pág. 37» [198].

ARTIGO 722.º
(Fundamentos da revista)

1— Sendo o recurso de revista o próprio, pode o recorrente alegar, além da violação de lei substantiva, a violação de lei de processo, quando desta for admissível o recurso, nos termos do n.º 2 do artigo 754.º, de modo a interpor do mesmo acórdão um único recurso.

2 — O erro na apreciação das provas e na fixação dos factos materiais da causa não pode ser objecto de recurso de revista, salvo havendo ofensa de uma disposição expressa de lei que exija certa espécie de prova para a existência do facto ou que fixe a força de determinado meio de prova.

3 — Se o recorrente pretender impugnar a decisão apenas com fundamento nas nulidades dos artigos 668.º e 716.º, deve interpor agravo. Neste caso, se a decisão for anulada, da que a reformar, quando proferida pelo tribunal recorrido, pode ainda recorrer-se de revista, com fundamento na violação de lei substantiva.

1. Quanto ao n.º 1 veja-se o que escrevemos na segunda parte da nota 1 ao artigo que antecede.

2. O Supremo Tribunal de Justiça não julga a matéria de facto; só lhe cumpre decidir as *questões de direito*, e nesse sentido é que se diz que é um «tribunal de revista», embora tal característica seja igualmente aplicável ao julgamento, por ele, dos recursos de agravo que lhe cumpra conhecer. Esta regra resulta claramente do disposto no art. 729.º, em anotação ao qual alguns elementos se fornecem quanto a esse candente problema que é a distinção entre questões de facto e questões de direito. O n.º 2 do preceito em

---

[198] *Observações*, no *B.M.J.*, n.º 123, pág. 168.

— 277 —

ART. 722.º *Livro III, Título II — Do processo de declaração*

anotação confirma esse mesmo princípio, abrindo-lhe, porém, duas excepções: a primeira, para a hipótese do tribunal recorrido ter dado como provado um facto sem que se tenha produzido a prova que, segundo a lei, é indispensável para demonstrar a sua existência; a segunda, quando se tenha desrespeitado as normas que regulam a força probatória dos diversos meios de prova admitidos no nosso sistema jurídico.

Suponhamos que o tribunal *a quo* aceitou a existência de uma hipoteca voluntária sobre bens imóveis, sem se ter provado a sua constituição por escritura pública ou por testamento, como é exigido pelo art. 714.º do Código Civil, e tirou daí as consequências jurídicas para decidir a acção; o Supremo pode revogar a decisão, ao abrigo da primeira daquelas excepções. Ou, então, o tribunal recorrido decide a causa dando como provados, ou como não provados, certos factos, em contrário do que consta de uma confissão judicial escrita; o Supremo está igualmente autorizado a revogar o julgado, porque este desrespeitou a força probatória plena reconhecida à confissão judicial pelo n.º 1 do art. 358.º do Código Civil. Repare-se, porém, que ainda aqui — e sempre — a actividade do Tribunal se situa no estrito campo da observância da lei; ele não faz a censura da convicção formada pelas instâncias quanto à prova; limita-se a reconhecer e a declarar, em qualquer dos casos, que havia *obstáculo legal* a que tal convicção se tivesse formado. É uma censura que se confina à *legalidade* do apuramento dos factos — e não respeita directamente à existência ou inexistência destes.

3. Colocada perante uma decisão final da 2.ª instância que lhe seja desfavorável quanto ao mérito e que entenda padecer também de vício que produza a sua nulidade, a parte pode tomar uma de duas atitudes: ou recorrer de revista, alegando violação de lei substantiva e acessoriamente a nulidade do acórdão (art. 721.º, n.º 2 *in fine*), ou agravar apenas com fundamento da nulidade [art. 755.º, n.º 1, alínea *a)*].

Que posição é preferível que tome? Só o exame do caso concreto a pode orientar, na certeza de que, se usa o agravo, só se a decisão for anulada e a sua reforma for feita pelo tribunal recorrido pode vir a usar da revista [199].

---

[199] O actual n.º 3 afasta a possibilidade de recurso quando as nulidades tenham sido supridas pelo Supremo.

Capítulo VI — Dos recursos   **ART. 725.º**

ARTIGO 723.º

(Efeito do recurso)

O recurso de revista só tem efeito suspensivo em questões sobre o estado de pessoas.

ARTIGO 724.º

(Regime aplicável à interposição e expedição da revista)

1 — À interposição, apresentação de alegações e expedição do recurso é aplicável o preceituado acerca do recurso de apelação, cabendo ao relator as funções cometidas ao juiz.

2 — Se o recurso for admitido no efeito suspensivo, pode o recorrido exigir a prestação de caução, sendo neste caso aplicáveis as disposições dos artigos 693.º e seguintes; se o efeito for meramente devolutivo, pode o recorrido requerer, no prazo indicado no artigo 693.º, que se extraia traslado. O relator fixará o prazo para o traslado, que compreende unicamente o acórdão, salvo se o recorrido fizer, à sua custa, inserir outras peças.

É ao relator que tiver sido designado pela distribuição que compete admitir ou rejeitar o recurso, ainda que, por ter ficado vencido, não tenha sido ele a lavrar o acórdão. Do despacho que não admita a revista, cabe a reclamação para o presidente do Supremo Tribunal de Justiça a que se refere o art. 688.º; do despacho que a admita, e declare os seus efeitos, cabe reclamação para a conferência (art. 700.º, n.º 3), mas, como se sabe, nem aquele despacho, nem o acórdão que porventura decida no mesmo sentido, vinculam, nessa matéria, o tribunal superior.

ARTIGO 725.º

(Recurso *per saltum* para o Supremo Tribunal de Justiça)

1 — Quando o valor da causa, ou da sucumbência, nos termos do n.º 1 do artigo 678.º, for superior à alçada dos tribunais judiciais de 2.ª instância e as partes, nas suas alegações, suscitarem apenas questões de direito, nos termos dos n.os 2 e 3 do artigo 721.º e dos n.os 1 e 2

— 279 —

ART. 725.º *Livro III, Título II — Do processo de declaração*

do artigo 722.º, pode qualquer delas, não havendo agravos retidos que devam subir nos termos do n.º 1 do artigo 735.º, requerer nas conclusões que o recurso interposto de decisão de mérito proferida em 1.ª instância suba directamente ao Supremo Tribunal de Justiça.

2 — O juiz ouvirá a parte contrária, sempre que esta não haja tido oportunidade de se pronunciar, em alegação subsequente, sobre o requerimento a que alude o número anterior.

3 — A decisão do juiz que indefira o requerido e determine a remessa do recurso à Relação é definitiva.

4 — Se, remetido o processo ao Supremo Tribunal de Justiça, o relator entender que as questões suscitadas ultrapassam o âmbito da revista, determina que o processo baixe à Relação, a fim de o recurso aí ser processado, nos termos gerais, como apelação; a decisão do relator é, neste caso, definitiva.

5 — Se o relator admitir o recurso para ser processado como revista, pode haver reclamação para a conferência, nos termos gerais.

6 — No caso de deferimento do requerimento previsto no n.º 1, o recurso é processado como revista, salvo no que respeita ao regime de subida e efeitos, a que se aplicam os preceitos referentes à apelação.

Regula a possibilidade do recurso, *per saltum*, das decisões de mérito proferidas na 1.ª instância, para o Supremo Tribunal de Justiça, quando se verifiquem, conjuntamente, certos requisitos.

Imagine-se que é julgada na 1.ª instância uma acção que tem valor superior à alçada da Relação; a parte vencida pretende recorrer, mas considera totalmente arrumadas as questões de facto, suscitando apenas questões de direito; é claro que daquela decisão cabe normalmente recurso de apelação (art. 691.º, n.º 1), competindo da eventual decisão da 2.ª instância que vier a obter-se, recurso de revista (art. 721.º, n.º 1); porque não permitir a qualquer das partes que, numa situação destas, obtenha a grande economia processual de fazer com que o litígio seja logo submetido à decisão

— 280 —

Capítulo VI — Dos recursos **ART. 726.º**

final do Supremo? É a possibilidade de conseguir que este preceito exactamente contém. É uma inovação da reforma processual de 95/96, com a qual concordamos. Estão bem defendidos os princípios do contraditório e o da dupla jurisdição, e o ponto fulcral, que maiores dúvidas suscitará, que é o de saber se estão efectivamente esgotadas todas as possíveis discussões em matéria de facto, também está bem ressalvado pelos poderes que se concedem ao juiz ou ao relator de negarem, *sem recurso ou reclamação* o recurso *per saltum* desde que tenham a esse respeito a mais pequena dúvida.

O recurso é, neste caso, *híbrido*: um recurso de revista, com subida e efeitos de apelação.

É só nas conclusões da alegação que qualquer das partes pode usar da faculdade que este preceito lhe reconhece. É óbvio que existindo pendentes recursos de agravo, a subir com a apelação, o pedido não pode ser formulado.

SUBSECÇÃO II

Julgamento do Recurso

ARTIGO 726.º

(Aplicação do regime da apelação)

São aplicáveis ao recurso de revista as disposições relativas ao julgamento da apelação interposta para a Relação, com excepção do que se estabelece nos artigos 712.º e no n.º 1 do artigo 715.º e salvo ainda o que vai prescrito nos artigos seguintes.

A regra é a da aplicabilidade ao julgamento da revista das disposições dos arts. 700.º a 720.º; a razão porque se exclui o artigo 712.º baseia-se, manifestamente, em ser impensável a sua observância no julgamento da revista, uma vez que o Supremo não conhece de matéria de facto; quanto ao afastamento da aplicação do n.º 1 do art. 715.º explica-se ele pelo facto de existir o regime especial dos arts. 730.º e 731.º. Para o mais que há de específico no julgamento da revista, faremos alusão em nota aos respectivos preceitos (arts. 727.º a 731.º).

— 281 —

ART. 728.º *Livro III, Título II — Do processo de declaração*

ARTIGO 727.º

(Junção de documentos)

Com as alegações podem juntar-se documentos supervenientes, sem prejuízo do disposto no n.º 2 do artigo 722.º e no n.º 2 do artigo 729.º.

São *supervenientes* os documentos de que a parte não dispunha à data em que se iniciou, na Relação, a fase do julgamento, isto é, quando o processo foi com vista ao primeiro adjunto; tais documentos, se tiverem algum interesse para a decisão do recurso, poderão ser juntos *até* à apresentação das alegações; esta disposição não alarga o poder cognitivo do Supremo relativamente à matéria de facto.

ARTIGO 728.º

(Vista aos juízes e vencimento)

1 — Para haver vencimento quanto ao objecto do recurso são necessários três votos conformes, salvo se a decisão do Supremo for confirmativa do acórdão da relação, caso em que bastam dois votos conformes.

2 — Se não houver a conformidade de votos exigida para o vencimento, o processo vai com vista aos dois juízes imediatos.

À face do Código de 39 abriu-se irredutível divergência entre a opinião do Prof. Alberto dos Reis [200] e o entendimento dado pelo Supremo aos preceitos que regulavam o número de votos necessários para haver vencimento na revista. Enquanto o primeiro sustentava a necessidade de 5 votos conformes para se vencer que houvera violação de lei substantiva, o Tribunal decidiu sempre não serem necessários os cinco votos conformes. A quando da elaboração do Código actual a Comissão Revisora inclinou-se, por maioria, para a tese do Mestre, mas o seu ilustre Relator pronunciou-se em sentido contrário, salientando a perturbação que,

---

[200] *Cód. Proc. Civ. An.,* vol. VI, pág. 73; Rev. Leg. Jur., ano 78.º, pág. 271 e 289; ano 80.º, pág. 23 e 38; ano 87.º, pág. 139.

Capítulo VI — Dos recursos **ART. 728.º**

para o Tribunal, adviria da consagração daquela doutrina, porque sendo as secções constituídas por cinco juízes bastaria um único voto dissidente — o que é frequentíssimo — para motivar o adiamento, o novo visto e a deslocação de um juiz de uma secção para outra [201].

O legislador aceitou esta segunda solução, escrevendo a esse respeito: «O problema fundamental debatido em torno do texto anterior dos arts. 728.º e 729.º era o de saber qual o número de votos necessários para decidir que a Relação violara a lei substantiva. A solução exacta, em face desses textos, era a que proclamava a necessidade de cinco votos conformes, para esse efeito. Era a doutrina convictamente sustentada pelo Doutor Reis. Mas não era a solução perfilhada pelo Supremo. Nem era, de facto, a solução mais conveniente. A exigência dos cinco votos conformes pode perturbar gravemente, como nota o Conselheiro Lopes Navarro, o serviço e o funcionamento das secções do Supremo. E não há por detrás da antiga exigência legal uma razão de tal modo forte que justifique semelhante perturbação. Por isso se consagra para futuro a tese até agora infundadamente mantida pelo Supremo [202].

E noutro lugar acrescentava-se, já à luz do preceito actual: «Opta-se, por isso, pela clara consagração legislativa da orientação perfilhada. E vai-se mesmo, logicamente, um pouco mais longe.

Com efeito, uma vez assente que três votos bastam, na própria revista, para fazer vencimento, pode perfeitamente dispensar-se, num grande número de casos, a intervenção de cinco juízes, possivelmente determinada pela pressuposição da necessidade dos cinco votos conformes.

A revista começará, assim, por ter apenas três vistos, tal como a apelação e o agravo; mas, enquanto nestes o vencimento continua a depender no mínimo de dois votos conformes, na revista a decisão dependerá da conformidade de três votos, quer seja para a conceder, quer seja para a negar.

Se esta conformidade não for obtida na primeira sessão de julgamento, o processo irá então a mais dois vistos, o que não será, decerto, muito frequente, a avaliar pelo número relativamente escasso de acórdãos de três juízes com voto de vencido.

---

[201] *Projectos de Revisão*, II, 46.
[202] *Observações*, no *Bol. Min. Just.*, n.º 123, pág. 171.

ART. 729.º *Livro III, Título II — Do processo de declaração*

O julgamento da grande maioria das revistas fica por esta forma consideravelmente abreviado, como convém a um recurso que até aqui tão arrastado se torna, em geral, e os juízes, intervindo em menor número de recursos dessa espécie, mais tempo terão para dedicar àqueles em que intervêm» [203] [204].

A parte final do n.º 1 deste artigo contém uma regra especial importante para aprovar o vencimento na revista: se a decisão do Supremo for no sentido de confirmar o acórdão da Relação em recurso, bastarão dois votos conformes para fazer vencimento.

ARTIGO 729.º

(Termos em que julga o tribunal de revista)

1 — Aos factos materiais fixados pelo tribunal recorrido, o Supremo aplica definitivamente o regime jurídico que julgue adequado.

2 — A decisão proferida pelo tribunal recorrido quanto à matéria de facto não pode ser alterada, salvo o caso excepcional previsto no n.º 2 do artigo 722.º.

3 — O processo só volta ao tribunal recorrido quando o Supremo entenda que a decisão de facto pode e deve ser ampliada, em ordem a constituir base suficiente para a decisão de direito, ou que ocorrem contradições na decisão sobre a matéria de facto que inviabilizam a decisão jurídica do pleito.

1. Após a Reforma de 1926, o Supremo Tribunal de Justiça, abandonando o sistema da *cassação*, segundo o modelo francês e italiano, em que, anulada a decisão por se ter julgado contra direito, se mandava julgar de novo a causa pelo tribunal da 2.ª instância (Cód. 1876, art. 1161.º), passou a julgar definitivamente esta (Dec.-Lei n.º 12 353, art. 65.º). Esse sistema é ainda o adoptado neste preceito, e daí a redacção do seu n.º 1.

2. O Supremo não conhece, em regra, de matéria de facto; já aludimos aos desvios (mais aparentes do que reais) de tal regra, ao anotarmos o art. 722.º.

---

[203] Relatório da Lei Preambular (Dec.-Lei n.º 44 129, de 28-12-1961), n.º 24.

[204] Esta previsão optimista veio a ter inteira confirmação. Não só foi aliviado sensivelmente o trabalho dos juízes como também se acelerou consideravelmente o julgamento dos recursos de revista.

Capítulo VI — Dos recursos **ART. 729.º**

Mas a questão de fixar os limites que separam a matéria de facto, da matéria de direito, é das mais árduas e, como tal, tem dado origem a grande número de dúvidas e de controvérsias.

Não faremos aqui o estudo desse problema, largamente tratado entre nós ([205]).

Pode, porém, dizer-se, de um modo geral, que tem sido considerada como matéria de facto, portanto da exclusiva competência dos tribunais de instância: *a)* a interpretação dos negócios jurídicos; *b)* a determinação da vontade dos contraentes ou declarantes; *c)* a determinação do valor dos bens expropriados; *d)* a determinação da intenção do testador e do doador; *e)* a averiguação da situação económica das partes; *f)* a determinação da existência de culpa ou dolo, quando não resultem da violação de preceito legal ou regulamentar; *g)* a determinação da convicção do pretenso pai quanto à paternidade que lhe é atribuída; *h)* o reconhecimento da notoriedade de certos factos; *i)* a determinação dos danos produzidos; *j)* a determinação da proporcionalidade do risco e da medida das culpas concorrentes; *l)* a existência ou não de nexo de causalidade; *m)* as conclusões de facto extraídas da matéria de facto apurada; *n)* a filiação biológica.

Tem-se entendido, pelo contrário, que constitui matéria de direito: *a)* a fixação do montante da indemnização; *b)* a interpretação de decisão judicial; *c)* a averiguação da culpa decorrente da violação de deveres legais ou regulamentares; *d)* a interpretação da declaração negocial feita por aplicação dos critérios estabelecidos nos arts. 236.º, n.º 1 e 238.º, n.º 1 do Cód. Civil; *e)* a integração de um negócio jurídico através dos critérios indicados no art. 239.º do Código Civil.

3. A ampliação da matéria de facto que se prevê no n.º 3, não significa que possam mandar-se averiguar factos que as partes não tenham articulado, ou, por outra forma legal, trazido à apreciação do tribunal; se, portanto, a carência da averiguação de certos factos resultar de as partes os não terem alegado, ou de os não terem provado, sofrerá as consequências disso a parte sobre quem recaia

---

([205]) Veja-se Alberto dos Reis, na *Rev. Leg. Jur.*, 74.º, pág. 286; 80.º, pág. 385; 81.º, pág. 266; Barbosa de Magalhães, *A distinção entre matéria de facto e de direito*; Alberto dos Reis, *Cód. Anotado*, vol. VI, pág. 35; Manuel Rodrigues, *As questões de direito e a competência do Supremo Tribunal de Justiça*, na Rev. Ord. Advs., ano 1.º, pág. 102; Manuel de Andrade, *Noções Fundamentais*, 1.ª ed., n.º 255; Castanheira Neves, *Questão de facto-Questão de direito*.

— 285 —

ART. 729.º *Livro III, Título II — Do processo de declaração*

o respectivo ónus (de alegação ou de prova), não se configurando, então, a hipótese a que o preceito alude. A faculdade contida naquele preceito é para ser exercida quando as instâncias seleccionarem imperfeitamente a matéria da prova, amputando-a, assim, de elementos que consideraram dispensáveis mas que se verifica serem indispensáveis para o Supremo definir o direito. É um bom exemplo dessa aplicação o caso de que se ocupou o acórdão de 25 de Julho de 1962 [206]. Certo interessado invocara, na Relação do Porto, justo impedimento para efectuar, no prazo, o pagamento do imposto de justiça devido por um recurso. Alegara, para tal, que no dia em que terminava o prazo, e duas horas antes do encerramento da tesouraria, saíra de Barcelos, onde residia, em direcção ao Porto, à distância de 40 quilómetros, num automóvel de aluguer; a alguns quilómetros da Póvoa de Varzim uma avaria mecânica impediu o prosseguimento da viagem; o interessado deslocou-se, a pé, à Vila da Póvoa, onde fretou outro automóvel, chegando, porém ao Porto já depois de encerrada a tesouraria judicial respectiva; ofereceu testemunhas destes factos. A Relação, considerando que os factos alegados não integravam o conceito de justo impedimento, indeferiu a justificação, considerando desnecessária a produção da prova oferecida. O Supremo, porém, entendendo que os meios mecânicos de locomoção não são, actualmente, tão falíveis, que fosse de prever, num percurso tão pequeno, a ocorrência de uma avaria que fizesse retardar a viagem por tempo considerável e sem possibilidade da utilização imediata de outro meio rápido de transporte, julgou em sentido inverso ao da Relação quanto aos factos alegados poderem constituir justo impedimento à observância do prazo, mas não pôde julgar *definitivamente* a justificação porque a Relação não deixara produzir a prova respectiva. Ordenou-se, por isso, a baixa do processo à 2.ª instância para apuramento dos factos necessários à decisão de direito.

Quid juris se esse apuramento dos factos pertencer directamente, não à 2.ª, mas à 1.ª instância? Como deve a Relação cumprir o acórdão do Supremo? Não o diz a lei, mas parece que, em tal caso, a Relação deve usar dos outros meios que a lei lhe faculta para corrigir ou completar a matéria de prova coligida pela primeira instância, a fim de se colherem os elementos em falta, que permitam uma adequada aplicação do direito [207].

---

[206] *Bol. Min. Just.*, 119.º-311.

[207] Veja-se o ac. do Sup. Trib. Just., de 30-11-1962 (*Bol. Min. Just.*, 121.º-278) onde se põe e decide muito bem este problema.

Capítulo VI — Dos recursos   **ART. 730.º**

Quando no preceito se dispõe que o processo *só* volta à 2.ª instância para ampliação da matéria de facto, está-se a raciocinar no pressuposto de se ter entrado no conhecimento do objecto da *revista*; que o processo *também* volta à 2.ª instância, para reforma, quando se julgam procedentes *algumas* nulidades de acórdão, é evidente em face da regulamentação que se contém no art. 731.º.

4. Discutiu-se, durante muito tempo, nos nossos tribunais, se, podendo a Relação anular, mesmo oficiosamente, a decisão da 1.ª instância quando a reputasse deficiente, obscura ou contraditória, sobre pontos determinados da matéria de facto (art. 712.º, n.º 4), poderia o Supremo exercer censura sobre o exercício dessa faculdade. O legislador tomou posição nesse problema dispondo no n.º 6 do art. 712.º, que «dessas decisões não cabe recurso para o Supremo Tribunal de Justiça». Mas, algum tanto surpreendentemente, o mesmo legislador vem, na segunda parte do n.º 3 deste art. 729, reconhecer que o Supremo pode entender que ocorrem contradições na decisão da 1.ª instância em matéria de facto que inviabilizam a decisão jurídica do pleito. A *mesma questão* que ali é subtraída ao conhecimento do Supremo, é aqui expressamente incluídas no âmbito do seu poder cognitivo. Certamente se dirá que no art. 712.º está em causa e limitação do recurso, e que no art. 729.º está em jogo a impossibilidade de aplicar a lei a uma factualidade que, por contraditória, não se entende qual seja, o que constitui problemas diferentes. Pode admitir-se, mas subsiste a incongruência de o Supremo só poder conhecer das contradições em matéria de facto, oficiosamente, quando houver recurso com outro fundamento. Na verdade, estas disparidades resultam de modificações pontuais da lei, feitas aqui e além, como quem se vacina.

ARTIGO 730.º

(Novo julgamento no tribunal *a quo*)

1 — No caso excepcional a que se refere o n.º 3 do artigo anterior, o Supremo, depois de definir o direito aplicável, manda julgar novamente a causa, em harmonia com a decisão de direito, pelos mesmos juízes que intervieram no primeiro julgamento, sempre que possível.

2 — Se, por falta ou contradição dos elementos de facto, o Supremo não puder fixar com precisão o regime

ART. 730.º *Livro III, Título II — Do processo de declaração*

jurídico a aplicar, a nova decisão admitirá recurso de revista, nos mesmos termos que a primeira.

Na aplicação deste preceito temos de ter em consideração se estamos em face de um processo que seguiu os trâmites normais da apelação para a 2.ª instância e da revista para o Supremo, ou se o recurso subiu directamente, *per saltum*, da 1.ª instância para o tribunal de revista (art. 725.º).

Em qualquer dos casos o Supremo verifica que a matéria de facto apurada (pela 1.ª ou por ambas as instâncias) é insuficiente para a aplicação do regime jurídico adequado. Nesta hipótese podem dar-se duas situações: ou, não obstante a insuficiência da prova não permitir que se dite a solução do litígio, é possível definir já o direito aplicável, ou essa insuficiência torna duvidoso o enquadramento jurídico a fazer, dependendo daquela averiguação a posição jurídica a assumir.

Na primeira situação, o tribunal *a quo*, no *novo julgamento*, em que devem intervir, sempre que possível, os mesmos juízes que intervieram no primeiro, aplicará a toda a matéria de facto então apurada o regime jurídico que o tribunal de revista fixou, proferindo a decisão que desse enquadramento resultar. Haverá recurso deste novo julgamento? Parece que sim, mas restrito à demonstração de não ter o tribunal cumprido o acordão do Supremo, quer quanto à averiguação da matéria de facto, quer quanto ao regime jurídico definido ([208]).

Na segunda situação o tribunal *a quo* profere, igualmente, *nova decisão* em que faz aplicação do direito não só aos factos apurados no primeiro julgamento mas também em atenção à nova matéria de facto a que tem agora de atender. Desta decisão cabe revista nos termos gerais, uma vez que o Supremo ainda se não pronunciou quanto à aplicação do direito.

Saliente-se, porém, que num caso e noutro a baixa do processo inutilizou a decisão recorrida, que deixou de existir na ordem processual, e é sempre necessário que o tribunal *a quo* profira novo julgamento, com observância de todo o condicionalismo legal; admitir que seria suficiente uma pronúnccia quanto à matéria de facto mandada averiguar, seria erro indesculpável à face da letra e do espírito do preceito anotando ([209]).

([208]) Acs. S.T.J., de 5/2/63, no *B.M.J.*, n.º 124, pág. 697; de 31/1/64, no *B.M.J.*, n.º 133, pág. 438; de 1/6/83, no *B.M.J.*, n.º 328, pág. 500; de 25/6/92, no *B.M.J.*, n.º 418, pág. 726.

([209]) Acs. S.T.J., de 21/6/63, no *B.M.J.*, n.º 128, pág. 479; de 6/2/68, no *B.M.J.*, n.º 174, pág. 185.

Capítulo VI — Dos recursos ART. 731.º

ARTIGO 731.º

(Reforma do acórdão no caso de nulidades)

1 — Quando for julgada procedente alguma das nulidades previstas nas alíneas *c)* e *e)* e na segunda parte da alínea *d)* do artigo 668.º ou quando o acórdão se mostre lavrado contra o vencido, o Supremo suprirá a nulidade, declarará em que sentido a decisão deve considerar- -se modificada e conhecerá dos outros fundamentos do recurso.

2 — Se proceder alguma das restantes nulidades do acórdão, mandar-se-á baixar o processo, a fim de se fazer a reforma da decisão anulada, pelos mesmos juízes quando possível.

3 — A nova decisão que vier a ser proferida, de harmonia com o disposto no número anterior, admite recurso de revista nos mesmos termos que a primeira.

1. Como já observámos a propósito do art. 718.º, só em certos casos o Supremo supre a nulidade e entra na apreciação do objecto da revista, sem o processo baixar para reforma do acórdão. Se determinar a baixa, a reforma dá lugar a uma nova decisão, e para que o Supremo venha a pronunciar-se sobre outros fundamentos que, porventura, tenham sido produzidos, é necessária a interposição de novo recurso. É uma dualidade de regimes que se explica pela circunstância de a reforma operada pela Relação determinar uma modificação substancial do julgado, que não se compadeceria com o seu reexame à luz de uma impugnação que se fizera antes daquela reforma ter tido lugar.

A especificação dos casos em que o suprimento da nulidade pertence ao Supremo é uma novidade deste Código, naturalmente de aplaudir.

2. O correspondente preceito do Código anterior determinava que o Supremo, quando mandasse baixar o processo para reforma, definiria «ao mesmo tempo o direito aplicável». Mas a medida não parecia feliz. Era ainda o desejo da celeridade a fazer ouvir a sua voz contra a paralizante inércia do sistema anterior. Mas exageradamente. Verificando-se qualquer das nulidades que determinam a reforma, o Supremo dispõe, manifestamente, de elementos insu-

— 289 —

ART. 732.º-A *Livro III, Título II — Do processo de declaração*

ficientes para a definição do regime jurídico aplicável. Notou-o, com justeza, a Comissão Revisora e a supressão foi aprovada.

ARTIGO 732.º
(Nulidades dos acórdãos)

É aplicável ao acórdão do Supremo o disposto no artigo 716.º.

É o que já resultava directamente, sem necessidade de preceito expresso, do disposto no art. 726.º.
É preceito completamente redundante.

SUBSECÇÃO III
Julgamento ampliado da revista

ARTIGO 732.º-A
(Uniformização de jurisprudência)

1 — O Presidente do Supremo Tribunal de Justiça determina, até à prolação do acórdão, que o julgamento do recurso se faça com intervenção do plenário das secções cíveis, quando tal se revele necessário ou conveniente para assegurar a uniformidade da jurisprudência.

2 — O julgamento alargado, previsto no número anterior, pode ser requerido por qualquer das partes ou pelo Ministério Público e deve ser sugerido pelo relator, por qualquer dos adjuntos, ou pelos presidentes das secções cíveis, designadamente quando verifiquem a possibilidade de vencimento de solução jurídica que esteja em oposição com jurisprudência anteriormente firmada, no domínio da mesma legislação e sobre a mesma questão fundamental de direito.

1. Como se sabe, o art. 2.º do Código Civil dispunha que, nos casos declarados na lei, podiam os tribunais fixar, por meio de assentos, doutrina com força obrigatória geral. O Código de Processo Civil tratava da elaboração dos assentos nos seus arts. 763.º a 770.º, que continham a regulamentação do «recurso para tribu-

Capítulo VI — Dos recursos **ART. 732.º-A**

nal pleno». O instituto, criado no Código de 39, foi mal recebido na doutrina [210], mas desempenhou uma função altamente meritória, que foi a de assegurar entre nós — país onde, como acontece em todos os países meridionais, brilha, às vezes, excessivamente, o culto do individualismo e do original — a certeza do direito, a uniformização da jurisprudência, o conhecimento, à face das decisões judiciais, da lei em que se vive.

O sistema resistiu àquela avalanche doutrinária, mas veio, já recentemente, a sucumbir às dúvidas da legalidade institucional.

Primeiro, foi o Tribunal Constitucional que após sucessivos acórdãos declarou inconstitucional o art. 2.º do Código Civil, na parte em que este conferia aos tribunais a possibilidade de fixar doutrina com força obrigatória geral (Ac. 743/96, no *D.R.*, 1.ª S-A, de 18/7/96). Embora esta jurisprudência constitucional (essa, sim, de força obrigatória geral) ressalvasse o efeito que podia atribuir-se aos *assentos* de uniformizar a jurisprudência dos tribunais hierarquicamente subordinados ao Supremo, o legislador não seguiu este caminho das subtilezas, e pelo art. 4.º, n.º 2 do Dec.--Lei n.º 329-A/95, revogou o art. 2.º do Código Civil, e eliminou o recurso para tribunal pleno, revogando os arts. 763.º a 770.º deste Código de Processo Civil. Assim desapareceu da nossa ordem jurídica o instituto dos Assentos do Supremo Tribunal de Justiça.

Quer isto dizer que com eles desapareceu de todo aquela função uniformizadora confiada ao Supremo Tribunal de Justiça? Não, o legislador não foi tão longe. Aproveitando a ideia que constava do n.º 3 do art. 728.º (introduzido no Código pelo Dec.-Lei n.º 47690), revogou esse preceito, e criou, em sua substituição, a «revista ampliada», regulada nos arts. 732.º-A e 732.º-B, para exercer também mera função uniformizadora.

O n.º 3 do art. 728.º já previa que o presidente do Supremo pudesse determinar que o julgamento da revista se fizesse com intervenção de todos os juízes da secção, ou em reunião conjunta das secções cíveis, quando o considerasse necessário para assegurar a uniformidade da jurisprudência.

A simples leitura do actual art. 732.º-A mostra claramente que a ideia que ali funcionava como meio de antecipar um consenso que

---

[210] Veja-se, por todos, o vastíssimo estudo *O instituto dos «assentos» e a função jurídica dos Supremos Tribunais,* de Castanheira Neves, cuja publicação ocupou a secção doutrinal da decana «Revista de Legislação e de Jurisprudência», durante onze anos (n.ºs 3474 a 3706), de 1972 a 1983.

ART. 732.º-A *Livro III, Título II — Do processo de declaração*

poderia evitar os trabalhos e delongas da elaboração de um assento, foi agora aproveitada para obter uma decisão provida de maior autoridade profissional, capaz de obter a uniformização da jurisprudência, mesmo fora do mecanismo dos Assentos. Essa função, no plano do legislador, pode ser preventiva ou resolutiva. É preventiva no caso dos arts. 732.º-A, n.ºˢ 1 e 2, e 762.º, n.º 3; é resolutiva no caso do art. 678.º, n.ºˢ 4 e 6.

A jurisprudência uniformizada não é, manifestamente, provida de força obrigatória geral. Os efeitos das decisões judiciais, quando transitadas em julgado, estão fixados por lei (Cód. Proc. Civ., arts. 671.º e segs.), sendo que, organicamente, no exercício da função jurisdicional, aos tribunais judiciais incumbe assegurar a defesa dos direitos e interesses legalmente protegidos, reprimir a violação da legalidade democrática e dirimir os conflitos de interesses públicos e privados (Cons. Pol., art. 102.º; Lei n.º 3/99, de 13 Janeiro). Para que os tribunais possam afastar-se do exercício da função jurisdicional, designadamente para formular normas interpretativas ou integradoras da lei, será necessário que exista *preceito expresso* que constitucionalmente o permita. Ora, revogado como foi o art. 2.º do Código Civil, não existe no nosso direito positivo preceito algum que, de perto ou de longe, permita aos tribunais judiciais formular, em matéria cível, normas de força obrigatória geral ([211]). O que se espera dos juízes do mais alto Tribunal da Orgânica Judiciária portuguesa; é que aproveitem aquela oportunidade, que a lei lhes dá, da discussão conjunta das suas divergências pontuais, aceitando a orientação que do debate resultar, o que evitará esse deplorável espectáculo de, com pequeníssima diferença temporal, às vezes no mesmo dia, o tribunal resolver de maneiras diametralmente opostas a mesma questão de direito, conforme a sorte da distribuição atribua o processo a esta ou àquela secção, a este ou àquele relator. Não há ninguém mais interessado no prestígio dos tribunais do que aqueles que os compõem e servem.

2. O julgamento ampliado só é admissível no recurso de revista (art. 732.º-A, n.º 1), e no agravo em 2.ª instância (art. 762.º, n.º 3).

([211]) Veja-se, neste sentido, com mais completo exame desta questão, o excelente artigo *Valor da Jurisprudência Civel*, de António Abrantes Geraldes, na Colectânea de Jurisprudência/Acs. S.T.J., ano VII, t. 2, págs. 5 e seguintes.

Capítulo VI — Dos recursos ART. 732.º-A

3. A transformação do conhecimento normal do recurso para a intervenção do plenário das secções cíveis faz-se *até à prolação do acórdão* sempre por determinação do Presidente do S.T.J., *sponte sua* quando tal se revelar necessário ou conveniente para assegurar a uniformidade da jurisprudência, ou a requerimento de qualquer das partes ou do Ministério Público, ou por sugestão do relator, de qualquer dos adjuntos, ou dos presidentes das secções cíveis, quando da decisão a proferir possa resultar conflito jurisprudencial. O conflito consistirá na constatação da existência de decisões opostas proferidas sobre a mesma questão fundamental de direito, no domínio da mesma legislação.

4. A oposição que justifica a intervenção do plenário existirá sempre que os acórdãos marquem, ou possam vir a marcar, posições diferentes em relação à mesma *questão fundamental* de direito.

5. Que conteúdo deve dar-se à expressão «no domínio da mesma legislação?
Uns entendiam, ao tempo da elaboração do Código de 1961, que a legislação seria a mesma sempre que as *regras de direito* com base nas quais o Supremo havia decidido tivessem o mesmo *conteúdo* (ainda que contidas em diplomas legislativos diversos); para outros só podia falar-se «em mesma legislação» quando o Supremo decidia com base no mesmo *diploma legal.*
A primeira era a orientação defendida pelo autor do projecto do Código; a segunda era a doutrina que predominara no Supremo na vigência do Código de 39, e que a Comissão propunha fosse sancionada *expressis verbis* no novo texto legal.
A divergência merece, ainda hoje, ser examinada, embora nos pareça que nem uma nem outra das posições sustentadas traduza bem o sentido da lei.
Por um lado não deve reputar-se suficiente para excluir a possibilidade do recurso para uniformização da jurisprudência, a circunstância de interpretando e aplicando embora as duas decisões as mesmíssimas regras de direito, estas constarem de dois diplomas distintos. Sucede a cada passo que diplomas posteriores reproduzam, umas vezes inadvertidamente, outras com o simples propósito de manter o direito vigente, regras de direito constantes de leis ou decretos anteriores.

ART. 732.º-B *Livro III, Título II — Do processo de declaração*

Se tendo por base a mesmíssima regra de direito, embora contida em diplomas diferentes, o tribunal tiver fixado soluções distintas, parece que estamos em fase de um conflito de jurisprudência que justifica o recurso para o plenário das secções cíveis.

Por outro lado, concebe-se perfeitamente que a mesma regra de direito, ou melhor, a mesma *proposição jurídica* tenha um sentido, enquadrado em certo diploma ou sistema jurídico e revista um significado diverso, dentro dum outro diploma ou sistema de regras. Contestar semelhante possibilidade equivaleria, antes de mais, a negar o valor do elemento sistemático na interpretação das leis.

E por isso se tem de reconhecer a possibilidade de, invocando embora a mesma proposição jurídico-normativa, as decisões ditas em conflito pelo recorrente não deverem ser consideradas como proferidas no domínio da mesma legislação.

Mas, quando assim suceda, o que se torna necessário é demonstrar a existência da alteração legislativa que, sem tocar directamente no texto da regra invocada como fundamento das soluções dísparares, modificou o sentido e alcance dessa regra ou a base jurídica em que o primeiro acórdão assentou.

Por consequência, sempre que se invoque como fundamento do recurso (estamos a pensar principalmente no caso previsto no n.º 6 do art. 678.º) violação de jurisprudência uniformizada do Supremo, ao recorrido pertencerá demonstrar (querendo opor-se ao recurso) a existência de modificação legislativa que, não obstante a identidade dos textos invocada pelo recorrente, deva levar a não se considerar as decisões como proferidas no domínio da mesma legislação.

6. Os assentos proferidos anteriormente à reforma processual 95/96, têm o valor das decisões a que se referem os arts. 734.º-A e 734.º-B (Dec.-Lei n.º 329.º-A/95, art. 17.º, n.º 2).

ARTIGO 732.º-B

(Especialidades no julgamento)

1 — Determinado o julgamento pelas secções reunidas, o processo vai com vista ao Ministério Público, por 10 dias, para emissão de parecer sobre a questão que origina a necessidade de uniformização da jurisprudência.

Capítulo VI — Dos recursos　　　**ART. 733.º**

2 — O relator determina a extracção de cópia das peças processuais que relevam para o conhecimento do objecto do recurso, as quais são entregues a cada um dos juízes que devam intervir no julgamento, permanecendo o processo principal na secretaria.

3 — O julgamento só se realiza com a presença de, pelo menos, três quartos dos juízes em exercício nas secções cíveis.

4 — O acórdão proferido pelas secções reunidas sobre o objecto da revista é publicado na 1.ª série-A do jornal oficial.

Indica as especialidades processuais a que obedece o julgamento da «revista ampliada», em relação ao normal processamento do recurso de revista: intervenção obrigatória do Ministério Público; vistos simultâneos dos juízes que devam intervir; exigência de um mínimo de três quartos do número de juízes intervenientes, para a realização da audiência.

O n.º 4 do artigo anotando manda publicar o acórdão das secções reunidas na 1.ª série-A do Diário da República, assegurando-lhe, assim, a maior publicidade, em vista da uniformização que se deseja.

SECÇÃO IV

Agravo

SUBSECÇÃO I

Agravo interposto na 1.ª instância

DIVISÃO I

Interposição e efeitos do recurso

ARTIGO 733.º

(De que decisões cabe o agravo)

O agravo cabe das decisões, susceptíveis de recurso, de que não pode apelar-se.

Trata dos agravos a interpor das decisões da 1.ª instância. Dos agravos interpostos na 2.ª instância se ocupam os arts. 754.º a 762.º.

ART. 734.º *Livro III, Título II — Do processo de declaração*

ARTIGO 734.º

(Agravos que sobem imediatamente)

1 — Sobem imediatamente os agravos interpostos:

***a)* Da decisão que ponha termo ao processo;**

***b)* Do despacho pelo qual o juiz se declare impedido ou indefira o impedimento oposto por alguma das partes;**

***c)* Do despacho que aprecie a competência absoluta do tribunal;**

***d)* Dos despachos proferidos depois da decisão final.**

2 — Sobem também imediatamente os agravos cuja retenção os tornaria absolutamente inúteis.

1. O disposto na alínea *a)* do n.º 1 não oferece dúvidas: desde que a decisão põe termo ao processo é claro que não pode diferir-se para ulterior momento a subida do respectivo agravo. É o caso, p. e., do art. 475.º, n.º 2 (agravo do despacho que confirme o não recebimento da petição), e do art. 739.º, n.º 1, *a)* (agravo do despacho que não admitir um incidente da instância).

2. Se o juiz se declarar impedido, nos termos do art. 123.º, n.º 1, ou indeferir o impedimento oposto por alguma das partes, é manifesto que, ou o recurso desta decisão sobe imediatamente, ou ficariam ameaçados de invalidade todos os actos que esse magistrado fosse, entretanto, ordenando no processo. O caso está previsto especialmente naquele preceito, que admite sempre o recurso para o tribunal superior, a subir imediatamente e em separado.

3. O Código anterior mandava subir imediatamente o agravo interposto do despacho que julgasse incompetente o tribunal (art. 735.º, n.º 3, II). Em face deste preceito levantou-se a questão de saber se ele seria aplicável apenas ao julgamento da «incompetência absoluta», ou se abrangeria a da incompetência relativa. No sentido da primeira daquelas interpretações se manifestou a *Revista dos Tribunais* (ano 61.º, pág. 259) e decidiu a Relação de Lisboa, por seu acórdão de 11 de Janeiro de 1950; em sentido contrário opinava o Prof. Reis (*Comentário*, vol. 1.º, pág. 348 e *Código Anotado*, vol. 6.º, pág. 110). A Comissão Revisora do código actual aderiu a esta última posição. Hoje a redacção da lei torna claro que a regra da subida imediata é aplicável ao agravo do

— 296 —

Capítulo VI — Dos recursos   **ART. 736.º**

despacho *que aprecie* a competência absoluta do tribunal, qualquer que seja o sentido dessa decisão. Quanto à incompetência relativa, o despacho que dela conhecer cabe agravo que sobe sempre imediatamente, nos próprios autos quando for declarada a incompetência, e em separado no caso contrário (art. 111.º, n.º 5).

4. O n.º 2 representa uma inovação do Código de 61. O problema fora levantado na Ordem dos Advogados [212] e a lei consagrou a solução que a jurisprudência vinha adoptando, especialmente a propósito do agravo dos despachos que suspendiam a instância, caso em que era nítida a inutilidade do recurso que subisse depois de terminada a suspensão. Mas para ser aplicável este normativo é necessário que da retenção resulte a inutilidade absoluta do recurso [213].

ARTIGO 735.º
(Subida diferida)

1 — Os agravos não incluídos no artigo anterior sobem com o primeiro recurso que, depois de eles serem interpostos, haja de subir imediatamente.
2 — Se não houver recurso da decisão que ponha termo ao processo, os agravos que deviam subir com esse recurso ficam sem efeito, salvo se tiverem interesse para o agravante independentemente daquela decisão. Neste caso, sobem depois de a decisão transitar em julgado, caso o agravante o requeira no prazo de 10 dias.

ARTIGO 736.º
(Agravos que sobem nos próprios autos)

Sobem nos próprios autos os agravos interpostos das decisões que ponham termo ao processo no tribunal recorrido ou suspendam a instância e aqueles que apenas subam com os recursos dessas decisões.

---

[212] *Revista da Ordem*, ano I, pág. 36.
[213] Acs. do S.T.J., de 21/7/87, no *B.M.J.,* n.º 369, pág. 489; e de 7/2/91, na *Act. Jur.,* 15.º/16.º, pág. 28.

ART. 738.º *Livro III, Título II — Do processo de declaração*

ARTIGO 737.º

(Agravos que sobem em separado)

1 — Sobem em separado dos autos principais os agravos não compreendidos no artigo anterior.

2 — Formar-se-á um único processo com os agravos que subam conjuntamente, em separado dos autos principais.

ARTIGO 738.º

(Subida dos agravos nos procedimentos cautelares)

1 — Quanto aos agravos interpostos de despachos proferidos nos procedimentos cautelares observar-se-á o seguinte:

a) O recurso interposto do despacho que indefira liminarmente o respectivo requerimento ou que não ordene a providência sobe imediatamente, nos próprios autos do procedimento cautelar;

b) O agravo do despacho que ordene a providência sobe imediatamente, em separado;

c) Os recursos interpostos de despachos anteriores sobem juntamente com os agravos mencionados nas alíneas a) ou b). Os recursos de despachos posteriores só subirão quando o procedimento cautelar esteja findo.

2 — O recurso interposto do despacho que ordene o levantamento da providência sobe imediatamente, em separado.

1. Esclareceram-se algumas dúvidas que a redacção anterior suscitava e modificou-se, um pouco, o regime adoptado.

A regra da alínea a) do n.º 1, é natural confirmação do disposto na alínea a) do n.º 1 do art. 734.º.

A alínea b) adoptou nova solução, ao mandar subir imediatamente, em separado, o agravo do despacho que ordene a diligência, contra a subida depois de findo o processo, que o Código anterior previa; a vantagem da mudança do regime é manifesta.

Há, como se sabe, procedimentos cautelares em que se profere decisão final (v.g. arts. 397.º), e outros em que o processo não

— 298 —

Capítulo VI — Dos recursos **ART. 739.º**

termina propriamente com uma decisão (*v.g.* art. 401.º). Para se saber se a subida dos agravos anteriores dependia ou não de se interpor recurso da *decisão final*, era necessário, em cada caso, distinguir a hipótese versada. Preferiu-se, por isso, fazer subir sempre os recursos anteriores, quando o processo cautelar estiver findo, independentemente de recurso da decisão final.

2. É novo o n.º 2, que veio preencher omissão que nessa matéria se notava.

A Comissão Revisora limitou-se a referir: «Têm surgido sérias dúvidas acerca da subida do recurso do despacho que ordenar o levantamento de uma providência em processo preventivo ou conservatório. Optou-se pela solução de fazer subir esse recurso imediatamente e em separado. O parágrafo que se introduziu no projecto destina-se a pôr termo às dúvidas existentes» [214].

ARTIGO 739.º

(Subida dos agravos nos incidentes)

1 — Em relação aos incidentes da instância, o regime é o seguinte:

a) **Se o despacho não admitir o incidente, o agravo que dele se interpuser sobe imediatamente e subirá nos próprios autos do incidente ou em separado, consoante o incidente seja processado por apenso ou juntamente com a causa principal;**

b) **Admitido o incidente, se este for processado por apenso, os agravos interpostos dos despachos que se proferirem só subirão quando o processo do incidente estiver findo. Se o incidente for processado juntamente com a causa principal, os agravos de despachos proferidos no incidente sobem com os agravos interpostos de despachos proferidos na causa principal.**

2 — Quando houver agravos que devam subir nos autos do incidente processado por apenso, serão estes, para esse efeito, desapensados da causa principal.

---

[214] *Projectos de Revisão*, II, pág. 62.

ART. 740.º *Livro III, Título II — Do processo de declaração*

1. Sobre incidentes da instância veja-se o que escrevemos na anotação ao art. 302.º.

2. Se o incidente for admitido e correr por apenso, o agravo do despacho de admissão, bem como os que vierem a ser interpostos, ficam retidos até ao fim do processo do incidente, momento em que sobem, conjuntamente, sem dependência de ter havido recurso da decisão final deste; se correr nos próprios autos da causa principal, a sua subida fica sujeita ao regime dos agravos (arts. 734.º a 737.º).

3. O § ún. do art. 739.º do Código anterior acrescentava à regra que hoje se lê no seu n.º 2: «As partes podem requerer que ao processo do incidente se juntem certidões extraídas do processo principal». Este acrescentamento foi eliminado, mas apenas por se ter entendido que era desnecessário dizê-lo expressamente.

ARTIGO 740.º

(Agravos com efeito suspensivo)

1 — Têm efeito suspensivo do processo os agravos que subam imediatamente nos próprios autos.

2 — Suspendem os efeitos da decisão recorrida, além dos referidos no número anterior:

a) **Os agravos interpostos de despachos que tenham aplicado multas;**

b) **Os agravos de despachos que hajam condenado no cumprimento de obrigação pecuniária, garantida por depósito ou caução;**

c) **Os agravos de decisões que tenham ordenado o cancelamento de qualquer registo;**

d) **Os agravos a que o juiz fixar esse efeito;**

e) **Todos os demais a que a lei atribuir expressamente o mesmo efeito.**

3 — O juiz só pode atribuir efeito suspensivo ao agravo, nos termos da alínea *d)* do número anterior, quando o agravante o haja pedido no requerimento de interposição do recurso e, depois de ouvir o agravado, reconhecer que a execução imediata do despacho é

— 300 —

Capítulo VI — Dos recursos   ART. 740.º

susceptível de causar ao agravante prejuízo irreparável ou de difícil reparação.

O preceito indica os agravos a que é de atribuir efeito suspensivo.

São eles os agravos interpostos:

a) Da decisão que ponha termo ao processo [arts. 734.º, n.º 1, *a)* e 736.º];

b) Do despacho que aprecie a competência absoluta do tribunal (arts. 105.º, 734.º, 1, *c)* e 376.º);

c) Do despacho que declare procedente a excepção da incompetência relativa do tribunal (arts. 111.º, n.º 5, e 740.º, n.º 1);

d) Do despacho que indefira liminarmente os procedimentos cautelares, ou que não ordena a providência [arts. 738.º, n.º 1, *a)*, e 740.º, n.º 1];

e) Do despacho que não admitir incidente da instância a processar por apenso [arts. 740.º, n.º 1, e 1.ª parte da alínea *a)* do n.º 1 do art. 739.º];

f) De despachos que tenham aplicado multas [*v.g.* arts. 154.º, n.os 5 e 6; e 740.º, n.º 2, *a)*];

g) Do despacho que retire a palavra ou ordene a saída do local em que o acto se realize ao mandatário judicial (art. 154.º, n.º 6);

h) De despachos que hajam condenado no cumprimento de obrigação pecuniária, garantida por depósito ou caução [art. 470.º, n.º 2, *b)*];

i) De decisões que tenham ordenado o cancelamento de qualquer registo (*v.g.* o da penhora ou do arresto: Cód. Reg. Predial, art. 131.º).

Todos os demais agravos terão efeito meramente devolutivo, a não ser que a lei, em disposição especial, lhes atribua efeito suspensivo (*v.g.*, art. 186.º, n.º 2), ou que, a requerimento do recorrente, e depois de ouvido o recorrido, o juiz entenda que a execução imediata do despacho pode causar ao agravante prejuízo irreparável ou de difícil reparação (*v.g.* o despacho agravado ordena o encerramento de um estabelecimento ou a imediata cessação de uma actividade industrial).

O efeito suspensivo pode ser de duas espécies: ou determinar a paralização da marcha do processo, ou apenas a sustação do cumprimento do despacho. Pertencem à primeira espécie as refe-

— 301 —

ART. 742.º *Livro III, Título II — Do processo de declaração*

ridas nas alíneas *a)*, *b)*, *c)*, *d)* e *e)*; pertencem à segunda as hipóteses previstas nas restantes alíneas.

ARTIGO 741.º
(Fixação da subida e do efeito do recurso)

No despacho que admita o recurso deve declarar-se se sobe ou não imediatamente e, no primeiro caso, se sobe nos próprios autos ou em separado; deve declarar-se ainda o efeito do recurso.

Contra o despacho que retenha o agravo, isto é, que lhe atribua subida diferida, pode o agravante usar da reclamação prevista no art. 688.º; as outras questões que podem suscitar-se quanto à subida do recurso e ao efeito que lhe é atribuída, devem os interessados levantá-las na respectiva alegação, para que o tribunal delas conheça, o que aliás pode fazer oficiosamente (art. 751.º).

DIVISÃO II
Expedição do Recurso

ARTIGO 742.º
(Notificação do despacho — Peças que hão-de instruir o recurso)

1 — O despacho que admita o recurso é notificado às partes.

2 — Se o agravo houver de subir imediatamente e em separado, as partes indicarão, após as conclusões das respectivas alegações, as peças do processo de que pretendem certidão para instruir o recurso.

3 — São sempre transcritos, por conta do agravante, a decisão de que se recorre e o requerimento para a interposição do agravo; e certificar-se-á narrativamente a data da apresentação do requerimento de interposição, a data da notificação ou publicação do despacho ou sentença de que se recorre, a data da notificação do despacho que admitiu o recurso e o valor da causa.

Capítulo VI — Dos recursos   **ART. 743.º**

4 — Se faltar algum elemento que o tribunal superior considere necessário ao julgamento do recurso, requisitá-lo-á por simples ofício.

O despacho de recebimento é notificado às partes nos termos gerais.

É no final das alegações, já depois de formuladas as conclusões, que as partes indicarão as peças do processo de que pretendem certidão para instruir o recurso, além das que a lei manda obrigatoriamente transcrever.

ARTIGO 743.º

(Oferecimento das alegações)

1 — Dentro de 15 dias a contar da notificação do despacho que admita o recurso, apresentará o agravante a sua alegação, sem prejuízo do disposto no artigo 698.º, n.º 6.

2 — O agravado pode responder dentro de igual prazo, contado da notificação da apresentação da alegação do agravante.

3 — Com as suas alegações, podem um e outro juntar os documentos que lhes seja lícito oferecer.

4 — Durante os prazos fixados, a secretaria facilitará o processo às partes, sem prejuízo do andamento regular da causa quando o recurso o não suspenda, e passará as certidões que tiverem sido pedidas.

1. Regula a hipótese de o recurso subir imediatamente e em separado. O prazo para apresentação da alegação conta-se da notificação do despacho de admissão. Se o agravante for revel para os efeitos do disposto no n.º 2 do art. 255.º, o prazo começará a correr com a entrada na secretaria do processo quando este contiver o despacho de admissão.

Se o recurso tiver por objecto a reapreciação de prova gravada o prazo para as alegações será ampliado com mais 10 dias (art. 698.º, n.º 6). Se a alegação não for apresentada no prazo legal o recurso será julgado deserto (art. 291.º, n.º 2).

O prazo para o agravado alegar conta-se da notificação da apresentação da alegação do agravante.

— 303 —

ART. 744.º *Livro III, Título II — Do processo de declaração*

2. Que documentos podem juntar o agravante e o agravado, para além das certidões extraídas do processo principal? A redacção do preceito alude apenas aos que lhes seja *lícito* oferecer. Parece que a regra a observar será a do art. 706.º, não sendo permitido oferecimento posterior. Se não quizesse fazer essa limitação este preceito ter-se-ia limitado a remeter para aquele artigo.

3. Neste caso não há *exame* pelos mandatários das partes; o processo é facultado dentro da secretaria, e, portanto, não é aplicável o disposto no art. 171.º, n.º 1 ([215]).

ARTIGO 744.º

(Sustentação do despacho ou reparação do agravo)

1 — Findos os prazos concedidos às partes para alegarem, a secretaria autua as alegações do agravante e do agravado com as respectivas certidões e documentos e faz tudo concluso ao juiz para sustentar o despacho ou reparar o agravo.

2 — Se sustentar o despacho, o juiz pode mandar juntar ao processo as certidões que entenda necessárias e o processo é remetido em seguida ao tribunal superior.

3 — Se o juiz, porém, reparar o agravo, pode o agravado requerer, dentro de 10 dias a contar da notificação do despacho de reparação, que o processo de agravo suba, tal como está, para se decidir a questão sobre que recaíram os dois despachos opostos. Quando o agravado use desta faculdade, fica tendo, a partir desse momento, a posição de agravante.

4 — No caso de reparação, se o primitivo agravo não suspender a execução do respectivo despacho, juntar--se-á ao processo principal certidão do novo despacho, para ser cumprido.

([215]) Lopes Cardoso, *Código de Processo Civil Anotado*, 3.ª ed., pág. 452.

Capítulo VI — Dos recursos **ART. 745.º**

5 — Se o juiz omitir o despacho previsto no n.º 1, o relator mandará baixar o processo para que seja proferido.

1. É imperativa, para o juiz, a regra do n.º 1: se não repara o agravo tem de sustentar o despacho, não bastando que se limite a mandar subir o recurso ([216]); se o não fizer, o processo deve baixar para que aquele despacho seja proferido, mesmo que o juiz seja já outro.

2. O Código de 76 permitia que se agravasse do despacho de reparação (art. 1017.º, § 2.º); admite-se que houve simplificação no sistema, mas há-de convir-se que esta se fez com algum sacrifício dos direitos processuais do agravado; o despacho pode ter sido reparado (e normalmente o será) com fundamentos inteiramente diversos dos que serviram à primeira decisão e podem, até, não ser coincidentes com os que vinham aduzidos pelo recorrente; ora, como o processo sobe *tal como está*, isto é, sem novas alegações, o agravado, agora transmudado em agravante não tem a menor oportunidade de fazer a crítica da nova decisão em que é tão directamente interessado. Sempre a razão da celeridade a sobre-por-se a tudo.

ARTIGO 745.º

(Termos a seguir quando o agravo suba imediatamente nos próprios autos)

Se o agravo subir imediatamente nos próprios autos, seguem-se os termos prescritos nos artigos anteriores, com excepção do que se refere à passagem de certidões e à autuação, em separado, das alegações e documentos, porque estas peças são incorporadas no processo.

Quando o agravo subir imediatamente nos próprios autos segue-se o regime estabelecido nos arts. 742.º a 744.º com as excepções consignadas neste preceito e cuja razão de ser é, por si, evidente; parece-nos que, neste caso, também não será de aplicar

---

([216]) Acs. da Rel. Coimbra, de 25/5/82, no *B.M.J.*, n.º 319, pág. 347; de 6/11/90, na *Col. Jur.*, ano XV, t. 5, pág. 33.

— 305 —

ART. 747.º *Livro III, Título II — Do processo de declaração*

o n.º 4 do art. 743.º, pois nada impedirá, então, que as partes tenham vista, para exame, do processo, e que este lhe possa ser confiado nos termos do art. 171.º.

ARTIGO 746.º

Revogado pelo art. 3.º do Dec.-Lei n.º 329-A/95.

Com a supressão deste artigo eliminou-se a possibilidade de o agravante alegar, nos recursos que ficassem retidos, na ocasião da subida do recurso. Presentemente o oferecimento das alegações faz-se, em qualquer caso, nos tempos previstos no art. 743.º.
O n.º 2 do artigo revogado constitui hoje o n.º 3 do art. 747.º.

ARTIGO 747.º

**(Termos a seguir quando o agravo
não suba imediatamente)**

1 — Se o agravo não subir imediatamente, apresentadas as alegações e proferido o despacho de sustentação, os termos posteriores do recurso ficam suspensos até ao momento em que este deva subir; sendo o agravo reparado, são suspensos igualmente os termos posteriores ou findo o recurso, conforme o agravado use ou não da faculdade concedida pelo n.º 3 do artigo 744.º.

2 — Quando chegue o momento em que o agravo deva subir, se a subida não tiver lugar nos autos principais, são as partes notificadas para indicar, se o não houverem já feito, as peças do processo de que pretendem certidão.

3 — Se, por qualquer motivo, ficar sem efeito o recurso com o qual o agravo devia subir, observar-se-á o disposto no n.º 2 do artigo 735.º, como se tal recurso não tivesse sido interposto.

Adapta-se o preceito à realidade actual de os agravos deverem ser sempre alegados depois da sua admissão, mesmo os que fiquem retidos. Pretende-se, assim, ao que parece, criar uma oportunidade para a reparação do agravo.

Para o caso de o recurso que faz subir o agravo ficar, por qualquer motivo sem efeito, aplica-se o n.º 2 do art. 735.º.

Capítulo VI — Dos recursos | ART. 750.º

ARTIGO 748.º

(Indicação dos agravos retidos que mantêm interesse para o agravante)

1 — Ao apresentar as alegações no recurso que motiva a subida dos agravos retidos, o agravante especificará obrigatoriamente, nas conclusões, quais os que mantêm interesse.

2 — Se omitir a especificação a que alude o número anterior, o relator convidará a parte a apresentá-la, no prazo de cinco dias, sob cominação de, não o fazendo, se entender que desiste dos agravos retidos.

Parece que esta norma é de aplicar ao recorrido que tenha interposto agravos que ficaram retidos; na sua contra-alegação deverá, igualmente, especificar quais os agravos que mantêm interesse para ele, sendo-lhe aplicável também o n.º 2.

DIVISÃO III

Julgamento do recurso

ARTIGO 749.º

(Aplicação do regime do julgamento da apelação)

Ao julgamento do agravo são aplicáveis, na parte em que o puderem ser, as disposições que regulam o julgamento da apelação, salvo o que vai prescrito nos artigos seguintes.

ARTIGO 750.º

(Efeitos da deserção ou desistência do agravo)

A deserção ou desistência do agravo não prejudica o conhecimento dos outros agravos que com ele tenham subido, mas cuja apreciação seja independente da subsistência daquele.

Encara a hipótese da deserção ou desistência do recurso, já no tribunal superior, quando conjuntamente com o agravo que se

— 307 —

ART. 752.º *Livro III, Título II — Do processo de declaração*

deixa desertar, ou de que se desiste, tenham subido outros agravos. A regra afirmada é — e não podia deixar de ser — a de que aquele facto só prejudica o conhecimento dos recursos que forem *dependentes* do conhecimento do agravo que ficou sem efeito; não afecta, assim, o conhecimento dos recursos interpostos pela parte contrária, nem mesmo o dos agravos anteriormente interpostos pelo desistente ou responsável pela deserção, desde que se verifique a excepção prevista no n.º 2 do art. 735.º.

ARTIGO 751.º

(Questões prévias)

1 — Se o recurso tiver subido em separado, quando devesse subir nos próprios autos, requisitar-se-ão estes, juntando-se-lhes em seguida o processo em que o agravo tenha subido.

2 — Decidindo-se, inversamente, que o recurso que subiu nos próprios autos deveria ter subido em separado, o tribunal notifica as partes para indicarem as peças necessárias à instrução do agravo, as quais serão autuadas com as alegações; seguidamente, baixarão os autos principais à 1.ª instância.

3 — Se for alterado o efeito do recurso, a Relação comunicará à 1.ª instância a alteração determinada.

Não se trata aqui da reapreciação das questões prévias a fazer na 2.ª instância, visto que essa matéria deve entender-se regulada, de harmonia com a remissão feita pelo art. 749.º, pelos arts. 701.º e seguintes.

Do que trata o preceito é de mencionar as medidas a adoptar *depois de decidido* que o recurso que devia ter subido nos próprios autos subiu em separado, ou quando se verificar a hipótese diametralmente oposta. O Código de 39 era omisso a este respeito, omissão que foi preenchida em 1961, com manifesta vantagem para a ordenação do processado.

ARTIGO 752.º

(Preparação e julgamento)

1 — O prazo dos vistos dos adjuntos e do relator, quando devam ter lugar, é de 10 e 20 dias, respectivamente.

— 308 —

Capítulo VI — Dos recursos   ART. 753.º

2 — Os agravos que tenham subido conjuntamente são apreciados pela ordem da interposição; mas se tiverem subido com agravo interposto de decisão que tenha posto termo ao processo, o tribunal só lhes dará provimento quando a infracção cometida possa modificar essa decisão, ou quando, independentemente desta, o provimento tenha interesse para o respectivo agravante.

3 — Ao acórdão que julgue o recurso são aplicáveis as disposições dos artigos 716.º a 720.º.

A disposição do n.º 2 é paralela à do art. 710.º; a diferença reside só em que no art. 710.º os agravos sobem com uma apelação, enquanto que aqui o recurso que os faz subir é também um agravo.

É redundante o que se dispõe no n.º 3; para essa aplicação bastava observar o que determina o art. 749.º.

ARTIGO 753.º
(Conhecimento do mérito da causa em substituição do tribunal de 1.ª instância)

1 — Sendo o agravo interposto de decisão final e tendo o juiz de 1.ª instância deixado, por qualquer motivo, de conhecer o pedido, o tribunal, se julgar que o motivo não procede e que nenhum outro obsta a que se conheça do mérito da causa, conhecerá deste no mesmo acórdão em que revogar a decisão da 1.ª instância.

2 — No caso previsto no n.º 1, o relator, antes de ser proferida decisão, convida as partes a produzir alegações sobre a questão de mérito.

1. É antiquíssima a regra do n.º 1 deste preceito; ela já se inferia do disposto no § 3.º do art. 730.º da Novíssima Reforma Judiciária, foi expressamente formulada no art. 1052.º do Código de 76, atravessou incólume a reforma processual de 26, manteve-se no art. 753.º do Código de 39, e daí transitou para a norma em análise. Mais de um século de vigência assegura-lhe naturalmente uma incontestável autoridade. Todavia é impossível esconder que tal regra cerceia de modo sensível o direito processual das par-

— 309 —

ART. 754.º *Livro III, Título II — Do processo de declaração*

tes ([217]) suprimindo um grau de jurisdição, reduzindo a uma só as duas instâncias admitidas pelo nosso ordenamento jurídico processual. Além desse inconveniente a redacção primitiva do Código expunha-se à crítica de admitir que o julgamento do mérito da causa viesse a fazer-se sem audição das partes, visto que não tinha sido esse o objecto do recurso. A este último reparo obviou a reforma 95/96, formulando o actual n.º 2, o que é de aplaudir.

O prazo para alegações deve ser o de 30 dias, dado que o recurso passa agora a conhecer do mérito (art. 698.º).

2. Nesta matéria deve ter-se presente o assento de 19 de Fevereiro de 1975 (D.G., 1.ª série, de 21/3/75), agora com função uniformizadora da jurisprudência, segundo o qual o artigo em anotação «não é aplicável quando o agravo tenha sido interposto de despacho saneador que não pôs termo ao processo».

SUBSECÇÃO II
Agravo interposto na 2.ª instância

DIVISÃO I
Interposição, Objecto e Efeitos do Recurso

ARTIGO 754.º
(Decisões de que cabe agravo na 2.ª instância)

1 — Cabe recurso de agravo para o Supremo Tribunal de Justiça do acórdão da Relação de que seja admissível recurso, salvo nos casos em que couber revista ou apelação.

2 — Não é admitido recurso do acórdão da Relação sobre decisão da 1.ª instância, salvo se o acórdão estiver em oposição com outro, proferido no domínio da mesma legislação pelo Supremo Tribunal de Justiça ou por qualquer Relação, e não houver sido fixada pelo Supremo, nos termos dos artigos 732.º-A e 732.º-B, jurisprudência com ele conforme.

([217]) Dias Ferreira, *Código de Processo Civil Anotado,* vol. 3.º, pág. 19; Alberto dos Reis, *Código de Processo Civil Anotado,* vol. 6.º, pág. 183.

Capítulo VI — Dos recursos   ART. 755.º

3 — O disposto na primeira parte do número anterior não é aplicável aos agravos referidos nos n.ᵒˢ 2 e 3 do artigo 678.º e na alínea *a)* do n.º 1 do artigo 734.º.

(Redacção do Dec.-Lei n.º 375-A/99, de 20 de Setembro).

1. Dos acórdãos recorríveis proferidos pela Relação só cabe apelação na hipótese do art. 1090.º. Se esse caso se não dá, o recorrente averiguará em primeira linha se o recurso próprio é a revista, nos termos combinados dos arts. 721.º e 722.º; se a exégese de tais preceitos lhe indica que não é caso de revista, o recurso a interpor será necessariamente o de agravo.

2. Os n.ᵒˢ 2 e 3 referem-se à drástica redução, operada pela reforma processual, da admissão do recurso de agravo na 2.ª instância. A regra é a de que não é admissível recurso do acórdão da Relação *proferido em matéria processual, sobre decisão da 1.ª instância,* exceptuado o caso de o recurso se destinar a uniformizar jurisprudência (art. 732.º-A).

ARTIGO 755.º

(Fundamentos do agravo)

1 — O agravo pode ter por fundamento:

a) **As nulidades dos artigos 668.º e 716.º;**

b) **A violação ou a errada aplicação da lei de processo.**

2 — É aplicável ao recurso de agravo o disposto no n.º 2 do artigo 722.º.

1. O Código anterior autonomizava, como fundamentos do agravo, a incompetência absoluta do tribunal e a ofensa do caso julgado. Suprimiu-se essa referência expressa, por se entender tais fundamentos estão compreendidos na previsão da alínea *b)* do n.º 1.

2. Da redacção ou a errada aplicação da lei substantiva cabe recurso de revista (arts. 721.º e 722.º). Quando se invocar, apenas, como fundamento do recurso, a violação da lei de processo é que o recurso próprio será o agravo.

— 311 —

ART. 757.º   *Livro III, Título II — Do processo de declaração*

3. A referência feita, no n.º 2, ao n.º 2 do art. 722.º tem este significado: o Supremo, ao julgar o agravo, está limitado, quanto ao conhecimento da matéria de facto, nos mesmos termos em que o está ao julgar a revista.

ARTIGO 756.º

(Agravos continuados)

Sobem imediatamente, nos autos vindos da 1.ª instância, os agravos interpostos dos acórdãos da Relação que conheçam ou se abstenham de conhecer do objecto do recurso interposto.

Castro Mendes distinguia, nas suas lições, os agravos em 2.ª instância em agravos *continuados* e agravos *novos,* considerando aqueles os que resultam da continuação da discussão no Supremo de uma decisão da 1.ª instância, e estes os interpostos de acórdãos proferidos no decurso do processo na Relação. O legislador da reforma adoptou essa nomenclatura para descrever o regime de subida, de uns e doutros, nos arts. 756.º e 757.º.

Dado o que preceitua o n.º 2 do art. 754.º é hoje muito rara a existência de agravos continuados. Os que existam sobem imediatamente e nos autos vindos da 1.ª instância.

ARTIGO 757.º

(Agravos que apenas sobem a final)

1 — Os agravos interpostos de acórdãos proferidos no decurso de processo pendente na Relação só subirão quando subir o recurso interposto do acórdão que puser termo ao processo.

2 — Sobem, porém, imediatamente e em separado:

_a)_ Os agravos interpostos de acórdãos proferidos sobre incompetência relativa;

_b)_ Aqueles cuja retenção os tornaria absolutamente inúteis.

3 — Nos incidentes processados por apenso, o agravo interposto do acórdão que não admita o incidente sobe

— 312 —

Capítulo VI — Dos recursos   **ART. 759.º**

imediatamente, e o mesmo sucederá em relação ao agravo interposto do acórdão que lhe puser termo, subindo com ele, no processo do incidente que se desapensará, os agravos interpostos de acórdãos anteriores.

O n.º 1 refere-se aos agravos novos, isto é os acórdãos inter-locutórios proferidos na Relação: a sua subida está condicionada a vir a ser interposto recurso do acórdão que puser termo ao processo.

As alíneas *a)* e *b)* do n.º 1 aludem, ao incidente da *incompe-tência relativa da Relação,* e ao caso da retenção tornar abso-lutamente inútil o agravo que devia subir a final.

O n.º 3 só regula a subida dos agravos interpostos de decisões proferidas em *incidentes suscitados na 2.ª instância.* A regra é simples: sobe imediatamente, no processo do incidente, o agravo da decisão que lhe puser termo, ficando retidos todos os outros, que só subirão com ele, a final.

ARTIGO 758.º

(Agravos com efeito suspensivo)

1 — Têm efeito suspensivo os agravos que tiverem subido da 1.ª instância nos próprios autos e aqueles a que se refere o n.º 2 do artigo 740.º.

2 — Ao agravo interposto da decisão de mérito profe-rida pela Relação que se impugne com fundamento exclusivamente processual, é aplicável o disposto no artigo 723.º.

O n.º 1 atribui efeito suspensivo aos agravos continuados (art. 756.º), e àqueles a que, na 1.ª instância, a lei reconhece excepcionalmente esse efeito.

O agravo tem, igualmente, efeito suspensivo quando a decisão de mérito, proferida pela Relação for impugnada com fundamentos exclusivamente processuais.

ARTIGO 759.º

(Fixação da subida e do efeito)

É aplicável à 2.ª instância o disposto no artigo 741.º.

ART. 762.º *Livro III, Título II — Do processo de declaração*

DIVISÃO II
Apresentação de alegações e expedição do recurso

ARTIGO 760.º
(Expedição do agravo quando subir imediatamente)

1 — Notificado às partes o despacho que admita o recurso, se este houver de subir imediatamente e em separado observar-se-á o disposto nos artigos 742.º e 743.º.

2 — Quando haja de subir nos próprios autos, seguir--se-ão os mesmos termos, exceptuados os que se referem à passagem de certidões e à autuação, em separado, das alegações e documentos.

O preceito do n.º 1 não manda aplicar o disposto no art. 744.º; a reparação do agravo é uma faculdade exclusiva do juiz da 1.ª instância.

O n.º 2 corresponde ao que o art. 745.º dispõe para a primeira instância.

ARTIGO 761.º
(Termos quando o agravo não subir imediatamente)

1 — Se o agravo não subir imediatamente, os termos do recurso posteriores à apresentação das alegações ficam suspensos aplicando-se o disposto nos n.os 2 e 3 do artigo 747.º e no artigo 748.º.

2 — O agravo fica sem efeito se, por qualquer motivo, não tiver seguimento o recurso com o qual devia subir.

O n.º 1 sofreu, com a reforma, as modificações por ela impostas ao regime do agravo em 1.ª instância.

DIVISÃO III
Julgamento do recurso

ARTIGO 762.º
(Regime do julgamento)

1 — O processo para o julgamento do agravo segue os termos prescritos nos artigos 749.º a 752.º.

— 314 —

Capítulo VI — Dos recursos **ART. 770.º**

2 — Se a Relação, por qualquer motivo, tiver deixado de conhecer do objecto do recurso, o Supremo revogará a decisão no caso de entender que o motivo não procede e mandará que a Relação, pelos mesmos juízes, conheça do referido objecto.

3 — É aplicável ao julgamento do agravo o disposto no n.º 1 do artigo 731.º e nos artigos 732.º-A e 732.º-B.

1. O preceituado nos n.ºˢ 1 e 2 mostra que, para o caso de o tribunal *a quo* ter deixado de conhecer do objecto do recurso, quis adoptar-se solução oposta ao desvio da dupla instância consignado no art. 753.º; aqui o Supremo não se substitui à Relação, para conhecer do objecto do recurso, quando conceda provimento ao agravo; a consequência será a revogação do acórdão e a baixa do processo à Relação, para que esta, pelos mesmos juízes, quando possível, aprecie a matéria de que se absteve de conhecer.

2. No n.º 3 do preceito em análise manda-se aplicar ao julgamento do agravo o disposto no n.º 1 do art. 731.º, o que equivale a sujeitar ao mesmo regime a reforma por nulidades do acórdão da Relação proferido em recurso de apelação ou em recurso de agravo. A referência aos arts. 732.º-A e 732.º-B significa a extensão ao agravo do mecanismo de uniformização de jurisprudência que ali se prevê para a «revista ampliada».

ARTIGOS 763.º A 770.º

Revogados pelo art. 3.º do Dec.-Lei n.º 329-A/95.

Os arts. 763.º a 770.º ocupavam-se das normas reguladoras do «recurso para o tribunal pleno», onde se estabelecia o processo para obtenção dos assentos do Supremo Tribunal de Justiça. Revogado o art. 2.º do Código Civil, que se ocupava dessa matéria, revogado foi, pelo art. 3.º do Dec.-Lei n.º 329-A/95, o processo que lhe correspondia.

ART. 771.º   *Livro III, Título II — Do processo de declaração*

SECÇÃO V

Revisão

ARTIGO 771.º

(Fundamentos do recurso)

A decisão transitada em julgado só pode ser objecto de revisão nos seguintes casos:

a) Quando se mostre, por sentença criminal passada em julgado, que foi proferida por prevaricação, concussão, peita, suborno ou corrupção do juiz ou de algum dos juízes que na decisão intervieram;

b) Quando se apresente sentença já transitada que tenha verificado a falsidade de documento ou acto judicial, de depoimento ou das declarações de peritos, que possam em qualquer dos casos ter determinado a decisão a rever. A falsidade de documento ou acto judicial não é, todavia, fundamento de revisão, se a matéria tiver sido discutida no processo em que foi proferida a decisão a rever;

c) Quando se apresente documento de que a parte não tivesse conhecimento, ou de que não tivesse podido fazer uso, no processo em que foi proferida a decisão a rever e que, por si só, seja suficiente para modificar a decisão em sentido mais favorável à parte vencida;

d) Quando tenha sido declarada nula ou anulada, por sentença já transitada, a confissão, desistência ou transacção em que a decisão se fundasse;

e) Quando seja nula a confissão, desistência ou transacção, por violação do preceituado nos artigos 37.º e 297.º, sem prejuízo do que dispõe o n.º 3 do artigo 301.º;

f) Quando, tendo corrido a acção e a execução à revelia, por falta absoluta de intervenção do réu, se mostre que faltou a sua citação ou é nula a citação feita;

g) Quando seja contrária a outra que constitua caso julgado para as partes, formado anteriormente.

1. O Código de 39 criou o recurso extraordinário de revisão, substituindo, com ele, a acção anulatória do caso julgado, de que

Capítulo VI — Dos recursos **ART. 771.º**

se ocupava o art. 148.º do Código de 76. Mudou o nome e alterou-se o processo, mas a realidade persiste a mesma: a admissão, em casos *taxativamente indicados por lei*, da impugnação de decisões cobertas pela autoridade e força do caso julgado. Se analisarmos as situações previstas nas diversas alíneas deste artigo, fácil nos será constatar a razão porque o legislador, em casos tais, preferiu sacrificar a intangibilidade do caso julgado, para fazer prevalecer, como escreveu o Prof. Alberto dos Reis, o princípio da *justiça* sobre o princípio da *segurança*.

O Código actual substituiu o vocábulo «sentença», usado no diploma anterior, pelo de «decisão», a fim de abranger tanto as sentenças dos tribunais singulares, como as decisões de tribunais colectivos, e ainda os despachos, quando qualquer destes actos conduza à formação de caso julgado [218].

2. O n.º 1 trata da revisão de decisão que foi proferida em consequência de dolo do juiz, ou de algum dos juízes (Cód. Penal, arts. 369.º, 155.º e 379.º, 363.º e 372.º). É necessário que esse dolo, revelado pelo cometimento de prevaricação, concussão, peita, suborno e corrupção, tenha sido verificado em sentença com trânsito, e que exista nexo causal entre o dolo do juiz e o sentido da decisão a rever.

O Código de 61 incluiu, entre os casos de dolo do juiz, relevantes como fundamento da revisão, a chamada concussão. Aproveitou-se, também, para alargar explicitamente o âmbito da revisão aos casos em que o dolo atinja apenas *um* ou alguns dos juízes que intervieram na decisão [219], resolvendo, assim, uma dúvida que se pusera relativamente ao código anterior [220].

3. São três os requisitos exigidos pela alínea *b)*: que a *falsidade* tenha sido verificada por sentença com trânsito; que ela afecte documento, acto ou declaração que possam ter sido relevantes para a decisão; que a matéria da falsidade não tenha sido discutida no respectivo processo.

Quanto ao primeiro requisito, o código anterior distinguia a falsidade de documento ou acto judicial, da falsidade de depoi-

---

[218] Cfr. Eduardo Coimbra, *Projectos de Revisão,* II, 113.

[219] *Observações,* no *Bol. Min. Just.,* n.º 123, pág. 200.

[220] A. dos Reis, *Cód. Civ. An.,* VI, 342.

ART. 771.º *Livro III, Título II — Do processo de declaração*

mentos ou de declarações de peritos, exigindo para esta a verificação por sentença transitada, e permitindo que aquela fosse alegada e demonstrada no próprio processo de revisão. Entendeu-se, porém, não haver razão plausível para a distinção, passando a exigir-se, em todos os casos, a prévia verificação, por sentença transitada, da existência da falsidade que se invoca. A esse respeito escreveu-se, em observação ao correspondente artigo do Projecto, que constituindo a revisão uma impugnação da força e autoridade do caso julgado, capaz nalguns casos de abalar o prestígio, não só da decisão como dos próprios tribunais, só deve ser franqueada depois de provados os graves factos que lhe servem de fundamento [221].

O segundo requisito refere-se ao nexo de causalidade que tem de existir entre a falsidade constatada e a decisão que se pretende rever. Não é indispensável, como observou a Comissão Revisora, que a decisão a rever tenha como única base ou se funde exclusivamente no documento ou acto judicial cuja falsidade foi verificada. Basta que possam ter determinado aquela decisão, que nela tenham exercido influência relevante. Daí que se tenha suprimido a expressão «em que a sentença se fundasse» [222], que se lia no correspondente preceito do Código de 39.

Relativamente ao terceiro requisito só há que observar que ele foi enunciado no pressuposto de que a parte não teve conhecimento da falsidade a tempo de a arguir no processo em que foi proferida a decisão a rever; se teve conhecimento dela na pendência desse processo, já não pode invocá-la no recurso de revisão, como aliás resulta do disposto na alínea *b)* do n.º 2 do art. 772.º.

4. «Esclareceu-se o sentido e alcance do fundamento que se baseia na apresentação de *novo* documento e adoptou-se, quanto a repercussão que esse documento deve ter sobre a decisão a rever, uma fórmula semelhante à do Código alemão e que tem a vantagem de apontar directamente ao critério por que o tribunal se deve nortear» [223].

O documento a que se refere a alínea *c)* pode ser documento que já existia na pendência da causa onde foi proferida a decisão a rever, ou documento que se formou posteriormente; no primeiro

---

[221] Cfr. *Bol. Min. Just.*, n.º 123, pág. 200.

[222] *Projectos de Revisão*, II, 114.

[223] *Observações*, no *Bol. Min. Just.*, n.º 123, pág. 200.

Capítulo VI — Dos recursos   **ART. 771.º**

caso a sua invocação só é admissível se o recorrente alegar e provar que não conhecia a sua existência, ou que, conhecendo-a, não lhe foi possível fazer uso dele naquele processo; no segundo caso, a invocação é, em princípio, admissível.

O uso da expressão «que, *por si só*, seja suficiente para modificar a decisão», mostra que não preenche este fundamento a apresentação de documento com interesse para a causa, que, relacionado com outros elementos probatórios produzidos em juízo, fosse susceptível de determinar uma decisão mais favorável para o vencido; para servir de fundamento à revisão, é necessário que o documento, além do carácter de superveniência que já se referiu, faça prova de um facto inconciliável com a decisão a rever, isto é, que só por ele se verifique ter esta assentado numa errada averiguação de facto relevante para o julgamento de direito.

5. À semelhança da orientação seguida na alínea *b)*, também na alínea *d)* se passou a exigir a declaração prévia, por sentença transitada em julgado, da nulidade, ou a anulação, da confissão, desistência ou transacção em que a decisão a rever se tenha fundado. Veja-se o que escrevemos, a este respeito, em nota ao art. 301.º. Só depois de obtida a sentença se pode requerer a revisão.

6. Na alínea *f)* precisou-se o significado da revelia, para o efeito de esta servir de fundamento à revisão. Se o réu, embora não tendo contestado a acção, interveio posteriormente no processo, praticando nele qualquer acto, já não é considerado revel para o efeito de poder requerer a revisão. O mesmo se verifica se o executado não deduziu oposição alguma à execução, mas praticou nela qualquer acto. A revelia, para os efeitos deste número, significa falta absoluta de intervenção, por si ou por meio de representante, no processo em que se proferiu a decisão a rever.

7. A disposição da alínea *g)* parece-nos completamente desnecessária, em face do que já se dispõe, com carácter genérico, no art. 675.º.

8. A Comissão Revisora do código actual propôs que fossem admitidos mais dois fundamentos da revisão: o dolo do vencedor e o erro de facto irrecusável constante do processo. A proposta não foi aceite, por se entender que se alargaria, assim, perigosamente

— 319 —

ART. 772.º *Livro III, Título II — Do processo de declaração*

o âmbito deste meio extraordinário de impugnação das decisões judiciais ([224]).

9. A Reforma de 1967 limitou-se a alterar a redacção da alínea *d)*, para a adaptar à nova terminologia usada pelo art. 359.º do novo Código Civil.

ARTIGO 772.º

(Prazo para a interposição)

1 — O recurso é interposto no tribunal onde estiver o processo em que foi proferida a decisão a rever, mas é dirigido ao tribunal que a proferiu.

2 — O recurso não pode ser interposto se tiverem decorrido mais de cinco anos sobre o trânsito em julgado da decisão e o prazo para a interposição é de 60 dias, contados:

a) **Nos casos das alíneas** *a)***,** *b)* **e** *d)* **do artigo 771.º, desde o trânsito em julgado da sentença em que se funda a revisão;**

b) **Nos outros casos, desde que a parte obteve o documento ou teve conhecimento do facto que serve de base à revisão.**

3 — Se, porém, devido a demora anormal na tramitação da causa em que se funda a revisão existir risco de caducidade, pode o interessado interpor recurso mesmo antes de naquela ser proferida decisão, requerendo logo a suspensão da instância no recurso, até que essa decisão transite em julgado.

4 — As decisões proferidas no processo de revisão admitem os recursos ordinários a que estariam originariamente sujeitas no decurso da acção em que foi proferida a sentença a rever.

1. O n.º 1 destina-se a tornar claro que os tribunais superiores têm competência para conhecer do recurso de revisão, quando for

---

([224]) *Projectos de Revisão*, II, 111; *Observações*, no *B.M.J.*, n.º 123, pág. 200.

Capítulo VI — Dos recursos **ART. 773.º**

sua a decisão a rever, matéria que suscitou algumas dúvidas na vigência do código de 1939.

2. A reforma de 95 aumentou para 60 dias o prazo para interposição do recurso, que na versão primitiva era o de 30 dias.

3. Acautelando as demoras que podem sofrer as acções a que se referem as alíneas *a), b)* e *d)* do art. 771.º, o autor da reforma veio também prevenir a eventual caducidade do direito à revisão, decorrente daquelas demoras, autorizando no n.º 3 que o recorrente da revisão possa pedi-la ainda na pendência daquelas acções, caso em que a instância do recurso ficará suspensa.

4. O n.º 4 foi novidade do Código de 1961, com o fim de resolver dúvidas até aí existentes sobre se, com a interposição do recurso extraordinário de revisão, se abria uma instância nova ou se se fazia ressurgir a primitiva. Foi propósito do legislador afirmar que a revisão se destina a fazer ressurgir a acção finda, e a reabrir a instância anterior (225). É o que se vinha entendendo.

Se entretanto houver modificação da alçada, as decisões proferidas no processo de revisão admitem os recursos ordinários que forem consentidos pela alçada ao tempo em que foi instaurada a acção. É, supomos, o que deve entender-se fase ao disposto no art. 24.º, n.º 3 da Lei Orgânica dos Tribunais (Lei n.º 3/99, de 13/1).

ARTIGO 773.º

(Instrução do requerimento)

No requerimento de interposição, que é autuado por apenso ao processo, especificar-se-á o fundamento do recurso e com ele se apresentará, nos casos das alíneas *a), b), c), d)* e *g)* do artigo 771.º, certidão da sentença ou o documento em que se funda o pedido; nos casos das alíneas *e)* e *f)*, procurará mostrar-se que se verifica o fundamento invocado.

O recurso de revisão pode ser interposto em causas cujo valor esteja compreendido dentro da alçada do tribunal; depois de

---

(225) *Propostas de Revisão*, t. II, págs. 118 e 119.

ART. 774.º *Livro III, Título II — Do processo de declaração*

admitido é que funciona a regra do n.º 4 do art. 772.º. A legitimidade para o interpor é reconhecida nos termos do n.º 1 do art. 680.º. Ao contrário do que preceitua o art. 687.º não basta manifestar a vontade de recorrer e indicar a espécie do recurso; é necessário dizer expressamente o fundamento que se invoca e fazer demonstração prévia da viabilidade do recurso. O Código actual introduziu, nesta matéria, como inovação, o processamento do recurso por apenso aos autos a que respeita.

ARTIGO 774.º

(Indeferimento imediato)

1 — O processo é enviado ao tribunal a que for dirigido o recurso, se for diverso daquele em que foi interposto.

2 — Sem prejuízo do disposto no n.º 3 do artigo 687.º o tribunal a que for dirigido o requerimento indeferi--lo-á quando não vier deduzido ou instruído nos termos do artigo anterior e também quando se reconheça logo que não há motivo para revisão.

3 — Se o recurso for admitido, notificar-se-á pessoalmente a parte contrária para, em 20 dias, responder.

4 — O recurso de revisão não tem efeito suspensivo.

1. É nova a disposição do n.º 1. Ela resultou do disposto no n.º 1 do art. 772.º. Desde que se manda interpor o recurso no tribunal onde estiver o processo, mas dirigido ao tribunal que proferiu a decisão a rever, é manifesto que o processo terá de ser remetido ao tribunal competente para decidir da revisão, quando não for aquele onde o processo se encontra. É ao tribunal a quem é dirigido o requerimento que pertence deferir aos termos do recurso [226].

2. O n.º 2 refere-se à fase de admissão ou fase liminar do recurso, na qual o tribunal decide se o recurso satisfaz ao condicionalismo legal para se entrar na apreciação dos seus fundamentos.

---

[226] *Projectos de Revisão*, t. II, pág. 119.

Capítulo VI — Dos recursos   **ART. 776.º**

3. Também é novo o preceito do n.º 4. Uma vez que a decisão contra a qual se reage se encontra transitada em julgado, bem se compreende que ao recurso se não atribua efeito suspensivo.

ARTIGO 775.º

(Julgamento da revisão)

1 — Logo em seguida à resposta do recorrido ou ao termo do prazo respectivo, o tribunal conhecerá do fundamento da revisão, precedendo as diligências que forem consideradas indispensáveis.

2 — Se o recurso tiver sido dirigido a algum tribunal superior, pode este requisitar as diligências, que se mostrem necessárias, ao tribunal de 1.ª instância donde o processo subiu.

No código actual reconheceu-se expressamente que o tribunal pode mandar realizar as diligências que considere indispensáveis para conhecer do fundamento da revisão, esclarecendo que, tratando-se de tribunal superior, essas diligências serão requisitadas ao respectivo tribunal da 1.ª instância.

ARTIGO 776.º

(Termos a seguir quando a revisão é procedente)

Se o fundamento da revisão for julgado procedente, é revogada a decisão, observando-se o seguinte:

a) **No caso da alínea *f)* do artigo 771.º, anular-se-ão os termos do processo posteriores à citação do réu ou ao momento em que devia ser feita e ordenar-se-á que o réu seja citado para a causa;**

b) **Nos casos das alíneas *a)* e *c)* do mesmo artigo, proferir-se-á nova decisão, procedendo-se às diligências absolutamente indispensáveis e dando-se a cada uma das partes o prazo de 20 dias para alegar por escrito;**

c) **Nos casos das alíneas *b), d)* e *e)*, ordenar-se-á que se sigam os termos necessários para a causa ser novamente instruída e julgada, aproveitando-se a parte do processo que o fundamento da revisão não tenha prejudicado.**

— 323 —

ART. 778.º *Livro III, Título II — Do processo de declaração*

Estabelece-se a regra de que a procedência do fundamento da revisão determina a revogação da decisão a rever, e indicam-se as consequências que resultam dessa revogação, em cada um dos casos, conforme o fundamento invocado.

À fase *rescidente*, isto é, àquela em que se faz a apreciação do pedido de revisão, segue-se, no caso de procedência deste, a fase *rescisória,* na qual se praticam os actos necessários a nova instrução e julgamento da causa, ou só a nova apreciação desta. Na hipótese prevista na alínea *g)* do art. 771.º a fase rescidente absorve a fase rescisória: não há quaisquer actos a praticar depois de revogada a decisão ofensiva do caso julgado anterior.

ARTIGO 777.º

(Prestação de caução)

Se estiver pendente ou for promovida a execução da sentença, não pode o exequente ou qualquer credor ser pago em dinheiro ou em quaisquer bens sem prestar caução, nos termos do artigo 819.º.

No regime do Código anterior só era exigível a caução quando o pagamento se fizesse em dinheiro *ou em bens mobiliários.* A lei actual torna aquela exigência aplicável qualquer que seja a espécie dos bens em que se faça o pagamento.

O preceito rege tanto para a execução por quantia certa, como para a execução para entrega de coisa certa ou para prestação de facto.

O art. 624.º do Código Civil indica o modo como pode ser prestada a caução imposta ou autorizada por lei. O processo para a prestação segue os termos indicados nos arts. 981.º e segs. deste Código de Processo Civil.

SECÇÃO VI

Oposição de terceiro

ARTIGO 778.º

(Fundamento do recurso)

1 — Quando o litígio assente sobre um acto simulado das partes e o tribunal não tenha feito uso do poder que

Capítulo VI — Dos recursos ART. 778.º

lhe confere o artigo 665.º, por se não ter apercebido da fraude, pode a decisão final, depois do trânsito em julgado, ser impugnada mediante recurso de oposição do terceiro que com ela tenha sido prejudicado.

2 — O recurso é dirigido ao tribunal que proferiu a decisão; se o processo já se encontrar em tribunal diferente, neste será apresentado o requerimento de interposição, que é autuado por apenso, remetendo-se para o tribunal competente.

3 — É considerado como terceiro, no que se refere à legitimidade para recorrer, o incapaz que haja intervindo no processo como parte, mas por intermédio de representante legal.

1. O recurso extraordinário de oposição de terceiro foi pela primeira vez regulado no Código de 1939.

A hipótese básica que se prevê é a que já se referiu a propósito do art. 665.º: as partes usam do processo, não com o fim normal de resolver um litígio, mas, concertadamente, para obterem um resultado diferente do resultado aparente do processo. Se o tribunal se apercebe deste vício na pendência da causa, obsta à prossecução do objectivo anormal visado pelas partes, mediante a aplicação da faculdade legal que lhe é conferida por aquele preceito; se não se apercebe, e a decisão transita em julgado, podem os terceiros prejudicados pela simulação processual usar, então, deste recurso extraordinário.

São condições ou requisitos da oposição de terceiro: a) que a sentença que se impugna tenha transitado em julgado; b) que o processo encubra uma simulação processual bilateral, já reconhecida, em acção previamente intentada para esse efeito, por sentença com trânsito em julgado; c) que o recorrente tenha a posição de terceiro; d) que a decisão lhe cause prejuízo.

2. O requisito do trânsito da sentença de que se recorre é comum aos recursos extraordinários admitidos na nossa lei de processo, o que bem se compreende tendo em vista que eles são exactamente meios facultados para infirmar, em casos excepcionais, a autoridade e a eficácia do caso julgado; de resto, enquanto a sentença não transitar, não se verifica o prejuízo do terceiro, cuja lesão resulta da constituição daquele caso julgado.

— 325 —

ART. 778.º *Livro III, Título II — Do processo de declaração*

3. O Código anterior permitia que a prova da simulação processual se fizesse no recurso. Entendeu-se que este sistema era imperfeito, uma vez que a demonstração do referido vício exige, em regra, uma larga indagação, incompatível com os termos normais do recurso. A simulação processual tem, portanto, hoje, de ser demonstrada pelo processo comum, onde se fará a prova de que, em consequência do conluio das partes, se obteve uma sentença a reconhecer um direito que não existe, com prejuízo para terceiro [227]. Só depois se pode pedir, por meio do recurso, que o tribunal que proferiu a decisão a reveja [228].

4. *Terceiro*, em princípio, é aquele que não interveio no processo como parte por si ou por intermédio de representante. Prevê-se, porém, no n.º 3, a situação do incapaz que foi vítima de simulação processual do seu representante, em conluio com outra pessoa, atribuindo-se-lhe, para o efeito de poder usar deste recurso, a qualidade de terceiro. Teve-se, principalmente, em vista a situação dos menores em acção de investigação de paternidade, em que muitas vezes a mãe, como sua representante, se conserta, mediante remuneração, com o pai do investigante, para obter uma sentença desfavorável que obste à vindicação do estado de filho do réu.

5. Relativamente ao prejuízo do terceiro, parecia, à face do Código de 39, que só poderiam interpor este recurso as pessoas directamente visadas e atingidas pela simulação. A redacção actual torna claro que basta a existência de prejuízo para legitimar o recorrente, não sendo necessário que a simulação tenha sido praticada com o especial intuito de o prejudicar.

A esse propósito escreveu-se no relatório da Comissão Revisora: «Será o caso, por exemplo, de um divórcio simulado, visando a alteração do regime de bens, sem qualquer intuito de prejudicar, mas de que afinal resultam prejuízos para certos credores».

6. No n.º 2 fixa-se o tribunal competente. É solução paralela à adoptada para o recurso de revisão (art. 772.º, n.º 1), como consequência de o recurso de oposição de terceiro ter de ser actualmente precedido da obtenção de sentença em acção de simulação,

---

[227] Prof. A. dos Reis, *Cód. An.*, VI, 431.
[228] *Projectos de Revisão*, II, 120.

Capítulo VI — Dos recursos　　　**ART. 780.º**

o que já não impõe a interposição obrigatória do recurso perante o tribunal de 1.ª instância.

7. Quanto ao n.º 3 veja-se, relativamente ao prazo de interposição do recurso, o disposto no n.º 3 do art. 780.º.

ARTIGO 779.º

(Instrução do recurso)

1 — O recurso é necessariamente instruído com a sentença trasitada em julgado, da qual conste que a decisão recorrida resultou de simulação processual das partes e envolve prejuízo para terceiro.

2 — Quando o recorrente não tenha intervindo na acção, é admitido a provar o seu prejuízo no próprio recurso.

1. A disposição do n.º 1 está de acordo com a modificação profunda do recurso, exigindo-se que a simulação processual seja previamente demonstrada em acção ordinária.

2. O disposto no n.º 2 «tem por fim evitar que os não intervenientes na acção de simulação tenham de propor uma nova acção para também ser declarado, em relação a eles, simulado o processo e se julgar que da simulação lhes advinham prejuízos.

Pareceu preferível, a esta inútil acumulação de acções, sacrificar em certo modo a técnica do recurso e admitir nele a prova de que o recorrente é terceiro prejudicado» [229].

ARTIGO 780.º

(Prazo para a interposição)

1 — O recurso será interposto nos três meses seguintes ao trânsito em julgado da decisão final da acção de simulação.

2 — A acção de simulação será, por seu turno, intentada dentro dos cinco anos subsequentes ao trânsito em

---

[229] *Projectos de Revisão*, t. II, pág. 122.

ART. 781.º *Livro III, Título II — Do processo de declaração*

julgado da sentença recorrida; e, se estiver parada durante mais de três meses por culpa do autor, continuará a contar-se o prazo já decorrido até à propositura da acção.

3 — No caso especial a que se refere o n.º 3 do artigo 778.º, o prazo de proposição da acção de simulação não findará antes de decorrido um ano sobre a aquisição da capacidade por parte do incapaz ou sobre a mudança do seu representante legal.

Em virtude de se ter passado a exigir que a simulação processual seja previamente declarada, houve que alterar profundamente o que se dispunha, no diploma anterior, quanto ao prazo do recurso.

A acção de simulação terá de ser intentada dentro dos 5 anos seguintes ao trânsito em julgado da sentença recorrida; transitada, por sua vez, a sentença que julgar procedente a acção de simulação, o trânsito desta marca o início do prazo de 3 meses para a interposição do recurso.

Aquele prazo de 5 anos foi estabelecido em atenção à grande dificuldade que muitas vezes haverá em conhecer a simulação e em fazer a sua prova; fixou-se um prazo curto para a subsequente interposição do recurso, por ser manifestamente inconveniente manter-se a situação de incerteza resultante de ficarem a existir dois actos judiciais, com o mesmo valor, que aparentemente se contradizem: a sentença a reconhecer a simulação processual, e a decisão proferida no processo simulado.

O n.º 3 foi já acrescentado após a primeira revisão ministerial e contempla os recursos interpostos ao abrigo do n.º 3 do art. 778.º.

ARTIGO 781.º
(Termos do recurso no caso de seguimento)

1 — Admitido o recurso, são os recorridos notificados pessoalmente para responderem no prazo de 20 dias.

2 — Em seguida à resposta ou ao termo do prazo respectivo, efectuadas as diligências necessárias, tem cada uma das partes 20 dias para alegar e, finalmente, é proferida a decisão.

Capítulo VI — Dos recursos   ART. 781.º

3 — O recebimento do recurso não suspende a execução da decisão recorrida.

1. O recurso só não será admitido quando se verificar alguma das razões de indeferimento indicadas no n.º 3 do art. 687.º, ou quando a petição não satisfizer os requisitos exigidos pelos arts. 778.º a 780.º.

A resposta, prevista no n.º 1, só se justifica por haver casos (art. 779.º, n.º 2) em que pode ser necessária a produção de prova, e, portanto, a alegação de factos, o que há-de fazer-se naqueles articulados.

2. O Código anterior não previa o oferecimento de alegações, fazendo-se a discussão da matéria do recurso apenas no requerimento e na resposta.

É mais perfeito o sistema actual, que permite às partes procederem, em alegações, ao exame das provas e à exposição do direito aplicável.

3. Não existe, para o recurso de oposição de terceiro, disposição idêntica ao que o art. 777.º preceitua para o recurso de revisão, e que o Código de 39 tornava extensivo à oposição.

Lopes Cardoso opinava que a exigência da caução estava feita, de uma maneira geral, no art. 47.º, n.º 3 [230], o que leva a supor que o distinto magistrado considerava aplicável esta norma ao caso de execução de sentença pendente de recurso de oposição de terceiro. Manifestava-se no mesmo sentido Adelino da Palma Carlos [231]. Confessamos ter muitas dúvidas em aderir a este entendimento. É que o art. 47.º contempla a hipótese de execução de sentença *não transitada em julgado*, de que se interpôs recurso *ordinário*, sem efeito suspensivo. Não nos parece que possa considerar-se abrangido naquela previsão da lei o caso de execução de decisão *transitada em julgado,* de que se interpôs recurso *extraordinário*, com efeito meramente devolutivo. Que o art. 47.º não projecta os seus efeitos quanto às decisões impugnadas em recurso extraordinário, vê-se da própria disposição do art. 777.º,

---

[230] *Código de Processo Civil Anotado*, 3.ª ed., pág. 472.
[231] *Lições,* pág. 307.

ART. 782.º *Livro III, Título II — Do processo de declaração*

que, a essa luz, seria puramente redundante. Aliás, era essa a opinião de Alberto dos Reis: «O § único do art. 47.º — escrevia ele — determina que, enquanto a sentença exequenda estiver pendente de *recurso*, não pode o exequente ou qualquer credor ser pago sem prestar caução. É fora de dúvida que a palavra «recurso» abrange aqui somente os recursos ordinários. O confronto do parágrafo com o corpo do artigo mostra claramente que se trata do caso de se ter interposto recurso de apelação ou de revista, de o recurso ter sido recebido no efeito meramente devolutivo e de se promover, na pendência dele, a execução de sentença» [232]. Não nos perece, por isso, aplicável a esta hipótese aquele n.º 3 do art. 47.º.

ARTIGO 782.º

**(Termos a seguir no recurso dirigido
aos tribunais superiores)**

1 — Se for dirigido à Relação ou ao Supremo, o recurso segue os termos do agravo, na medida em que não contrariem o disposto no artigo anterior.

2 — As diligências de prova que se tornem necessárias e não possam ter lugar naqueles tribunais são requisitadas ao tribunal de 1.ª instância donde o processo subiu.

«Os termos a seguir pelo recurso, quando interposto nos tribunais superiores, têm de ser os termos gerais indicados no artigo anterior.

Mas, como para além deles outros terão de praticar-se, entendeu-se que deviam seguir-se os termos do recurso de agravo, por serem os mais simples e bastarem perfeitamente.

Não se abrangem, como é óbvio, os casos em que o tribunal de 1.ª instância tenha funcionado como tribunal de recurso, pois para esses basta o preceituado no artigo anterior.

Empregou-se a expressão «diligências de prova que se tornem necessárias», em vez da expressão «quaisquer diligências», ou semelhante, para não abranger aquelas diligências — como, por exemplo, a requisição de um documento — em que não há necessidade nenhuma de fazer intervir o tribunal de 1.ª instância» [233].

---

[232] *Código de Processo Civil Anotado*, vol. VI, pág. 408.
[233] Eduardo Coimbra, *Projectos de Revisão*, II, 124.

SUBTÍTULO II

Do Processo Sumário

ARTIGO 783.º
(Prazo para a contestação)

O réu é citado para contestar no prazo de 20 dias.

1. Na versão primitiva deste Código a falta de contestação do réu, que se mostrasse ter sido regularmente citado, produzia um efeito cominatório pleno, isto é, levava à imediata condenação do réu no pedido. Esse efeito cominatório pleno foi afastado, em processo sumário, pelo legislador da reforma processual de 95/96. Presentemente a revelia do réu produz sempre os efeitos previstos nos arts. 483.º a 485.º.

2. A matéria de facto, quer na petição, quer na contestação ou resposta, tem de ser articulada (art. 151.º, n.º 2).

ARTIGO 784.º
(Julgamento nas acções não contestadas)

Quando os factos reconhecidos por falta de contestação determinem a procedência da acção, pode o juiz limitar-se a condenar o réu no pedido, mediante simples adesão aos fundamentos alegados pelo autor na petição inicial.

Como a reforma processual aboliu, em princípio, o despacho liminar (art. 234.º) e o efeito cominatório pleno da revelia (art. 484.º), o processo sumário não contestado é concluso ao juiz em condições que lhe permitem, desde logo, proferir decisão, quer sobre a relação processual, quer sobre o mérito da causa. Realmente, não se verificando qualquer das excepções previstas no art. 485.º consideram-se confessados os factos articulados pelo autor, podendo o juiz decidir se o direito aplicável a essa situação fáctica produz ou não o efeito jurídico que o autor pretende ver reconhecido e declarado.

ART. 786.º *Livro III, Título II — Do processo de declaração*

ARTIGO 785.º

(Resposta à contestação)

Se for deduzida alguma excepção, pode o autor, nos 10 dias subsequentes à notificação ordenada pelo artigo 492.º, responder o que se lhe oferecer, mas somente quanto à matéria da excepção.

1. O Código de 39 permitia a resposta quando na contestação se deduzissem excepções, fosse suscitado algum incidente ou se formulasse pedido reconvencional.

Suprimiu-se a referência ao *incidente* por se ter entendido que o único suscitável na contestação seria o da falsidade, hoje regulados nos arts. 547.º e seguintes. Também se deixou de aludir à hipótese da reconvenção porque para esse caso se criou o regime especial do art. 786.º.

2. Como se sabe o réu defende-se por excepção quando alega factos que obstam à apreciação do mérito da acção ou que servindo de causa impeditiva (*v.g.* prescrição), modificativa (*v.g.* perdão parcial) ou extintiva (*v.g.* cumprimento) do direito invocado pelo autor, determinam a improcedência total ou parcial do pedido.

ARTIGO 786.º

(Resposta à reconvenção)

Se o réu tiver deduzido reconvenção ou a acção for de simples apreciação negativa, o prazo para a resposta é de 20 dias.

1. Trata da resposta em dois casos especiais: o de ter sido deduzido pedido reconvencional na contestação; o de a acção ser de simples apreciação negativa [art. 4.º, n.º 2, alínea *a)*].

O Código actual começou por se ocupar apenas da primeira daquelas hipóteses; a segunda foi acrescentada pela Reforma de 67, em paralelo com o estabelecido no n.º 3 do art. 502.º.

2. Se o réu, na contestação, reconvém, a resposta deixa de ser um articulado limitado a tratar da matéria da excepção, para constituir verdadeira contestação do pedido reconvencional; jus-

Subtítulo II — Do processo sumário   **ART. 787.º**

tifica-se que, neste caso, o prazo que o reconvindo tem para a defesa seja o mesmo que a lei fixa para a contestação em processo sumário.

3. Sendo a acção de simples apreciação negativa, é ao réu que incumbe a prova dos factos constitutivos do direito de que se diz titular (Cód. Civ., art. 343.º, n.º 1).

O autor propõe a acção pedindo que se declare a inexistência de um direito ou de um facto; na contestação o réu alega os factos que considera constitutivos do direito em causa, ou a ocorrência do facto cuja inexistência se pretende ver reconhecida; é claro que, nestas hipóteses, o autor pode sempre responder à contestação, e essa resposta deve ser apresentada no prazo concedido para a defesa em termos normais (art. 783.º), visto que aquela alegação constitui matéria nova para o autor, que este tem de contradizer. É situação idêntica à da dedução de pedido reconvencional; a resposta é, numa e noutra, o primeiro articulado de defesa do autor.

4. O Código de 39 continha no art. 786.º regras específicas quanto aos articulados em processo sumário. Assim: dispensava a sua dedução por artigos, mandava oferecer, com eles, todos os documentos respeitantes à causa, e requerer, neles, o depoimento de parte, o arbitramento e a exibição de livros de escrituração comercial.

Entendeu-se que nenhuma destas regras devia subsistir: a primeira, por ser contrária ao disposto no n.º 2 do art. 151.º; a segunda, por dever aplicar-se o regime geral (art. 523.º); a terceira, por fazer injustificada excepção aos princípios gerais (art. 513.º), não se compreendendo que as partes devam requerer provas antes de fixados os pontos de facto sobre que hão-de recair [234].

São, portanto, as disposições ditadas para o processo comum de declaração que devem aplicar-se naquelas matérias.

ARTIGO 787.º

(Termos posteriores aos articulados)

1 — Findos os articulados, observar-se-á o disposto nos artigos 508.º a 512.º-A, mas a audiência preliminar só

---

[234] *Projectos de Revisão*, III, 193.

ART. 788.º *Livro III, Título II — Do processo de declaração*

se realiza quando a complexidade da causa ou a necessidade de actuar o princípio do contraditório o determinem; se a selecção da matéria de facto controvertida se revestir de simplicidade, o juiz pode abster-se de fixar a base instrutória.

2 — Não havendo lugar à realização de audiência preliminar e ainda que tenha de ser elaborado despacho saneador para decisão sobre as matérias referidas nas alíneas *a)* e *b)* do n.º 1 do artigo 510.º ou sobre incidente de intervenção de terceiros, o juiz pode abster-se de proceder à selecção da matéria de facto, nos termos do n.º 2 do artigo 508.º-B, se se verificar a situação prevista na parte final do número anterior.

3 — No caso de não ter havido saneamento e condensação do processo, o juiz ordena a notificação das partes para o efeito do disposto no n.º 1 do artigo 512.º.

(Red. Dec.-Lei n.º 375-A/99, de 20/9).

Torna aplicáveis aos processos sumários os preceitos que regulam a matéria da condensação e saneamento em processo ordinário, mas com profundas simplificações, que chegam a eliminar essa fase processual.

É assim que a *audiência preliminar* (art. 508.º-A) é, em princípio, dispensada em processo sumário, só tendo lugar: *a)* quando a complexidade da causa o aconselhe; quando houver necessidade de fazer actuar o princípio do contraditório. Mas, realizando-se embora a audiência preliminar, o juiz pode sempre, em processo sumário, deixar de fixar a *base instrutória* (art. 511.º, n.º 1), se a selecção da matéria de facto controvertida se revestir de simplicidade.

Não tendo havido saneamento e condensação, o processo transita directamente da fase dos articulados (arts. 467.º a 507.º) para a da instrução do processo (arts. 513.º a 645.º), mediante o cumprimento, pelo juiz, do disposto no art. 512.º, n.º 1.

ARTIGO 788.º

(Prazo de cumprimento das cartas)

É de 30 dias o prazo de cumprimento das cartas.

Subtítulo II — Do processo sumário   **ART. 790.º**

O Código de 39 era muito exigente nesta matéria dispondo que em processo sumário não podiam ser expedidas cartas para depoimento de parte ou arbitramento a realizar fora do continente ou da ilha onde a causa corresse; que a dilação das cartas para citação ou notificação não podia exceder cinco dias, e que as destinadas a outras diligências não podiam ter prazo superior a vinte dias.

Em lugar desta regulamentação pormenorizada, o Código de 61, na sua versão primitiva, elevou o prazo do cumprimento das cartas, que fixou em trinta dias, *improrrogáveis.*

Finalmente a reforma processual manteve a solução de 61, mas retirou o qualificativo de «improrrogáveis», pelo que hoje se aplica ao prazo de cumprimento o disposto no art. 181.º, designadamente o seu n.º 3.

ARTIGO 789.º
(Limitações ao número de testemunhas)

É reduzido a 10 o limite do número de testemunhas a que se refere o artigo 632.º e a 3 o limite fixado no artigo 633.º.

O número máximo de testemunhas que as partes podem oferecer é o de 10, e sobre cada facto constante da base instrutória não pode a parte produzir mais de 3, não se contando as que tenham declarado nada saber. Consideram-se não escritos os nomes das testemunhas que no rol ultrapassem o número legal. Havendo contestações separadas, cada um dos réus pode oferecer testemunhas até ao limite legal.

A Reforma de 67 limitou-se, quanto a este artigo, a modificar o número dos preceitos para que era feita a remissão.

ARTIGO 790.º
(Designação da audiência de discussão e julgamento)

1 — A discussão do aspecto jurídico da causa é oral e em cada um dos debates os advogados só podem usar uma vez da palavra e por tempo não excedente a uma hora.

2 — No caso de adiamento, a discussão e julgamento devem efectuar-se num dos 30 dias imediatos. Não pode

— 335 —

ART. 791.º *Livro III, Título II — Do processo de declaração*

haver segundo adiamento, salvo se não for possível constituir o tribunal.

Na redacção primitiva dizia-se que a discussão do aspecto jurídico da causa seria *sempre* oral. O Dec.-Lei n.º 180/96 deixou cair o advérbio, mas manteve a regra. A supressão, segundo informa Lopes do Rego [235] teve como propósito possibilitar que o juiz, em aplicação do princípio da adequação formal, permita, em certos casos, as alegações escritas em processo sumário.

ARTIGO 791.º

(Audiência de discussão e julgamento)

1 — A audiência de discussão e julgamento é marcada para dentro de 30 dias, incumbindo a instrução, discussão e julgamento da causa ao juiz singular.

2 — Quando a decisão final admita recurso ordinário, pode qualquer das partes requerer a gravação da audiência.

3 — A decisão da matéria de facto constará de despacho proferido imediatamente, observando-se, com as necessárias adaptações, o disposto no artigo anterior e nos artigos 652.º e 655.º

(Red. art. 133.º Lei n.º 3/99, de 13/1).

A alteração da redacção do n.º 1 e a eliminação do n.º 4 deste preceito vieram tornar certo que a instrução, discussão e julgamento da causa em processo sumário é hoje da competência exclusiva do juiz singular [236].

A gravação será requerida nos tempos previstos na lei [art. 508.º-A, n.º 2, *c)* ou 512.º n.º 1].

---

[235] *Comentários ao Código de Processo Civil*, pág. 526.

[236] Esta exclusividade não é de aplicar aos processos pendentes em que já tenha sido requerida a intervenção do tribunal colectivo ou em que esteja a decorrer o prazo para requerer a sua intervenção (Lei n.º 3/99, de 13/1, art. 133.º, n.º 3).

ARTIGO 792.º
(Efeito da apelação)

A apelação tem efeito meramente devolutivo, salvo no caso previsto no artigo 678.º, quando seja decretada a restituição do prédio; ao seu julgamento é também aplicável o disposto no artigo 712.º.

(Red. art. 133.º Lei n.º 3/99, de 13/1).

Refere-se às acções em que se aprecie a validade ou a subsistência de contratos de arrendamento para habitação, nas quais é sempre admissível recurso para a Relação, *com efeito suspensivo* quando tiver sido decretada a restituição do prédio. Repete o que o art. 57.º, n.º 2 do R.A.U. dispõe para a apelação interposta da sentença que decrete o despejo.

Adaptou-se o artigo à exclusividade da intervenção do juiz singular.

SUBTÍTULO III
Do Processo Sumaríssimo

ARTIGO 793.º
(Petição inicial)

O autor exporá, sem necessidade de forma articulada, a sua pretensão e os respectivos fundamentos, oferecendo logo as provas.

É dispensada a forma articulada, mas não é proibida.

As partes podem requerer a produção de quaisquer meios de prova. As partes só podem indicar seis testemunhas. Entendemos aplicável ao processo sumaríssimo o disposto no n.º 2 do art. 523.º quanto à apresentação de documento, por força do disposto no art. 464.º, regra que não é incompatível com os termos abreviados deste processo.

ART. 795.º *Livro III, Título II — Do processo de declaração*

ARTIGO 794.º

(Citação, contestação e rol de testemunhas)

1 — O réu é citado para, no prazo de 15 dias, contestar, devendo oferecer logo as respectivas provas.

2 — A contestação é notificada ao autor.

A Comissão Revisora deste Código de 1961 propôs que fosse admitida a reconvenção em processo sumaríssimo. No entender do Relator a admissibilidade da reconvenção dependeria de a soma do valor do pedido reconvencional com o valor do pedido principal não exceder o limite desta forma de processo; a Comissão entendia suficiente que o pedido reconvencional não tivesse valor superior a esse limite, não se devendo atender, para esse efeito, ao valor do pedido principal [237].

Mas nenhuma destas sugestões foi aceite.

«Dada a *celeridade* que deve caracterizar esta forma de processo, não se devem admitir outros articulados, além da petição e da contestação. E como consequência de semelhante restrição, não deve ser admitida e caso algum a admissão de pedidos reconvencionais [238].

Não há, pois, lugar à reconvenção, nem articulado para responder à matéria das excepções que eventualmente forem deduzidas.

ARTIGO 795.º

(Apreciação imediata das questões)

1 — Findos os articulados, pode o juiz, sem prejuízo do disposto nos n.ᵒˢ 3 e 4 do artigo 3.º, julgar logo procedente alguma excepção dilatória ou nulidade que lhe cumpra conhecer, ou decidir do mérito da causa.

2 — Se a acção tiver de prosseguir, é logo marcado dia para a audiência final, que deve efectuar-se dentro de 30 dias, não sendo aplicável o disposto nos n.ᵒˢ 1 a 3 do art. 155.º.

(Red. Dec.-Lei n.º 375-A/99, de 20/9).

---

[237] *Projectos de Revisão*, III, 201.

[238] *Observações*, no *Bol. Min. Just.*, n.º 123, pág. 212.

Subtítulo III — Do processo sumaríssimo   **ART. 796.º**

Foi abandonado o efeito cominatório pleno que inicialmente se previa neste diploma e, por isso, em regra, deveria haver sempre audiência final. Atendendo, porém, à natural simplicidade destes processos, a lei admite que, findos os articulados, o juiz possa julgar logo alguma excepção dilatória ou nulidade, ou até conhecer do mérito da causa, o que fará sem observância de outras formalidades.

ARTIGO 796.º

(Audiência final)

1 — Se as partes estiverem presentes ou representadas, o juiz procura conciliá-las; se o não conseguir, inquirirá as testemunhas, que não podem exceder seis por cada parte, e determinará a realização das restantes diligências probatórias.

2 — A falta de qualquer das partes ou seus mandatários, ainda que justificada, não é motivo de adiamento.

3 — A inquirição das testemunhas é efectuada pelo juiz, quando as partes não tenham constituído mandatário judicial ou este não comparecer.

4 — As testemunhas são apresentadas pelas partes, sem necessidade de notificação, salvo se a parte que as indicou requerer oportunamente que sejam notificadas.

5 — Se ao juiz parecer indispensável, para boa decisão da causa, que se proceda a alguma diligência, suspenderá a audiência na altura que repute mais conveniente e marcará logo dia para a sua realização, devendo o julgamento concluir-se dentro de 30 dias; a prova pericial é sempre realizada por um único perito.

6 — Finda a produção de prova, pode cada um dos advogados fazer uma breve alegação oral.

7 — A sentença, julgando a matéria de facto e de direito, é sucintamente fundamentada e logo ditada para a acta.

(Redacção do Dec.-Lei n.º 183/2000, de 10/8).

ART. 800.º *Livro III, Título II — Do processo de declaração*

ARTIGOS 797.º A 799.º

Revogados pelo art. 3.º do Dec.-Lei n.º 329-A/95, em razão da inexistência actual, na nossa orgânica judiciária, dos tribunais municipais.

ARTIGO 800.º
(Força da decisão proferida pelo tribunal)

Da sentença não há recurso, a não ser nos casos abrangidos pelo n.º 2 do artigo 678.º, em que cabe recurso de agravo, a interpor para a Relação.

Só é admissível recurso com fundamento na incompetência absoluta do tribunal, na ofensa do caso julgado ou em contrariedade da decisão proferida com a jurisprudência uniformizada pelo Supremo Tribunal de Justiça (art. 678.º, n.os 2 e 6). O recurso é sempre o de agravo.

ÍNDICE

LIVRO III

Do processo

TÍTULO II

Do processo de declaração

SUBTÍTULO I — Do processo ordinário	7
CAPÍTULO I — Dos articulados	7
Secção I — Petição inicial	7
Secção II — Revelia do réu	30
Secção III — Contestação	34
Subsecção I — Disposições gerais	34
Subsecção II — Excepções	42
Subsecção III — Reconvenção	48
Secção IV — Réplica e tréplica	50
Secção V — Articulados supervenientes	53
CAPÍTULO II — Da audiência preliminar	57
CAPÍTULO III — Da instrução do processo	75
Secção I — Disposições gerais	75
Secção II — Provas por documentos	87
Secção III — Prova por confissão das partes	108
Secção IV — Prova pericial	118
Subsecção I — Designação dos peritos	118
Subsecção II — Proposição e objecto da prova pericial	123
Subsecção III — Realização da perícia	125
Subsecção IV — Segunda perícia	130

Notas ao Código de Processo Civil

Secção V — Inspecção judicial 131
Secção VI — Prova testemunhal 133
Subsecção I — Inabilidades para depor............................ 133
Subsecção II — Produção da prova testemunhal............... 135

CAPÍTULO IV — Da discussão e julgamento da causa 158
CAPÍTULO V — Da sentença 177
Secção I — Elaboração da sentença 177
Secção II — Vícios e reforma da sentença............................ 191
Secção III — Efeitos da sentença 199

CAPÍTULO VI — Dos recursos 211
Secção I — Disposições gerais... 211
Secção II — Apelação.. 242
Subsecção I — Interposição e efeitos do recurso 242
Subsecção II — Apresentação das alegações e expedição do
recurso 247
Subsecção III — Julgamento de recurso............................ 250
Secção III — Recurso de revista 275
Subsecção I — Interposição e expedição do recurso 275
Subsecção II — Julgamento do recurso............................. 281
Subsecção III — Julgamento ampliado da revista.............. 290
Secção IV — Agravo 295
Subsecção I — Agravo interposto na 1.ª instância........... 295
Divisão I — Interposição e efeitos do recurso 295
Divisão II — Expedição do recurso 302
Divisão III — Julgamento do recurso............................... 307
Subsecção II — Agravo interposto na 2.ª instância........... 310
Divisão I — Interposição, objecto e efeitos do recurso.. 310
Divisão II — Apresentação de alegações e expedição do
recurso 314
Divisão III — Julgamento do recurso............................... 314
Secção V — Revisão.. 316
Secção VI — Oposição de terceiro 324

SUBTÍTULO II — Do processo sumário.................................... 331
SUBTÍTULO III — Do processo sumaríssimo 337

Execução gráfica
da
TIPOGRAFIA LOUSANENSE, LDA.
Lousã — Abril/2001

Depósito legal n.º 158726/00